U0692510

CHUNG-YING CHENG ON CREATIVITY OF THE TAIJI

成中英太极创化论

杨成寅 著

Yang Chengyin

ZHEJIANG UNIVERSITY PRESS
浙江大学出版社

杨成寅(右)与成中英合影

自　序

　　这里向广大读者贡献的,是一本专门研究美国夏威夷大学哲学教授成中英先生哲学思想的专著。撰写这本著作的缘由,要从数十年以前著者的思想转变说起。在"文化大革命"结束前后一段时期,著者深深地感到当代中国学术界落后的是哲学①,认为中华民族当前是最需要有自己哲学的时候。因此,著者开始把自己的学术研究逐渐转移到哲学方面来,并开始撰写那本后来于2003年由上海学林出版社出版的《太极哲学》一书。在撰写《太极哲学》的后半期,著者发现了成中英先生的哲学,因而在《太极哲学》出版前的修改补充定稿阶段,增加了一些章节,介绍成氏与著者暗合而大大超出笔者的太极哲学思想。

　　经过几年对成中英大量哲学著作的阅读、研究和思考,现在我可以大胆地说:中国和世界学术界现在可能还感觉不到,而再过几十年或更长的时间,将会认识到成中英先生是20世纪下半叶和21世纪上半叶这一时期世界上最大的和最有影响的哲学家之一;他在哲学界的地位相当于爱因斯坦在当代世界科学界的地位。著者认为,到现在为止,成中英的哲学思想体系最为严密、思想最为正确、论析最为深刻,而且最适应时代和历史发展的需要。成中英哲学的时代和历史意义之一,可能在于它超越了历史和时代所有的机械唯物主义和"冲突辩证法",完全不理会也就是抛弃了在"文革"中表现得"淋漓尽致"的"斗争哲学"。成中英哲学的时代和历史意义之二,可能是它真正弘扬和发展了作为中国古代群经之首的《周易》的太极哲学,同时发展了老子的有中国特色的自然生机主义辩证法,并把中国古代儒家的"和实生物,同则不继"的古典和谐辩证法融合在一起,适应时代的需要,构建了成氏独树一帜的"和谐化的辩证法"。成中英哲学的时代和历史意义之三,可能是它在构建自己的哲学体

---

　　① 指:属于主观唯心主义的"唯意志论",反辩证法(所谓"形而上学猖獗"),否定世界的多样性,泛政治论,斗争哲学,怀疑论,等等。

系时,胸怀广阔,把中外所有哲学思想流派的成就和优点全部吸收,并加以融化重建,为未来的"世界哲学"奠定了坚实的基础。成中英哲学的时代和历史意义之四,可能是它重视哲学理论与社会实践的真正结合,为哲学的提高与普及相结合树立了榜样。成中英哲学的时代和历史意义之五,可能是它敢于并善于在理论上进行创新,他既是大哲学理论家也是大思想家。成中英哲学的时代和历史意义之六,还在于其全部哲学著作、整个思想体系,字里行间,处处显示出其作者长期身处异国,但心系祖国;处处表现出他对中华民族文化的热爱,对祖国构建和谐社会的关心。他是中华民族的优秀儿子。

著者认为,太极创化论,特别是其中的和谐化辩证法,以及本体诠释学,是成中英哲学体系最重要的奠基性的部分。应当承认,和谐观念,中西哲学自古有之。但是,在当代中国和世界哲学界,对和谐化辩证法的提出,对和谐化辩证法体系的全面、深入、令人信服的论证,是由成中英完成的。毫不夸大地说,中国构建和谐社会正需要这种和谐化辩证法,世界和平发展正需要这种和谐化辩证法,人类社会的进步正需要这种和谐化辩证法。还可以说,只有成中英的和谐化辩证法体系,可以与中外哲学史上的唯物辩证法相提并论,只有成中英的和谐化辩证法体系,能够跟所谓"斗争哲学"相抗衡并一较高低。成中英的和谐辩证思想体系是人类哲学智慧在当代的最高表现。成氏对和谐化辩证体系的提出和论证真正是划时代的,它将在哲学史上永放光芒。

著者这几年有幸与成中英先生进行学术交往,并直接进行哲学对话。著者最近特地用了整整一年的时间,再次仔细阅读了成中英先生的大部分哲学论著。原计划撰写《成中英哲学思想体系》一书,后来发觉目标太大,力不从心,于是把写作的目标限制在对成氏太极创化论思想的梳理研究上,遂成此《成中英太极创化论》一书。著者坚信成中英的哲学体系真正是有中国特色的哲学体系,它也将成为世界当代哲学发展的坚实基础。是为序。

2011 年 12 月于杭州南山"太和斋"

成中英先生序

　　杨成寅先生撰写的《成中英太极创化论》即将出版了。他撰写此书是基于他对我的易经哲学的研究兴趣,但也可以说是基于他个人的哲学智慧。当然更重要的是我和他有一种对宇宙本体与道的感通,很自然地建立了思想沟通关系。关于此点,实在包含着人生的一种机遇,也可说是人与人之间的一种善缘。杨先生是知名的雕塑艺术家和资深的美学家,也是卓有成就的美术史论家。近三十年,他用太极观念对中国历代书画美学思想作了深入的研究。他是研究石涛绘画美学方面的专家。为了追求美学的本体论基础,杨先生很早就认同周易哲学的创化思想,并视之为艺术创作的形上泉源。为此他阅读我有关周易的哲学文章时,特别有感于我曾提出的"太极哲学"的概念,因而在2003年出版了《太极哲学》一书。他在该书中用专章对我的易经哲学进行了比较详尽的描述与分析。几经周转,我才有幸看到了该书,并因此初识了在杭州中国美院长期执教并卓有成就的杨成寅教授及其夫人林文霞教授。经过杨先生的热心邀请与精心安排,我们在杭州与南京两地进行了深度的易学对话与学术反思。杨先生虽然年长于我,但我却感到他有一颗非常年轻的心,充满了对真理与智慧的热情而执着的追求。因之,他可说是一位具有哲学心灵的艺术创作者,同时又是一位具有艺术境界的哲学家。在这个基础上,杨先生对我的"和谐化辩证法"非常认同,并决定用客观的研究来表述与说明我的有关太极的创化思想,这点令我振奋。更令人吃惊的是,在短短一年里,杨先生已经写成了此书,而此书又是建筑在杨先生收集到的我的大部分出版文献的基础上面。于此亦可见证杨先生治学的认真与精力的充沛。

　　杨成寅先生论述我的太极创化哲学是详尽而又系统的。从某个意义来说,他给了我的易经哲学一个更严格与整齐的系统化的形式。在《成中英太极创化论》一书中,他从我对中国古典哲学的元范畴与元命题的实际理解谈起,然后厘定我的哲学思维方式,一针见血地界定我的哲学为太极哲学与和谐哲学。就前者说,他非常精确地彰显了我对本体的认识:他举证我说的本体即是太极,而太极含道,既为现象之源,又是万物之基。他用心地解说并规范地说明了我所谓的本体,并因此对太极此一本体的范畴作出极为精致的、相当全面的阐述。在此一阐述中,人的真实与本质必然同时源于和基于宇宙的本体,从而人对本体具有的自觉的体验,便显现在对天、道、性、命与理、气、心、性等本体层面的理解中。因之对宇宙本体的诠释可以转化为人的自我的本体的认同,同时在一定符号化的经验中,进一步或更上一层楼地界定了观感知觉的宇宙或文本所指的通性和殊性,实际上,就是以本体之学掌握与说明宇宙与人生问题及此问题可能的解答。这是我的本体诠释学的精华所在。虽然杨先生并无专章讨论我的本体诠释之学,但他对我的本体的思想的诠解,可说已经点出了本体之所以为诠释之体,而诠释之所以为本体之用。

上言杨先生重视我的和谐哲学并认同我的和谐化辩证法,这也是杨先生的卓识所在。在他的论述中,他充分地发挥了和谐化的辩证思想。而且他清晰地指出了和谐化辩证法的现实与历史根据以及其客观的基础与价值所在。更精到的是他把和谐化的辩证法归纳成为十大命题,可说做到了面面俱到的全面诠释,也是一个本体的诠释,把自本体的世界与对本体的世界融为一体。我在20世纪70年代后期写了《创建和谐化辩证》一文,目的在于说明西方近代的重冲突与印度传统的重寂灭。就西方言,重冲突是把冲突当作一种价值,也许目的在于凸显自我之外,也在于显示真理,故而对应往往转化为对立与针锋相对,寻求毁灭对方的机会,显示了极为强烈的权力意志。但我不认为天(上帝)是权力的意志,而实为仁爱的心灵。虽不必保证万物和谐之必然,但却能在生生不息的创化中完善事物以完善和谐,提升现实以实现理想。人为天地创化的灵物,在真正自觉或成就了自我的本体后,岂无见于冲突极致之残酷与恶行之卑劣而不欲致和谐于天下乎?《中庸》曰:"中也者,天下之大本也。和也者,天下之达道也。致中和,天地位焉,万物育焉。"中为和之本,因其本质即是和,是尚未实现的和,而和即是实现了的中。但如何致和则在掌握原始之和即中是也,要从基层的生活中反思起做,在关键的行为上正确地定性与定向。我用"和谐化"(harmonization)一词极为讲究。"和谐化"代表人对实现和谐的潜力的选择,代表智仁勇的德性之知,代表对生命本体的深刻体会,故为人的一种创造力或创化力。我命名90年代后期的一本我的哲思的集成为《创造和谐》,其意即在于此。现在此义在杨先生的书中得到了充分的彰显与价值肯定,是令我引为知己的。

值得特别称述的是杨先生首论太极阴阳辩证法,以之为和谐化辩证法的本体基础。太极阴阳辩证法是太极哲学的中心思想,也就是太极哲学之为太极哲学的所以然。太极实现为阴阳,阴阳体现为五行,五行转化为万物,本来就有和之并行两态,生生而平衡,平衡而有条理,有条理而得以持续。本之实现为个体与大体的实体,均在此一生生而平衡,平衡而有条理,有条理而持续不已的发展中完成。杨先生首论太极阴阳辩证法还有一层深意:太极阴阳辩证法是道家哲学与儒家哲学发展的基础,后来的宋明理学与心学也都是以此为基础与泉源来重新诠释与表露宇宙本体发展与个体的人的本体的发展。所以在论述了太极阴阳辩证法后,杨先生就紧接著论述了道家的有无相生创化论与宋明理学家与心学家的理气统一创化论。在这里,我们看到了一个历史发展的线索,最后以和谐化的辩证法来结尾,是有双重意义的:杨先生不但提示了我的太极创化哲学有一个历史发展也是逻辑发展的轨迹,而且也暗示了中国哲学的本体宇宙哲学有一个展开深化的多管道过程,从周易到道儒,所谓一致而百虑,而无论道儒也都归趋于本体的和谐化的发展,所谓殊途而同归。

　　杨成寅先生的此书是论析我的"太极创化哲学",我对杨先生的书作出的褒扬看起来难免有自我褒扬之意,其实我并无任何此等想法。如前所述,杨先生的此书是经过我和杨先生在杭州与南京两地历时一周的对谈而后动笔的。在此对谈中,杨先生提出了他想到要提出的许多问题,此等问题在杨先生的前一本书《太极哲学》中有几处是用质疑的方式表示的。经过了我们的对谈与我的答问,我认为杨先生是更理解了我,并取得了对我理解的全貌。也可以说,我们之间已经取得了一个深度的视野的融合。我们有不同行业的背景,借据心智与理性的感应,经过刻意自觉的沟通,达到了杨先生对我的系统化的表述。这显示了一个"我他共识"构建的努力,为经由本体的体验与互动获得理解与诠释提供了一个真实的范例。为此,我对杨先生表示十分的敬意。同时以杨先生的高龄,不辞撰写的劳苦,秉著求道觅真的精神,认真地写出这本书,这也是令我非常佩服的。杨著的出版,想必对构建和谐社会的大业与对我国重建具有民族特色的哲学体系有所助益。最后,他要我为此书写序,我能不学习他的精神,写出我心中真实的感受吗?

　　是为序。

成中英

序于 美国 檀香山 夏威夷大学 哲学系
2008 年 9 月 19 日

目　录

Contents

第一章
成中英哲学的元范畴和元命题及其学术根源

在中国当代哲学界,中国传统主流哲学的元范畴和元命题的地位和作用的问题很少有人研究。但这个问题,对于一种哲学体系相当重要。鉴于元范畴和元命题是任何哲学思想体系的出发点和归宿,在研究成中英的哲学思想体系时,不能撇开这个题目。

老一辈哲学家任继愈说,中国应有"中国哲学",说没有哲学的民族是没有前途的民族。还有专家打比方说,外国的哲学是"外国猫",而"外国猫"可能连中国的"老鼠洞"在哪里也不知道。这也是强调中国要有中国哲学。哲学思想是随时代发展的,中国当代应有"中国当代哲学"。当然,老一辈哲学家也同时强调,哲学的发展和构建必须"继往开来"。这些观点和说法,我都同意。从成中英的论著中,我们看得出来,他对构建中国当代哲学有几种主张:一是认为要把《易经》的哲学作为原始点,加以继承发展;二是要研究和吸收西方哲学的成就和优点,走中西会通融合之路,甚至要创建当代世界哲学;三是要"重建中国哲学"。从"重建"一词可以看出,他是要继承和发扬中国哲学的优秀传统,结合当代中国社会文化发展的需要,吸收西方哲学的优点并以西方哲学的某些科学的逻辑方法为条件,创建自成体系的、有中国特色的、适应时代需要的"中国当代哲学"。我十分赞成成中英开创并正在实践这一条综合创新的学术道路。我个人有这样一个想法,就是"太极哲学"是中国传统哲学的主流,"和谐"是中国古今哲学的最重要的价值取向,构建和谐社会必须有正确坚实的哲学基础。

任何有体系的哲学实际上都有元范畴(即作为逻辑起点的范畴),这是各家各派都肯定的。我还曾这样设想:任何有体系的哲学都有成群的重要命题,在这些重要命题中,可能有一个或几个命题对于该哲学体系是最重要的,我把这一个或少数几个命题叫做"元命题"。如果此种所谓"元范畴"、"元命题"之论基本上能够得到肯定,那么就可以说,弄清某一哲学的"元范畴"和"元命题",对于了解该哲学的思想体系是相当重要的。本章试图确定我国先秦儒道两家哲学体系的元范畴和元命题,进而研讨成中英对中国传统主流哲学元范围和元命题的诠释和发展。

一、先秦儒家哲学的元范畴与元命题

成中英多次指出,《周易》是中国传统哲学的原始出发点,又说《周易·系辞》从对《周易》本经的诠释中发展出了"太极哲学"。历代和当代的易学研究者基本上一致肯定"太极"是《周易》哲学的表示宇宙万物本体、本根、变化本源和规律的范畴,而"一阴一阳之谓道",则是《周易》哲学揭示宇宙万物变化发展规律的最重要的原理。下文对此思想作出几点简要的分析。

(1)"一阴一阳之谓道"可视为儒家哲学的"元命题",而"太极"(以及"易"、"元气"、"一")可视为儒家哲学的"元范畴"。

(2)儒家哲学用"太极"、气、元气或"一"表示宇宙万物的本体,而用"道"表示宇宙万物变化发展的总规律。对于儒家哲学,"太极"是气,是元气,是阴阳二气的合而为一。"太极"既是阴阳二气的"合而为一",因而对"太极"的理解不能不持"一分为二"与"合而为一"相统一的观念。阴阳二气的相反相成就是"太极"的结构,阴阳二气的相交相融便是"太极"在宇宙万物中所起的基本规律的作用,两方面都是"太极"范畴的内涵。

(3)"太极"因而同时是"道"。"一阴一阳之谓道"的"道"也被包含在"太极"之范畴之中。《周易·系辞》所谓"天地氤氲,万物化醇,男女构精,万物化生","阴阳相推而生变化",讲的都是易道,即"太极"之道,都是指"太极"所包含的变化"规律"方面的内涵。

(4)在"元范畴"的选用以及在对宇宙万物的存在的本质、发展总规律的表述上,显示出以《周易》为代表的儒家哲学明朗而确定。太极、气、道,都是表示宇宙万物统一性的范畴。气从物质性和能量方面表示万物的统一性。道主要从规律性方面表示宇宙万物的统一性。而"太极"则是表示气、结构与道的统一方面表示宇宙万物统一整体。

(5)太极所包括的阴阳二气是一直在运动着,这运动也就是《老子》所讲的"冲气",而且也是"冲气以为和"。西周史伯的"和实生物,同则不继"论,齐国宰相晏婴和与同之辩,在哲理上与《周易》的"各正性命,保合太和"论,互相呼应,说明先秦儒家哲学重视"和谐"已是共识。

(6)当时已经出现的"五行"相克相生的思想,与太极阴阳思想逐渐融合,形成儒家的哲学的一分为二与合而为一、一分为多与合多为一,并以生与和为终极追求的辩证法体系。

（7）到了宋元明清时期，儒家的太极阴阳五行统一的哲学体系，由周敦颐的立式太极图与另一种太极图——"阴阳鱼太极图"（实质是"太极球"）作了比较直观而易解的表现。

（8）在中国哲学发展中，儒家哲学与道家哲学在太极实有和谐辩证法方面在关键部分逐渐地融合。被正确理解的道家的"有无相生"论，"万物负阴而抱阳，冲气以为和"论，"得一"论，"以一治万，以万治一"论（清代石涛语），与"一阴一阳之谓道"论，"男女构精，万物化生论"，"和实生物"论，"一本万殊"论，"五行生克"论，自然结合，而成为中国传统主流哲学——"太极哲学"的具有根源性的集群命题。

（9）甚至可以说，在对宇宙万物结构、发展变化规律以及人类对真善美价值观的理解上，与西方哲学中的未被曲解的"对立统一"论、"多样统一"论也有相通之处，正是在这些根本方面，中西有价值的哲学思想可以"互通有无"，从而达到"优势互补"的境地。

（10）可以得出这样的结论：古代儒家哲学的元范畴是太极，元命题是"一阴一阳之谓道"。"和"既是太极内涵本有之义，又是人类追求的终极目标。中国传统的主流哲学，是以儒家哲学为骨干的"太极哲学"，而太极观念，太极思维，包括和谐辩证法，则是"太极哲学"的要义。这正是我们要建构当代中国哲学不可缺少的理论基础的一个方面。

二、先秦道家哲学的元范畴与元命题

对中国古代的以《老子》为代表的道家哲学，历代和当代哲学家们对之所作的诠释、论析和发挥的著作，数以千计，都一致肯定道家哲学的"元范畴"是"道"，但都没有对道家哲学的"元命题"作出论断。笔者在拙著《太极哲学》中大胆地提出了自己的看法，并对这种看法作了分析。笔者至今仍然认为这种论断和分析有一定的道理。这种论断和分析可能有助于建构重视和谐辩证法的"中国当代哲学"，所以在本章中要作简要的介绍。

（1）开门见山。认为《老子》所说的"万物负阴而抱阳，冲气以为和"[①]，这个复合句可以作为道家哲学体系的"元命题"。以下的分析，尽可能符合老子

---

① 《老子》第 42 章。任法融把此句作以下的译解："自然万物虽千差万别，形态各异，但它们都有阴阳之合，合和而成，都包含着阴阳两种物质因子，包含着内在矛盾。这两种相反而矛盾的物质因子是互相补充，彼此和谐的，它们是对立统一的。阴阳二气的妙用在于和。"（任法融《道德经释义》，三秦出版社 1990 年版，第 105 页。）

的原意,有些也可能是在相对尊重文本的基础上由笔者所作的发挥。

(2)此命题首先可视为讲宇宙万物的"结构"。整个宇宙及宇宙中的任何一个事物从结构上看莫不是阴与阳(或有与无等任何成对因素)的相异相成。讲的是"万物"的结构都是"负阴而抱阳",而不是说只有某些事物才是"负阴而抱阳"。这是从结构方面说明宇宙万物的统一性。

(3)此命题又讲到宇宙万物的发展变化的规律,也就是"道"。这个规律被称为"冲气"。对"冲气以为和",蒋锡昌解释为"阴阳精气,涌摇为和"。高亨说:"冲气以为和者,言阴阳二气,涌摇交荡以成和气也。"看来,"冲气以为和"与《周易·系辞》的"一阴一阳之谓道"、"天地氤氲,万物化醇","男女构精,万物化生",以及"保合太和"、"和实生物",没有本质的区别。两者的共同性有三点:一是都讲阴阳相反相成;二是都讲"和实生物";三是都重视终极"和谐"的价值取向。

(4)道家哲学的这个"元命题",虽然没有用"太极"、"太和"这两个范畴,也没有出现表示规律的"道"范畴,但却潜存着两个范畴。我们看,此命题讲的是宇宙万物统一的整体的结构、规律和终极结果。这整体的结构是"负阴抱阳",不是"太极"是什么?这统一的规律是"阴阳冲气",不是"道"是什么?这最后的结果和价值取向是"和",不是"太和"是什么?有些哲学家常常讲儒道哲学的区别,而我们却看到两者在"元命题"上却并没有本质的区别,在理论实质上并无重大差异。

(5)最后,可以断言说,道家哲学的"元范畴"是"道"或"一"或"无";"万物负阴而抱阳,冲气以为和"是道家的"元命题"。只是要把"无"理解为"无中含有",与"有无相生"统一起来,道家的"元范畴"和"元命题"就其总的哲理来说,经过新的诠释发挥,完全可以作为构建新的"太极哲学"的理论基础,甚至作为"中国当代哲学"的理论基础。

三、成中英太极哲学体系的元范畴

在成中英的哲学研究中,被他论析过的本体范畴主要有:五行,阴阳,道,有无,一,气,理,性,无极,太极,太和等。他在分析这些范畴时,总是用互相诠释的方法。如说:有、无、无极、太极等观念是与天、道、理、气等观念交互影响和诠释的。我们发现,成氏虽然对"道"、"理"、"气"这三个范畴分析得相当详尽,但似乎更重视"太极"范畴,似乎把"太极"作为中国哲学的"终极范畴",也就是我们通常说的"元范畴"。

从成氏著作的以下的引文中,可以看出"太极"在中国传统哲学中的地位和价值。

(1)"太极无所不包,其涵容最广博,开拓最深入,根基最稳固,呈现最显明,理路最精微,诠释最穷尽。"①——成氏对其他概念都没有作出这样几个"最"的界定。

(2)"'太极'自阴阳演化至五行,不仅是宇宙变化的历程,也是本体结构的范型。"②"'太极'实不外乎阴阳两力之常久统合。因此,阴阳两力不是以'太极'之一简单的静态存在。阴阳律动既内在于'太极',也内在于彼此之中,既不是机械的作用,也不是周期的循环,而是创造前进的过程。"③——说明太极包括阴阳,太极具有创生性,是动态的。阴阳这一对概念不能取代太极范畴。

(3)"五行是阴阳过程的展现,而阴阳过程本身也是太极的体现。因此,'太极'与五行实为一体。"④"五行处于较阴阳之过程更为分化的地位,且五行从阴阳中演化而成,因而五行也是导源于'太极'"。⑤——可见,太极含五行,五行含太极,但五行却不能取代太极的地位。

(4)"'太极'亦为气,气借助于其本性和本身的发展的过程,造成了事物的分殊。"⑥——可见,"太极"的内涵包括气。"理是天、地、人之理序,并且唯有在气的创造过程中,理才得以展现,而为我们所掌握。"⑦——理不离气。理随着气又被包括在太极之内。气与理这两个概念显然也不能取代太极的地位。

(5)对"道"作为本体论的范畴,成氏极为重视,对其内涵和重要性多次作了详尽的分析。如说:在老子的哲学体系中,①道是一切现象的根源和最后的归宿;②道是自然化生的过程;③道是全体宇宙的本质;④道包含并遵循"有无相生"、"负阴抱阳"、"无为而无不为",反、复的辩证法则;⑤"道无所不包,而且可为人用来治国,故道不远人,人能弘道。""道作为一种宇宙论和本体论的范畴,乃奠定了牢不可破的基础。"⑧——成氏对"道"也用了"无所不包"的词语。但是,比较起来,在成氏的哲学范畴体系中,太极仍然处于中心的位置。成氏在新近出版的《易学本体论》中说:"易的体系的共同点是以'有无相生'(小往大来、大来小往)和'阴阳偶合'(天地交泰、男女媾精)为核心的。'有无相生'

① 成中英:《世纪之交的抉择——论中西哲学的会通与融合》(以下简称《抉择》),上海知识出版社 1991 年版,第 256 页。

② 同上,第 260 页。

③ 同上,第 242 页。

④ 同上,第 256 页。

⑤ 同上,第 258 页。

⑥ 同上,第 217 页。

⑦ 同上。

⑧ 同上,第 150 页。

指的是时间序列的变化,'阴阳偶合'指的是空间序列的展开。时间序列的变化是空间序列展开的根源,因为易的根源意义是变化或变易,即为时间序列的实体或本质。因有变化,方有时间和空间,亦方有时空一体的阴阳对偶性与统合性的整体。此一整体的根源,演化为无数个体事物而又依据个体事物而加以发展者,可名为'太极'。故《系辞》言'易有太极',又言'一阴一阳之谓道'。'太极'是就易的整体言。'道'是就是易的变化过程与律则言。'一阴一阳'则就易为对偶性的创造力而言。"①又说:"'易'之一词在《系辞》中已形成一个一体变多元、多元变一体的层级化的变化观念,因而兼指整体之'太极'与律则之'道'。"②

我们知道,成氏认为"中国哲学的原始出发点是《易经》哲学",因而成先生的哲学体系从范畴体系和命题体系来看,都以易学本体论为基础。"太极"既是易学体系的根源,当然也是其整个哲学体系的根源。可以说,成氏的哲学是"太极哲学",他的哲学体系的元范畴即中心范畴是太极,其他一切范畴和概念都能在太极元范畴中找到出发点、根据和归宿。"太极"作为易的整体,其本身必然包含作为变化过程与律则的"道"。因而如成氏所说"'太极'确系所有事物的缘由所在的形而上原型"③。可以断言:"太极"是成中英先生哲学的元范畴。

四、成中英太极哲学体系的元命题

成氏论及"中国哲学"的发源时说:"从中国哲学来看,无论是先秦、两汉、隋唐,还是宋元明清,每一种新哲学的出现,总是仿佛向原始出发点的回归。"④上文已经提及,成氏认为"中国哲学的原始出发点是《易经》哲学。"⑤因此,成氏要建构的"中国哲学",无疑把《易经》哲学作为原始的出发点。成氏在《易经之理想系统》一文中所说的一句话是:"……我们所关心的是这《易经》之原始部分如何生起《易传》,如何发展出《系辞》所描写的太极哲学。"⑥成氏肯定《系辞》发展了《易经》的哲学思想,而且称这种哲学体系为"太极哲学"。我们又知道,成氏自己曾经说他多年研究的一个重要成果之一就是对"本体诠释

---

① 《易学本体论》第 42 页。
② 同上,第 43 页。
③ 《抉择》,第 256 页。
④ 同上书《引言》,第 2 页。
⑤ 同上。
⑥ 见《中国文化与中国哲学》,深圳大学出版社国学研究所编,三联书店 1990 年版,第 62 页。

学"的观点，"最早见之《易传》所说的'一阴一阳之谓道'。'一阴一阳'是既差异对立，又相生相成"的……'本体诠释学'亦可说为'本体辩证学'……因为它包涵了多种对立互成的范畴，以及包涵时间发展性与空间包容性的统一前提。'本体诠释学'既可用来建立现代化的中国哲学，也可用来丰富现代化的西方哲学，使两者融为一体。"①读了这些成氏发自内心的对自己哲学追求的表白，我们虽然不能确切肯定地说"一阴一阳之谓道"是成氏哲学体系的"原命题"，至少可以看出他的哲学体系的原命题是与《系辞》的这一重要命题有直接联系的，这一命题在《系辞》发展出来的"太极哲学"中肯定占据着极为重要的地位。

　　成氏在建构自己的"中国哲学"时，既然重视《易经》这一中国传统哲学的原始出发点，既然赞同《易传》从《周易本经》中发展出来的"太极哲学"，那么，我们肯定可以从成氏对《易经》哲学体系的论析中，特别是他对"太极"内涵有关的重要内容的论析中看出他的哲学体系的"元命题"的某种迹象来。也许从成氏下面一段诠释《易经》的一阴一阳整体性原理的文章中可以抽绎出他的哲学体系的"元命题"来：

　　　　宇宙是一个整体，是一个动态、多元、平衡的整体。这个整体处处都体现了阴阳相反相成、对立统一的表象和性质。阴阳是世界的本质和内在意义，两者对立、互涵、渗透、交易、互补的关系所表达的宇宙本体创化程序是生成的、发展性的。宇宙本体和创进程序具有时空互摄的动态结构。……透过一分为二、合二而一的无穷往复、生生创化的过程，宇宙本体敞开了它的无尽奥妙。②

　　请允许笔者对前段文字从"元命题"角度作几点分析：

　　(1)从中明显地看到了一个动态、丰富、平衡的"太极"整体。宇宙是一个整体，宇宙中的任何一个人和事物都是一个整体。其中包含物物—太极、人人—太极的观念。因为"太极"是"一分为二与合二为一"、"一分为多，合多为一"的整体，因而"太极"整体是辩证的、丰富的、是有内在动力的。

　　(2)由于这个"太极"整体中包涵着多种对偶的对立、互涵、渗透、交易、互补、互生因素和力量的作用，因而"太极"具有宇宙万物本体的结构以及创化生成的有序过程。

　　(3)特别点出"太极"的一分为二与合二为一相统一的结构、变化规律、无穷往复、生生创化的过程，因而揭示了宇宙万物本体的"奥妙"，也预示了创化

---

　　① 见《抉择》，第366页。
　　② 《易学本体论》，第263页。

过程及其各阶段结果的平衡、中节与和谐。其中无形中包含了从太极哲学到和谐哲学的思想。我们看到,第一句"宇宙是一个整体,是一个动态、多元、平衡的整体",这一判断语句已经简练、全面、深刻地概括了能够导致和谐的"太极观念"。

按照成氏关于当代"中国哲学"发展的设想,"中国哲学"一方面要从中国传统哲学的原始点出发,结合时代的需要加以充实发展,另一方面又要与当代西方有价值的哲学体系相契合,那么,也许成先生对易学在当代新进展的以下诠释,更加能够代表他的哲学的"元命题"。

一分为二,合二而一;一不离二,二中涵一;寓无限于有限,以有限显无限;能分能全,能大能小;主客互摄,物我交感;舒之者弥漫六合,收之者退藏于密室。……巨大无垠的宇宙虽然呈现多面、多元、多相的面貌,仍可以从整体上来加以把握,以一执多,由众返一。①

成中英认为:"现代生化理论、基因理论、电脑运作和设计理论、整分数学理论、基本粒子理论、全息理论这些领域,其基本理论模型都与《易经》的基本符号结构和思维方式如合符节。"②可见,对于成氏是十分确认由《易经》原始点生发出的"太极哲学"的整个体系的当代价值的。

五、成中英和谐哲学体系的元范畴与元命题

上文提到,成中英在用较简洁的语句描写宇宙的整体时说:"宇宙是一个动态、多元、平衡的整体。"③——如果说,动态,是讲宇宙变易性;多元,是讲宇宙构成因素的多样性和丰富性;那么平衡,就与宇宙万物的和谐性有关了。成氏的哲学讲到宇宙万物关系特别是讲到人类活动的三种辩证法:一是冲突辩证法,二是中观辩证法,三是和谐辩证法。说明他并不认为人类活动的辩证法只有和谐辩证法一种。但是他特别重视和谐辩证法,认为大自然与人类之间的关系在总体上是和谐的。他在言谈中多次肯定:对于建构和谐社会,其哲学基础主要是"和谐哲学"。可见,"和谐哲学"在他的哲学体系中的重要性。"和谐"是他的"和谐哲学"的元范畴,这是不用说的了。现在就让我们来检索一下成先生"和谐哲学"的"元命题"吧。

成氏对易学的研究最为全面、深刻和详尽,并在此基础上建构他的"中国

---

① 《易学本体论》,第267页。
② 同上。
③ 同上,第203页。

哲学"和"世界哲学"。他为了解释"易"这一易学的元范畴时,提出了易的五义论。他断言易有不易、变易、简易、交易与和易五大意涵。他指出,不易性,是指变化是不会停止和改变的。变易性,是指在易的持续变化的过程中多样事物的产生与发展。或者说,变易性就是变异性。简易性,有两层意思:一是指万物的变化是有秩序和规律的;另一层意思指变化或变异的最为简易的方式是一阴一阳的交替与配合。因而变化的规律是自然而然而且易于理解的。交易性,是指宇宙及其万物中的多对阴阳互补、交感、互制、互融。和易性,是指宇宙及其万物中的多对阴阳的和谐相成、相融、相生。

成氏强调并重视宇宙万物变易、发展有利于自然和人类社会的真善美的终极价值。在追求这种理想的真善美终极价值的过程中,成氏一方面强调并尊重宇宙万物的客观本性和规律,另一方面又强调和重视发挥作为万物之灵的人类的主观能动性。他说:"如果不能认识到不易之易的终极目的是天地和谐生态,如果不认识到人的存在之意义也在于实现一已存在的和谐充实,以及更进一步彰显天地万物的和谐繁荣,如果不认识到人的生命的可贵及所包含的无穷尽的价值内涵,易的变化就只是过眼云烟,镜花水月,徒增人的空虚失落、迷惑沮丧而已。故真正知易者,不能不正视易的和谐化的价值。"[1]

以下的文字可视为成中英"和谐辩证法"的"元命题":

在这个世界中,虽然充满着不同的事物,但众多不同的事物之间,却有一和谐的发展,这便是变化;世界的事物有始有终,以"和谐"始,亦期终于和谐。……冲突、缺陷、矛盾、不和,均可视为对偶互动过程中的过渡观念,不得视为世界的真相。……成圣之道,就是人与世界的和谐之道。人遇到冲突时,就要去追求和谐。[2]

简短的结论

综上所述,中国传统主流哲学儒道两家,其哲学体系都具有可以作为出发点和归宿的"原范畴"和"元命题"。儒家哲学的"元范畴"是"太极",有时把"一"、"元气"作为"太极"的同义语或近义语,其"原命题"则为"一阴一阳之为道"。道家哲学的"元范畴"是"道"或"无"或"一","万物负阴而抱阳,冲气以为和",则可视为其"元命题"。两家哲学在"元范畴"和"元命题"上是基本上相同的,只是在对"无"的理解上,有所区别;不过道家的道论在总体上并未真正把

---

① 《易学本体论》,第 11 页。
② 《论中西哲学的会通与融合》,第 177—178 页。

"无"归结为纯"无",这从《老子》的"有无相生"一语中即可以看出。应该说,成中英哲学体系在对"元范畴"和"元命题"的选取和确定上,基本上走以《周易》和宋明理学为主的儒家哲学的路子,因而明确地把"太极"放在最重要的地位,实际上视"太极"为"元范畴",但他吸收了《老子》的道论的许多最重要的思想,因而在"元命题"的确立上似乎更重视《老子》的"万物负阴而抱阳,冲气以为和"这一"元命题",这表现在成氏特别重视"和谐化辩证法"这一点上。这就是笔者对成中英哲学体系在"元范畴"和"元命题"方面的基本结论。

第二章
成中英哲学思维方式论

　　杨雄有云:"万事有法。"人对世界万物的认识和任何行动都是有方法的。独立的哲学家在研究、分析、判断任何事物和问题时更都应有一套被提升到理性认识阶段的思维方法。由于独立哲学家思维方法的严密性、相对稳定性、一贯性和独特性,我们称这种思维方法为"思维方式"。任何一位哲学家的哲学思想体系的建立必然受其思维方式的制约。本章专论成中英哲学的思维方式。笔者认为成氏哲学的思维方式既有中华民族思维方法的共同特色,也有成氏自己思维方法的具体的特点。

一、多项对偶动态一元思维方式

　　成中英没有专文论述自己的哲学思维方式。他对自己哲学思维方式的论述散见于其论著的各个章节中。因此,要了解与分析他的哲学思维方式,我们差不多要读遍他的全部论著。好在看到《成中英自选集》中《哲思偶得再篇》第十段是用极简练的文字讲到中国思想的主流。从他对中国思想主流的概括中,我们可以大致了解成氏哲学思维方式的根源和基本特点。成氏说:"中国思想的主流则是对偶论……。""对偶论的特点则在两物相辅相成而同属一体而为之两面。对偶的两端有其差异但却同时有其内在的动态关系,此种关系可名之为'对偶的一元',乃见之于阴阳、乾坤、天人、性命等观念的对举中。"①——成氏显然赞同其中包含的思维方式。从成氏如上所论,可以大致看出他认同的哲学思维式是"多项对偶动态一元思维"。

　　笔者首先提请读者注意引文中的以下"关键词语":对偶,相辅相成,同属一体,差异,内在的动态关系,对偶一元,阴阳,对举。

　　笔者后来在成氏论著的其他篇中也看到他直接论及思维方式的段落,而

---

① 《成中英自选集》,山东教育出版社 2005 年版,第 529—530 页。

这一段文字对中国思维方式的论述则比较集中而扼要，所以先抄录在此章的"开场白"部分，先说出笔者以下五点粗浅的体会，使读者对成氏的"哲学思维方式论"有一个初步的印象，以便在阅读后文时有一个明晰的框架。

第一，成氏指出中国思想的主流是"对偶论"，一针见血，确实说到"点子"上了。中国哲学范畴群的特点确实在于"对偶性"（或"对应性"）。范畴、概念的对偶性，与思维方式的对偶性直接联系，互应、互制、互生。如乾对坤，阴对阳，有对无，同对异，生对克，动对静，刚对柔，体对用，虚对实，健对顺，理对气，道对器，奇对偶，两对一，一对多，结构对过程，现象对本体，合对分，偶然性对必然性，和谐对冲突，机体主义对机械主义，等等。

第二，哲学范畴的"对偶性"与思维的辩证性密切联系，使人想起"对立统一"的命题。因为一则对偶两端"相辅相成"；二则对偶之间具有"内在的动态关系"；三则对偶的"相辅相成"及"内在的动态关系"必然导致运动、变化和创生，最后有可能达到多样和谐统一的太和之境。

第三，从哲学范畴上说，"对偶的相辅相成"而成为"一体"，这"一体"便是"太极"。对偶中的"一元"，便与哲学的"元范畴"和"元命题"相关联。

第四，所谓"对偶两端"的差异所形成的"内在动态关系"，便是"一阴一阳之谓道"命题中的"道"。这是宇宙万物化生变化的内在动力。亦即成氏自己所说的不易、变易、交易、简易与和易之理。

第五，从成中英的和谐化辩证法来看，这"对偶中的一元"包含着"和谐"；不和谐，不可能成为"一元"本体。要是把《周易》的哲学与《老子》的哲学联系、对照起来看，这"对偶中的一元"还包含着儒家"以他平他谓之和"，"和实生物，同则不继"的和谐化辩证法的观念，亦包含《老子》所说的"万物负阴而抱阳，冲气以为和"的道家元命题。

从以上极简要的论析中，我们有理由假定成氏的哲学思维方式可称之为"多项动态对偶一元思维方式"。

二、以通变合和为典范的思维方式

成中英在发表于《太平洋学报》1995年第1期上的《21世纪：中西文化的融合与中国文化的世界化》一文中[①]，明确提出了"以通变合和为典范的创新思维方式"[②]。文中有四点值得注意：第一，他把这种思维方式看作解救西方

---

① 《成中英文集》第一卷《论中西哲学精神》，湖北人民出版社2006年版，第56页。
② 同上，第64页。

内在精神与思想矛盾纠结的方法与对症剂。第二,这种思维方式显然具有中国哲学思维特色而且是由他从《周易》中发现和发展出来的。第三,这种思维方式在成氏自己的哲学思想体系中有其重要地位。第四,这种思维方式与上述"多项动态对偶一元思维方式"是具有内在的一致性的。

(一)成氏对思维方式基本原则的界定

对这种思维方式成中英作了如下的界定:

> 把任何分歧看成属于一个整体,然后在这个整体中寻找并穷尽所有的关联,并对这些关联作深度的透视,以了解其可能具有的相反相成、相生互制等动态关系,最后在时间过程中掌握其历史源流及追溯其本源,又在其现在存有的结构中透视其发展未来。这样的思维方式并不是抽象与先验的:它是自长远的、广泛的宏观与微观经验中积累成认知的;因而它象征也直接呈现了时间本质的过程结构和结构过程。①

对成氏的以上界定,我们先作以下四点解析:

第一,成氏的思维方式要求从整体上看思维的对象,其反面是"见木不见林"。思维的对象,不论是自然物、社会事物或任何有内容的文本,尽管其构成因素极为丰富、复杂,甚至有不统一之处,但对其要进行全面深入的认识,不能仅仅就某些局部看对象。各个组成部分、结构、关系、联系、相互制约这些概念、观念,对于理解对象的整体都很重要。它们与整体密切联系;它们之间又互相关联。这里既要用分析的方法,又要用综合的方法,把两种方法紧密结合起来,形成一个思维的链条,这样才能把握住整体。最好想起"木桶效应"。组成木桶的每一块木板固然不可缺少,但它们只有按照盛水木桶的功能箍成一个整体时,每块木板的价值才能发挥出来。

第二,对于结构、关系的认识和把握,成氏要求尽可能抓住对象各个构成因素的"相反相成、相互制约等动态关系"。这里可以运用中国传统哲学的太极、阴阳、五行、一多、有无、异同、正反、进退、顺逆等等范畴概念,还可以运用现代的全息论、系统论中的某些范畴、命题,这样才有利于认识对象结构中的"相反相成、相生互制等动态关系",从运动中全方位地感知、观察、思考、分析对象。

第三,不论何种对象,其存在和变化可能有其自然的、社会的、历史的、科学的、文化的、思想的、民族的等等背景,对这些方面的背景都要作全面的、有重点的考量、研究。对象是各种关系的总体。人是社会关系的总和。从"关系

---

① 《成中英文集》第一卷《论中西哲学精神》,湖北人民出版社 2006 年版,第 66 页。

的总和"方面思考社会生活和一切自然现象以及文本中的各种思想观点,才能把思维的进程纳入正确的方向和应有的深度与广度。

第四,成氏的思维方式要求在了解对象的过去、现在的基础上,预测其未来可能的演变和状态。成氏的思维方式要求把空间与时间、宏观与微观、结构与过程、分析与综合、原因与结果等等相异相成的方面和因素结合成一个思维的网络,对思维对象进行全面的观察、研究、分析和综合,这样才能获得具有真理性的认识。以上是笔者在阅读成氏的"以通变合和为典范的思维方式"的文字后所得到的启发和大体的认识。

(二)"通变合和"措辞的来源

《周易·系辞上传》有"通变之谓事,阴阳不测之谓神"句。孔颖达《周易正义》解释说:"物之穷极,欲使开通,须知其变化乃得通也。凡天下之事,穷则须变,万事乃生,故云'通变之为事'。"一方面认为,必须知道事物的变化,才能正确处理一切事物;另一方面认为,事物如果按照原来的办法不能发展时,必须考虑改用另一种办法而使之发展;还认为,任何事物都是在变化中才能出现新面貌和产生新事物。《周易》的主导思想是变易,是重视从变易中看事物和问题,因为《周易》作者观察到并十分理解天地万物本身都是处在变易、发展、创造的过程之中。《周易》作者认为只有认识到变易才能通达事物,所以提出"通变"的原则,用了"通变"这一概念。甚至认为通变就是事物的本性。可能宋代张载对"阴阳不测之谓神"句的哲学义理理解得最符合易学关于宇宙万物变易的本义。他说:"一物两体,其太极之谓欤!""一物两体者,气也。一故神(两在故不测),两故化(推行于一),此天之所以参也。两不立则一不可见,一不可见则两之用息。两体者,虚实也,动静也,聚散也,清浊也,其究一而已。"(《易说·说卦》)两体指阴阳对偶。虚实、动静、聚散、清浊,是举例说明阴阳对偶的不同表现形态。所有的阴阳对偶都是相异相成、相克相生的动态的存在,都是有动能的"气"的活动。所有阴阳对偶的活动是有规律的,这规律便是"道"。成中英所论析的不易、变易、交易、简易、和易,都属于"道"的内涵。宇宙万物的"本体",就其结构来说是阴阳相异又相合的"负阴而抱阳";就其变化的根源来说就是阴阳二气的有规律的生克活动("冲气以为和"),也就是"道";就气道统一的动态整体来说,就是"太极"。宇宙万物的实在的多种对偶的动态的整体既然如此,哲学思维方式必然要反映这种阴阳合而为太极的整体。通变与合和的统一,必然是有价值的哲学思维方式的本性。《周易·系辞》所说"通变之谓事,阴阳不测之谓神",既是"宇宙本体论",也是"宇宙创化论",还是哲学思维论。

"合和"一词显然出自于《周易》乾卦《彖传》。《彖传》说:"乾道变化,各正性命,保合太和,乃利贞。"说的是大自然的运行变化,使得万物各自按照自己的本性活动变化,保全太和元气,以利于今后的生长发展。如果说,"通变"说的是万事万物变化与互相生克的本性,那么"合和"便是指万事万物通变的理想方向和归宿。"合和"即是融合与和谐。可见,成中英所论"思维方式"的要义包括从变化中求和谐。这种认识既来自《周易》,也来自《老子》"万物负阴而抱阳,冲气以为和",也是成氏自己对世界万物存在与变化的观察和判断。

这种思维方式的"创新性"在古老的《周易》中就有其根源。《周易·系辞》强调掌握天地万物万事的规律,而运用规律则是为了有利于自然和人事向和谐方向发展。《周易·系辞下传》有云:"日往则月来,月往则日来,日月相推而岁成焉。往者屈也,来者信(伸)也,屈信(伸)相感而利生焉。尺蠖之屈,以求信(伸)也;龙蛇之蛰,以存身也,精义入神,以致用也;利用安身,以崇德也。"这利、德二字从两个方面说出人对物质生活和精神生活的全面追求。思维方式理应符合上述规律和原则。有的思维方式会让人相互争斗起来;有的思维方式会让人破坏自然;有的思维方式则会让人与人和谐,让人与自然和谐。成氏提出的思维方式,受《易经》的启示,好像旧得很,其实却有利于大自然和人的全面发展。成氏所提出的思维方式的"创新性"就体现在这里。成氏哲学思维方式的"创新性",还与他整个哲学的追求有关:他要在继承和发展中国《周易》哲学的基础上,借鉴、吸收西方哲学某些优点,重建中国哲学。其中包括构建"本体宇宙论"和"本体诠释学"。前者强调"综合观察"的方法论[1],后者主张"结合主体与客体的知见与理解","以本体为观照","克服西方传统思维中的具体的二元论的抽象思维的习惯,创造更高水平的开放的富于创造性的相互联系相互融合的思维方式。"[2]因此,成氏所提出的"以通变合和为典范的创新思维方式"既有中西哲学的基础,又有成氏自己新的创造。

(三)思维结构与思维过程的统一性

成氏要求在运用这种"以通变合和为典范的创新思维方式"时,必须对事物的结构和过程同时加以关注。结构是指任何事物的各种构成因素的性质及其组合形式。对事物的认识当然包括对事物的结构的认识。任何事物从哲学上看都处在变化的过程之中,对事物的认识当然同时包括对其变化、运动、发展、消失过程的认识。思维本身也有一个自己的结构和过程。思维的结构和过程要尽量地符合思维对象的结构和过程。思维对象的结构是与其变化的过程相比,是相对静止的,是静中含动。变化的过程是相对的动的,可说是动中

---

① 《成中英自选集》,山东教育出版社 2005 年版,第 48 页。

② 《成中英文集》第一卷《论中西哲学精神》,湖北人民出版社 2006 年版,《自序》第 3 页。

含静。但两者都是静与动的对立统一。因此，成中英一方面说，思维"最后在时间过程中掌握其(按，指思维的对象)历史源流，又在其现存的结构中透视其发展未来"①。他这里讲的也都是从思维对象的"相反相成、相生互制等动态关系"中，从思维对象发展、变化的时间过程中，认识思维对象的过去、现在和未来的关联中，简言之，从现实对象的结构和时空的变化的统一整体中认识对象。

(四)思维的非抽象性与非先验性

成中英从《周易》发展出来的这种"以通变合和为典范的创新思维方式"，显然拒绝思维的"抽象性"和"先验性"。所谓抽象性，是指思维的结构和过程不联系思维对象的具体整体及其构成这个整体的各种具体的因素，而只是凭自己已掌握的一些概念和命题作主观的推演。所谓"先验性"，是指在对思维对象未作理解的情况下先对思维对象的结构、变化过程和可能的结果作终极判断。这种推演和判断基本上是主体意志的想象的产物。拿现当代中国的政治运动来说，如上世纪50年代发动的"反右派"运动和60年代发动的更大的"文化大革命"这类政治运动，其思维方式就具有明显的"抽象性"和"先验性"。其"变"是乱变，所谓"越乱越好"。其"通"是瞎通，使中国经济通向崩溃的边缘。不是"合和"，而是分裂和斗争，这种思维方式是与"以通变合和为典范的创新思维方式"直接相反的，是"唯意志论"和"斗争哲学"的表现。

(五)思维的和谐性

成中英提出的"以通变合和为典范的创新思维方式"，作为一种认识论的命题，必有其价值和功用。我们既要从中国哲学的继往开来中看其价值和功用，也要从其在世界哲学的发展中，特别是要从其与西方思维方式的互补中，判断其价值和功用。

成中英此种思维方式命题的提出，既是对《周易》思维方式的继承与发展，也是在《周易》思维方式的发展的基础上，根据中国哲学在当代发展的需要而作出的独立的新的创造。成中英表明，他所概括的思维方式中的所谓合和，是指物之相依或相反是可以在太和理想的要求下合为一整体，而逐渐消除其矛盾，进一步形成新的和谐的有机统一体，并创生和创造出新美与新好的事物与世界。这就是"一个从现实转向理想，从现在转向未来思想、未来文化的转化过程"②。从这种说明中就可以看出他所提出"以变通合和为典范的创新思

---

① 《成中英文集》第一卷《论中西哲学精神》，湖北人民出版社2006年版，第66页。

② 同上。

维"方式,其着眼点在于在世界范围内实现他的"和谐化的辩证法",用以指导世界的现实、世界的思想、世界的文化向"太和"境地迈进。

成中英显然一方面深知中国传统的思维方式是倾向于整体的、辩证的、和谐的;同时确实感到自己的祖国半个世纪以来的发展受到了所谓"冲突辩证法"(或"斗争哲学")的折磨而困难重重,但是他又相信,尽管"世界上的确有相异、相对、不合、敌视等现象",却倾向于坚持"整个宇宙、人类社会、个人生活的大方向基本上是趋于和谐与统一的",因而他认为他的"和谐化的辩证法"与其他类型的辩证法相比较,"实具有更大的相关性与更大的包容性"。因此坚信"和谐化的辩证法"在当代中国乃至整个世界"是一个非常有力的体系"①。由此看来,他提出的"以通变合和为典范的创新思维"方式,是以他的"和谐化的辩证法"思想体系为坚实的理论基础的。

成中英由于对西方思维方式早有深入、全面的研究和剖析,认为西方的"以科学方法为典范的理性思维","以诠释传统为典范的历史思维","以绝对精神为典范的超越思维","以空无清虚为典范的静止思维",固然有其社会历史的基础,但其自身的缺点,主要表现为二元对立观念导致无缘无故的矛盾冲突行为,还表现为科学万能主义和科学霸权主义导致人类生活的"物化"现象。而中国人的整体一元和谐观念以及他所主张的"以通变合和为典范的创新思维"方式,正好可以弥补和拯救西方的灵魂与内在生命中的缺陷。

(六)思维方式的中西互融性与有效性

成中英提出"以通变合和为典范的创新思维方式",并不认为这种思维方式可以取代西方人原有的思维方式,而是主张中西两方面的思维方式可以取长取短,可以互化,达到优势互补的境地。所以他说:"这也一如太极与无极,有与无之能相互转化一样。在这一整体太和的基础上,显然我们看到西方思维方式的发展与中国《周易》思维方式的结合(Conjugation)与融合(Fusion)的可能性。它代表的是中国思维深入西方,提供了一个'后设思维'(Metea-thinking)的框架,同样,这也是西方思维的投入中国,把中国的思维内涵现代化了。前者是西方思维的中国化,而后者则是中国思维的现代化(以西方思维的内涵界定现代化)。合和两者即可称之为中国思维的世界化,构成中国思维的世界化的根本基础。"②

下面一段文字,可以看作成中英关于中西思维优势互补,以及对中国有特色的思维方式在当代世界发展中的作用的概括性的说明:"中国思维的世界化

---

① 《成中英文集》第一卷《论中西哲学精神》,湖北人民出版社 2006 年版,第 262、263 页。

② 同上,第 66 页。

显然已包含了两种意义,即中国思维的投入西方以及中国思维的承受西方,而不是中国思维单纯被接受或局部地发挥作用而已。它将是、也应是人类世界哲学与世界意识(也可称之为全球意识)的一个发展的基础和过程。更值得注意的是:在《周易》思维的方式作用下,不但世界意识得到了肯定与发展,个别的历史传统与其根源也在一个一体多元的系统中获得了真正的定位与发展的天地。两者的共生性是与其独立性是一起发展建立的。可是人们往往囿于狭隘的思维方式,只见其一而不见其二,两者之间又是只见其反而不见其合。这也可以看出此一思维方式(按,指"以通变合和为典范的新思维"方式)在今后世界意识的逐步发展、多元传统的冲突解决、历史主体有效性的建立都有莫大的重要性。无可讳言,中国人的哲学正是此一思维方式的源头活水。"①

三、多对两端平衡的和谐化思维方式

在本章第一节,我们已经比较全面地介绍了成氏提出的全名为"以通变合和为典范的思维方式"。可能是因为成氏对自己的哲学思维方式还须要再一次精确化,过了五年,他于2001年在一次国际会议上,又对他赞同的"创新思维方式"至少在措词上作了新的说明。因此我们在本章第三节又要用较大的篇幅对他的我们称之为"多对两端平衡的和谐化思维方式"作专门论析。

2001年7月21—24日,第十二届国际中国哲学大会在北京召开。成中英在会上作了《21世纪与中国哲学走向:诠释、整合与创新》的演讲。② 成氏该文第一节的题目是《时代的挑战与新思维方式的建立》。他在这一节用一些新的概念组合,再次表明了他对当代中国哲学必须运用和贯彻的新的思维方式。为了便于读者完整地了解成氏这次所说的新思维方式的内涵和要义,有必要先把文中有关他论述这种新思维的建立的时代背景和新思维内容的文字原原本本地抄录出来。

(一)成氏对时代背景和思维方式的描述

成氏对新思维时代背景所作的描述:

——21世纪显然是现代人类文明的全球化与本土化同时加速发生与强烈激荡的世纪。它代表了现代科技理性的逞强用势与权利的恣情驰骋。这是一种历史趋势,但也是一套构筑。始作俑者是科技与权利。但

① 《成中英文集》第一卷《论中西哲学精神》,湖北人民出版社2006年版,第66—67页。
② 此次演讲的文本发表在《第12届国际中国哲学大会论文集》第一集中(商务印书馆2003年出版)。又见《中国社会科学院研究生院学报》2001年第6期。

人文的觉醒与人性的自我保存却因之逐渐兴起,形成一种成长与长大的抗力与制力。追求知识与价值的平衡、个性与整体的平衡、历史与现实的平衡、理性与自由的平衡,这就是本土化的时代感受与使命。但对全球化与本土化两者的深度关联与其理想的互发性的机制却不可不细加考察:全球化代表经济理性与科技理性的实践,同时也具有政治权利普遍化的作用;本土化代表历史性与文化理性的自保,同时也具有价值信念差别化的坚持,两者不可偏废,必须同时并举,相互渗透,彼此推动,才能达到真正的世界和平发展与人类文明的可持续性成长。这也就意味着一种新的思维方式的建立与发展的需要。①

成中英对这一种新思维的内容本身的描述有以下几段文字:

——这种新的思维方式是在整体中追求个别,在个别中追求整体;在同化中追求差别,在差别中追求共性;在多元中追求一体,在一体中追求多元;在平衡中追求卓越,在卓越中追求扩大;在合作协力中追求优化,在竞争冲突中力求沟通共赢;在历史经验中追求理性结构,在理性规律中实现个体价值;在主体中追求客体,在客体中实现主体。②

——在这种思维方式中必须掌握一个开放的事物整体观:凡事都属于一个可以延伸的整体空间,不只是其显示的存在可以有多种多样的因果关系,其未来的发展也可以有多种多样的可能性。

——这种思维方式也要求掌握整体观念的分化性与差别性,以及分化性与多元性的对偶性与互补性。在对偶性与互补性的掌握中再求整体的一致与关联,使生活的素质提升,使生命的潜能发挥,使自由地创造个体的价值实现,同时也自由地创造整体的或集体的权益。③

——如果说认知一个开放的创造的本体宇宙观是全球化的根本条件,认知一个开放创造的自我心性就是本土化的根本条件。两者既互为根源又互为基础,方能形成一个具有张力与协力的互动系统与整体。在这种逐个互动的体系中,主客不仅是知性的交融,也是情性的适应,更是行动与行为上的整体协调与配合,明显隐含着一个整体的标准与自我整体中的定位。④

——综上所说,面对当代全球化与本土化的激荡中创造新宇宙与人类

① 《21世纪中国哲学走向》第一集,第11页。
② 同上,第11—12页。
③ 同上,第21页。
④ 同上,第12页。

生活世界的体认,现代人不能不尽快建立一个新的思维认知方式,一个新的宇宙观,一个新的自我心性哲学,和一个新的行为判断标准。①

——新的思维认识方式意味着天人互通、互动与互融;新的宇宙观意味着本体宇宙论的体验与观察;新的自我心性哲学意味着主体自我提升、转化与主客体的相互超越与创造;新的行为判断则意味知行的整体与动态的合一。这三者(新的宇宙观、自我心性哲学和行为判断标准)又是相互激荡、相互制衡的。三者都必须在差异中诠释以求整合,在整合中以求创新。诠释是个别中求全体,而创新则是求存在价值的提升与生活世界的丰富。其最终目的是实现生命的整体和谐与持续创化。②

上文已经提及,成中英发表1995年《太平洋学报》上的论文中提出新思维方式是有一个简要明确的名称的,就是"以通变合和为典范的创新思维";而他2001年在第12届国际中国哲学大会上发表的演讲中提出的"新思维",却并没有一个概括的名称。按照笔者的理解,暂且把他这一次提出的"新思维"叫做"多对两端平衡的和谐化思维方式"。

给成氏提出的思维方式起了这样一个名字,是有根据的。上面的引文,有一些概念和词语对其所论的思维方式比较重要。

一是"事物的整体观"。成氏提出了许多对偶现象,这些对偶现象的每一对都分别构成一个整体,而多对的对偶现象合起来又构成一个更大的整体。

二是"分化性"、"差别性"、"多元性"、"多样性"等概念。这些概念所表示的属性,毕竟还是存在于整体、一体、统一之中。

三是"本体宇宙论"的措词。从这一措词中可以看出成氏所说新的思维方式最终还是由他的"本体宇宙论"所制约。

四是"最终的目的是实现生命的整体和谐与持续创化"。可知成氏的思维方式必定受他的"太极创化论",特别是"和谐化的辩证法"所制约。加上文中举例提出的那么多对的两端现象之间,新思维方式都是要求平衡和谐的。所以,我们有理由给成氏提出的思维方式命名为"多对两端平衡的和谐化思维方式"。

在笔者看来,成中英所提出新思维的背景可视为客观的和谐辩证法的实际展开,而提出新思维本身则可视为人类当前所必须采用的主观的和谐化的辩证法的推行。

成中英首先提出,21世纪是现代人类文明的全球化与本土化同时加速发

① 《21世纪中国哲学走向》第一集,第13页。
② 同上。

生与强烈激荡的世纪。认为"文明全球化"是世纪发展的不可抗拒的趋势,而本土化即民族化、万国化,也是不可抗拒的趋势;两种发展趋势有差异,有矛盾,有冲突,甚至有斗争,但也有共同性、互补性与和谐性。作为居高临下的一位世界级的当代哲学家,主张"和谐化的辩证法"的成中英对此种现实绝对不能袖手旁观,而必须思考并提出用来对付和处理这种现实("时代的挑战")的理论和方法,首先是思维方式。他又想起了他研究了三四十年的《周易》的思维方式,他要运用并发展这种思维方式,于是他提出了一种结合当前和未来实际的新的思维方式,这就是我们称之为"多对两端平衡的和谐化思维方式"。

为什么在标示新思维方式时用了"两端"之语?显然是因为思维"对象群"中到处有两端现象,如:人类文明的全球化◄─►本土化,科技◄─►权利,人文的觉醒◄─►人性的自我保存,知识◄─►价值,个性◄─►整体,历史◄─►现实,理性◄─►自由,经济理性◄─►科技理性,本土化代表的历史性与文化理性,世界和平的发展◄─►人类文明的可持续性成长,等等。

成中英清清楚楚、明明白白地看到了思维对象中的大量的两端现象。不是一对,而是多对的两端现象。他必须用"两端多对"相对统一的思维方式去认识、思考"两端多对"的思维对象。正因为如此,成中英才明确地说:面对如此大量多对的内含两端的对象,就意味着必须建立和发展一种新的思维方式。也正因为如此,他提出"新的思维方式"要求:"在整体中追求个别,在个别中追求整体,在同化中追求差别,在差别中追求共性,在多元中追求一体,在一体中追求多元,在平衡中追求卓越,在卓越中追求扩大,在合作协力中追求自我优化,在竞争冲突中力求沟通共赢,在历史经验中追求理想结构,在理性规律中实现个体价值,在主体中追求客体,在客体中实现主体。"①可以说,他是用了"异中求同、同中求异"的思维方式。

理论家的思路不能是这样:既然思维对象存在着大量的(多对的)两端现象,思维方式中当然也相应地存在着大量的(多对的)两端范畴概念;同时,既然客观现实中的大量的两端现象向平衡的方向变化发展对世界和平有利、对人类文明的可持续发展有利,那么,明智的哲学家当然有理由要构建"多对两端平衡的和谐化思维方式"了。

(二)平衡和谐化的本体思维方式

成中英面对"时代的挑战"所提出的新思维方式既如上所述,所以我们称之为"多对两端平衡和谐化的思维方式"。平衡是手段也是目的,和谐化是目

---

① 《21世纪中国哲学走向》第一集,第11—12页。

的也是手段。

成中英的哲学,据他自己说,可称之为"生生不息"的哲学或"生机哲学"。其实都可称之为"太极哲学"与"和谐哲学"。在他看来,宇宙万物都是有生命的、有生机的、"生生不息"的。而宇宙万物在"生生不息"的过程中,既无法完全排斥差异和互制、矛盾和冲争,更是充满着互补、互生、平衡与和谐,而且平衡与和谐应视为宇宙的主导方面,是"生生不息"的主要条件和动力,那么,强调人类思维方式中的平衡与和谐,就是十分必要的了。成中英哲学思维方式的提出,一方面取决于思维对象本身,同时也来自于他的基本哲学观点。他在《世纪之交的抉择——论中西哲学的会通与融合》一书的第二节《中国哲学中的和谐化辩证法》中,就提出了这样一个希望:"希望能找出各家和谐、冲突哲学观背后所共有的一贯基础和普遍结构,作为进一步解释那些哲学观的桥梁。"①成中英是把以下的观点作为各派哲学家们的思想桥梁的:

——和谐与冲突对人都有价值,但不论是个人或社会,在正常情况下都会视和谐及追求和谐为较有价值。②

——在儒家的眼光里,这个世界是一个变化和发展的过程。不错,世界上的确有相异、相对、不合、敌视等现象,但儒家坚持:整个宇宙、人类社会、个人生活的大方向基本上是趋于和谐与统一的。整部《易经》便表达了这种思想。试观《易经》的基本原则:(一)包括天、地、人及万物的道(即实在界),既是一变化的过程,又是一有秩序的结构;(二)生命的创化力量乃变化之根本,道的创生能力是无限的;(三)变化过程中永远有阴阳两种相反相成的动能;(四)道乃一:所有变化的动能皆出于道,所以道是一切对偶现象之源,在这个意义上,道称作"太极","太极"即一;(五)事物之分化乃阴阳互动的表现,因此事物与道不异质;(六)万物化生乃由道之性,凡是能跟随或发展道之性的东西,皆有善于其中;(七)人有能力了解变化之动迹,以自己的行为来配合这种动迹,乃成就至善于世界;(八)人一旦了解变化,便能参与变化,知悉本身与世界之间的和谐;(九)人事间的失调、不幸与缺陷,起源于人不能够了解变化的真相,以及未能与世界和谐。③

——……《易经》视事物创生与统合为和谐的基本要素之一。亦即,在《易经》作者的心目中,世界是一个不断生化的统合体;在这个世界中,

① 《成中英文集》第一卷,第247页。
② 同上,第248页。
③ 同上,第248—249页。

虽然充满着不同事物,但众多不同事物之间,却有一个和谐的发展,这便是变化;世间的事物有始有终;以和谐始,亦期终于和谐。其次,……只有生命的随时而进,才是无限的。……人可以经由意识而合于道,以达到生命的最终目的。最后,在相反相成的事物中,存在着对偶现象,《易经》便视变化过程为种种对偶现象的不断生化和统合。……宇宙与人生经验中的冲突、缺陷、矛盾、不符,均可视为对偶互动过程中的过渡现象,不得错认为世界的真相。对偶现象的总名是阴和阳。以具体概念来表示,便是明暗、刚柔、动静、虚实、有无等等;只要这些对偶能够溯源主道,它们就不是真正相反和敌对,而只不过是相成意义下的相反罢了。更进一步说它们的存在使世界有意义,而世界也因它们的存在而完备。阴与阳之间并无紧张和敌意,只要我们让它们依照本性中的自然及简易去运行。按此观点,任何对偶的互动形式,不论其复杂程度如何,都不过是和谐的表征罢了。这种和谐是一种动态的过程,而不是静态的结构。换句话说,对偶的互动所表征的,乃是事物间同属一体的和谐状态。①

以上引文,可以看作成中英提出"多对两端平衡和谐化的思维方式"的理论基础。这些引文所用关键词语有:和谐,冲突,统一。他认为阴阳两端具有相反相成的动能,人能参与变化。因此,从总的趋势看,世界是一个不断生化的统合体。世间的事物有始有终,以和谐始,以期终于和谐;《易经》视变化过程为种种对偶现象的不断生化和统合;冲突、缺陷、矛盾、不符,均可视为对偶互动过程中的过渡现象,对偶的互动所表征的,乃是事物间同属于一体的和谐状态。如此等等。成中英在界定"多对两端平衡和谐的本体思维方式"时,所用的多对对偶概念所表示的事物、现象之间关系,无不处于平衡、和谐与统一的关系之中。因此,他的思维方式要求:个别与整体和谐统一;差别与共性和谐统一;多元与一体的和谐统一;事物的平衡与卓越和谐统一;卓越与扩大和谐统一;合作协力与优化和谐统一;竞争与共赢和谐统一;理性经验与理性思维和谐统一;主体与客体和谐统一。

从哲学本体论上看,多对两端和谐统一的新思维方式,来自易学本体论和道家本体论,即:"易有太极,是生两仪,两仪生四象,四象生八卦,八卦定吉凶";"一阴一阳之谓道";"天地之大德曰生";"天地氤氲,万物化醇;男女构精,万物化生";"万物负阴而抱阳,冲气以为和"……由此看来,所论新思维,套用《老子》的"万物负阴而抱阳,冲气以为和"的句式,可以简称之为"多对阴阳冲

---

① 《成中英文集》第一卷,第249页。

气以为和的本体思维方式",亦即"中和思维"。这和本章第一节所论"以通变合和为典范的创新思维方式",在原理和精神上是完全一致的。如果这一判断是有根据的,那么对成中英有关"多对两端和谐统一的本体思维方式"的其他论述,就是易于理解的了。

新思维方式的提出,既是一个理论问题,又是一个实践与贯彻的问题。对思维方式的理解和实践,从范围上说牵涉到当代全人类;从实践的内容来说,如成中英所说,又涉及建立新的宇宙观,新的自我心性哲学,以及新的行为判断标准。又如成中英所指出的:"新的思维认知方式意味着天人互通、互动与互融;新的宇宙观意味着本体宇宙论的体验与观察;新的自我心性哲学意味着主体自我提升、转化与主客体的相互超越与创造;新的行为判断则意味着知行的整体与动态的合一。这三者又是相互激荡、相互制衡的。三者必须在差异中诠释以求整合,在整合中以求创新。诠释是个别中求全体,也是在全体中求差异。整合则是为了提供平衡和开放的创造空间,而创新则是求存在价值的提升与生活世界的丰富。其最终目的是实现生命的整体和谐与持续创化。"①

简短的结论

综上所述,成中英的哲学思维方式论,主要以他数十年来对《易经》哲学和西方的含真理性的哲学思想为基础,与其所倡导的"和谐化的辩证法"、"太极本体论"、"太极创化论"相互支持,因此他的哲学思维方式实可称之为"太极思维方式"。在这种思维方式的运用中包含了他的哲学的整个范畴网和命题网。

成氏的思维方式首先是重视"对偶动态一元合和思维"。对偶思维指面对思维对象时要分阴分阳,在分阴分阳的前提下注意多对对偶的存在,特别是一元和合整体的存在。动态思维指从运动、变化、发展中进行思维,其动力是阴阳的相反相成、相克相生的活动,即所谓"一阴一阳之谓道"。此时,要同时注意阴阳在"多样统一结构"中的丰富的活动。一元思维指重视思维对象的整体性和思维方式的在分析基础上的综合性。而"太极"范畴和"太极"观念则贯通于"对偶动态和一元整体合和思维"及其全过程之中。

与"对偶动态一元合和思维"的命题相一致,成中英的思维方式强调"以通变和合为典范"。所谓"典范",就是指思维方式的"范型"或"模式"。"以通变和合为典范"的思维方式,对思维活动提出两方面的要求:一是"通变",一是"合和"。"通变"是指不但重视阴阳之道所造成的变化,而且要注意**多种**变化

---

① 《21 世纪中国哲学的走向》第一集,第 13 页。

的贯通、联系和相互制约或相互推进。"合和",可能有四方面的意思:一是指阴阳既相反而相成,或者说,"事物既一分为二又合二为一";二是指任何事物都是多对阴阳的对立统一,即"多样统一";三是指任何事物的在变化中总有相对的平衡与和谐的因素,否则就不成其为该事物了。四是从宇宙万物万事的总体、大多数和人类的理想来看,平衡与和谐是其终极状态。客观"实在"既然如此,思维方式当然要与之相一致。因此,成氏提倡的"以通变合和为典范的思维方式",实际是其"和谐化的辩证法"所要求的。"多对两端平衡的和谐化思维方式",从本质上看,也是对其"以通变合和为典范的思维方式"的发挥和实际运用。如果是这样,那么成氏的哲学思维方式,可用"对偶动态一元合和思维方式"来概括,或简称之为"太极思维方式"。此思维方式与其"太极本体论"、"太极创化论"遥相呼应,互相包含,互相支持,一线贯通。

第三章
成中英太极创化论范畴体系简述

　　任何理论体系,包括成中英的"太极创化论",从骨架上看,都由范畴体系与命题体系有机组合而成。为了让读者对成中英的哲学思想体系有一个简明的了解,笔者特写此章,把成中英的太极哲学,特别是"太极创化论"所用的范畴概念体系列出一个简表,并对其中某些重要的范畴概念的内涵,作出概括性的说明,其间必然涉及"太极创化论"的主要命题。在作这种说明时,有时由笔者按照自己的理解加以综述,有时直接引用成氏原文。

一、太极创化论范畴体系简表

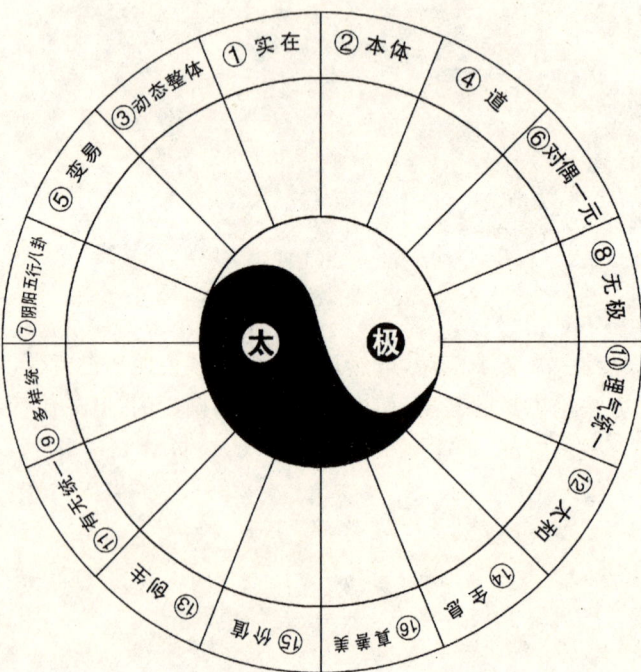

二、对成中英哲学太极元范畴内涵的分题梳理

"太极"是成氏哲学体系的元范畴。从上表可以看出,表中的(1)实在,(2)本体,(3)动态整体,(4)道,(5)变易,(6)对偶一元,(7)阴阳、五行、八卦,(8)无极,(9)多样统一,(10)理气统一,(11)有无统一,(12)太和,(13)创生,(14)全息,(15)价值,(16)真善美,共十六项范畴,都是从某一方面、某一层次说明和揭示"太极"元范畴的基本内涵。为什么说"基本内涵"?因为这十六个方面并未能无遗地揭示出"太极"的极为丰富的全部内涵。成中英有言:"太极乃无所不包,其涵容最广博,开拓最深入,根基最稳固,呈现最显明,理路最精微,诠释最穷尽。"①此言指明"太极"内涵的无限丰富性。至于"太极"元范畴在宇宙万物中的功能和价值,成氏说:"太极成就事事物物,但本身却活动不已,反复辩证地处于未完成的状态,同时也不能完成。最后,太极正是至善展现、自然实现自身之处。太极不但与生命、生活合而为一,而且也与生命、生活的潜能——即所有组成、界定以及增益生活、生命的一切事物——不可一分为二。"②从成氏对"太极"的地位、功能、价值的说明中,可以断定"太极"是成氏哲学范畴体系的元范畴,其哲学体系的全部范畴概念的内涵,其哲学体系的全部命题原理,都可以从"太极"元范畴中找到出发点和归宿点。成氏的哲学体系之所以必然有"元范畴",与他对中国哲学范畴的特征和中国哲学的范畴体系的发展过程的详尽研究有关。成氏对《尚书》的"建用皇极"的思想相当看重。他说:"《尚书》的'建用皇极'的思想显然反映了、也影响了中国哲学寻求范畴的终极统一的理想。而此终极统一的理想,不仅具备了范畴应具备的认识真实之意,而且也具备了规范行为、广泛应用等意义,更成为一切其他多元范畴系统之根本,进而把其他范畴看作其应用,以及不同层次上的具体的变化。"③成氏指出《易传》中的"太极"正是皇极范畴思想的表现。

(一)实在

"太极"作为一个哲学范畴,虽然是哲学家为了说明自己哲学思想,特别说明宇宙观和方法论思想的需要,而由自己选择和确定的,但任何哲学范畴的建立都应当有客观的根据,这客观根据包括整个宇宙、大自然、社会历史和人类的思维。人类本身、人类的主观思想观念以外的客观世界,当然具有"物质

---

① 《抉择》,第256页。
② 同上。
③ 同上,第130页。

性",但这整个"客观世界"并不是可以由"物质性"这一范畴就可以概括的,如这几年所说的"非物质文化遗产",就不是纯"物质性"的。成中英哲学的太极范畴的内涵当然包括"物质",但不仅仅是"物质",所以成氏未把"物质"作为其哲学的元范畴,而选取了"太极"这一出自《易传》的抽象名词。这是以成氏自己的哲学"原始出发点"为根据的。成氏说:"我们认为,中国哲学的原始出发点是《易经》哲学。"①成氏"太极"第一方面的内涵就是"实在"。成氏说:"任何一个民族发展成一个社会,建立一个国家,都有其物质文化与精神文化的表现和成就。"②"任何一个物质文明的创造都有其精神力量作为后盾,作为原动力。"③成氏提出了"两个重要的结论:第一,物质文化是以精神文化为动力和基础的,绝不可能离开精神文化而存在;……第二,精神文化必须在物质文化的创造及发扬与充实上,得以表现和实现。"④哲学的内容当然离不开物质文化与精神文化相融合的统一体。物质文化与精神文化正好构成一个"太极图"。这样,"太极"的"实在"内涵,第一是具有现实性,第二是具有物质文化与精神文化这两方面的对立统一性,不可能是只是"物质性"或"精神性"。王夫之强调"太极"的"实有"内涵。他说:"太极之在两间(按:指天地之间),无初无终而不可间也(按:指到处存在,到处都是太极),无彼无此而不可破也,自大至细而象皆其象,自一至万而数皆其数;故空不流而实不窒,灵不私而顽不遗,亦静不先而动不后矣。"⑤意谓太极无所不极,充周乎天地宇宙中,故空者、实者、灵者、顽者皆有太极主持其中,此所以"不流"、"不窒"、"不私"、"不遗"。成氏强调"'太极'不可与由个别事物及事件形成的现实分离"。⑥ 从宇宙万物统一性的层次看,"实在性"("实有性")是宇宙统一性的第一要义。物物—太极,人人—太极,每幅画—太极(黄宾虹:"太极图是书画秘诀")。太极的实在性、统一性的内涵是千真万确、颠扑不破的。从以下的引文中可以看出,成中英虽然不把"实在"看成是"本体"的全部内涵,但他并不把"实在"排斥太极的"本体"内涵之外:"吾人对'本体'的意义,可以归纳出以下两点:第一,对象的意义,即将本体"视为一种对象,是实在的东西"。第二,"验存的意义,即体验的存在,是主观与客观同时结合的感受。"⑦用海德格尔的说法,"本体"包括"世界

---

① 《抉择·引子》,第 2 页。
② 《抉择》,第 84 页。
③ 同上。
④ 同上,第 84—85 页。
⑤ 见陈王森、陈宪猷《周易外传镜诠》,中华书局 2000 年版,第 749—750 页。
⑥ 《抉择》,第 257 页。
⑦ 《成中英文集》第四卷《本体诠释学》,湖北人民出版社 2006 年版,第 15—16 页。

内存有"。① 从成氏以下关于"实在"范畴内涵的论述中,我们完全有理由断定成氏认为"实在"是"太极"元范畴不可缺少的作为基础的内涵:(1)有无是"实在"的两种状态。(2)"实在"乃是变化、运动的过程。(3)"实在"在中国人的经验中,乃是一种对创造整体的经验和看法,这个创造整体在整个生命中,表现为永续不绝的生化过程。(4)按中国人的经验,"实在"是一个肇始于原始的统一与和谐的开放的整体,在它的变化过程中,保存并表现出了这层原始的统一与和谐。(5)"实在"无非有与无的相互变易,而其变异一方面保存了整体的"实在",另一方面也产生了生命和创新。(6)整体的"实在"就是"太极"。② 把物质或精神分别作为哲学的元范畴都是片面的。把"物质"作为"客观"的同义词,无疑也于理不通。

(二)本体

"太极"表示宇宙万物的"本体"。"本体论"也是宇宙论。本体有本质之义。宇宙万物处在不断创生、变化、发展的永恒过程中,但宇宙万物的存在和变化发展中,毕竟有其相对稳定的本质。本质和规律是相互联系,可以互相诠释的范畴。二者不会有一刻的分离。因而"本体"包括本质和规律两者相统一的内容。对"本体"可作以下五点分析:

(1)用成中英的说法,本体并非孑然一物,而是不离现象之源,也是不舍现象之基。③ 现象之"基"是什么? 是宇宙万物的客观的动态整体的存在,是实有,是实在。现象之"源"是什么? 应是指宇宙万物的一切现象的创生、变化、发展的内在动力。简言之,这内在的动力即是阴阳两个相异的对立因素的相成相生、相制相克。"太极"既表示现象之"源",亦表示现象之"基"。"负阴抱阳"、一分为二而又合二为一、"多极一体"(或"多样统一"),可以说是现象之"基",而"一阴一阳之谓道"或(阴阳),"冲气以为和",则可说是现象之"源"。老子所说"万物负阴而抱阳,冲气以为和",可以说是宇宙万物现象之"基"与"源"统一的简明的表述或命题。

(2)还可以用成中英另一个对本体的说法来理解"太极"的"本体性"方面的内涵。他说:"'本体'不必排除内在性与超越性,但却是主客的关系的根源与主客世界发展与建构的整体。有此本体的思想方能彰显中国哲学的根源与整体智慧,也才能进一步地弥补及解决西方现代性的主客二元分化的种种疑难。基于对本体与自本体的同时探索与体认,人类多元的文化与哲学体系,甚

---

① 《成中英文集》第四卷《本体诠释学》,湖北人民出版社 2006 年版,第 15—16 页。

② 《抉择》,第 224 页。

③ 《易学本体论》,北京大学出版社 2006 年版,第 4 页。

至宗教体系,也都能得到适宜的沟通与和谐化。"①"不必排斥内在性与超越性"语,应指"本体"的内涵包括"内在性与超越性",但不限于此两义。成氏强调的是"本体"的"主客的关系的根源"和"主客世界发展与建构的整体"这两方面的内涵。成氏显然认为,宇宙万物的存在、创生、变化和发展的"根源"处在主客两方的辩证"关系"之中,而不单独存在于主体一方或客体一方。成氏又显然认为,"世界(宇宙万物)的发展与建构"亦属"本体"的内涵,"本体"不是静态的,而是动态的,而且是"动态的整体"。成氏批评西方某些"主客二元论"的哲学,认为它们不符合宇宙万物"本体"的实际。成氏还断言:人类的文化应当是多元统一和谐整体;宇宙本身、本体就是多元和谐统一的动态整体。

(3)成中英特别重视和强调"本体"是"动态的系统"。他说:"什么是本体?它是实体的体系,即体;它来源于实体的本源或根本,即本。本和体是紧密相关的,因为本不仅产生了体,而且不断地产生体,这可以根据本来解释体的变化。……在这个意义上,本体构成的不是一个静止的系统,而是一个具有创造性的转变和创造力的开放的动态的系统。"②是说,本体是"本"与"体"的统一整体。体以本为基础,为动力,本以体为载体。本体本身就是一个"阴阳鱼太极图":体中有本,本能生体。有本才能有本体的创造性、开放性、动态性;有体才能有本体的创造性、开放性、动态性发挥的天地。"太极"包括本与体,包括整个动态的本体。

(4)据成中英,天、道;性、命;理、气;心、性,皆为中国古代哲学本体范畴。其理由有四:第一,这些范畴代表了宇宙和人最终的本体真实体验。第二,这些范畴所含的观念是中国哲学的中心观念,几乎所有的思想、体系都围绕着它们而发挥。第三,这些观念迄今仍为中国哲学的重要课题,在中西哲学的沟通和融合上占据极重要的地位。第四,这八个基本观念也有其历史发展的相关性。③ 这些范畴的内涵显然应包括在"太极"的"本体"所应有的内涵之中。

(5)考虑到成中英所使用的"本体"范畴的内涵比较抽象因而不易理解,笔者再抄成氏《易学本体论》④中对"本体世界"一语的较通俗易懂的解说,供读者参考。成氏说:易的本体世界不是一个决然超变化现实的神秘世界,因之也不是一个孤立绝缘的本质世界,甚至也不是一个纯然对象化的对象,因为它是与主体的人的心灵密切相关的天地人的共同根源。然而,人并不能用有限的

---

① 《成中英文集》第一卷《论中西哲学精神》,湖北人民出版社 2006 年版,第 2 页。
② 《成中英文集》第四卷《本体诠释学》,湖北人民出版社 2006 年版,第 5 页。
③ 见《抉择》,第 146 页。
④ 《易学本体论》,第 24 页。

静态结构的概念理解与认知它,却可以思考它,也可以用行为或行动来参与本体之活动,这是由于人的行为也能改变事物,故是有本体的意义。事实上,本体世界是包含着本源、实体与活动的真实,而非一个静止的状态。在《易传》中是结合了"易有太极,是生两仪,两仪生四象,四象生八卦","生生不已之谓易","一阴一阳之谓道","天地之大德曰生","乾坤其易之蕴耶"等概念形成的所指。本体的重心是在生与生生,故包含了生之原始、生之过程、生之作用之实体等意涵。是以本体世界就其连续性讲是包含一切现象与活动的整体:现象是本体的现象,变化是本体的变化,过程是本体的过程,本体的生命等等,也是此等事物发生及持续之所系。——从成氏以上所论,可知其所使用的"本体"的内涵是非常丰富的,包括整个宇宙、整体自然界、人类社会和历史、人类自己的活动和文化,不是用"物质"、"心灵"二词可以概括的。也不能与西方哲学史中与现象脱离的"本体"概念画等号。西方哲学对"本体"的错误片面的界定,并不妨碍中国当代哲学对"本体"内涵的正确、全面、深入的阐释。只少从构词法角度看,本体比本原更加符合宇宙万物统一的实体,也容易为人所理解和体会。

(三)动态整体

对于成中英的哲学,宇宙是一个"动态整体";不但宇宙整体是一个"动态整体",而且宇宙中任何事物和事相都是一个"动态整体"。"动态整体"这一概念,在成中英的哲学论著中用得最多。说物物一太极,人人一太极,就有物物、人人皆为一"动态整体"的意思。就是说,宇宙及其中的万物"万有",其既有"整体性"并有"动态性","整体"离不开"动态","动态"离不开"整体"。宇宙万物的本质、本性、本体既是如此,人类对宇宙万物的认识、思维,也应从宇宙万物的整体性与动态性的联系和统一中进行。动态包括阴阳对偶互动、五行互动、有无互动、理气互动、知行互动、局部与局部互动、局部与整体互动、内外互动、主客互动、人与自然互动等等;而这多种互动,造成了宇宙万物的有机性、辩证性、统一性、全息性、整体性、动态性。简言之"动态整体性"。宇宙间存在着无可穷尽的创造根源,浑一不可分辨,但又可分化为具体个别事物,太极这一范畴反映了真实世界的动态统一。

鉴于"动态整体"这一概念的极端重要性,我们有必要根据笔者个人的体会,再作以下具体的论述:

(1)《易经》哲学把宇宙看作是一个动态的整体,提出"阴阳对立、两极一体的宇宙模型"。① 后一句应是前一句的根据。

（2）整个宇宙自然是一个真实的、复杂的、具有生命力和发展性的动态存在系统。就其运行发展、新陈代谢来看，宇宙自然也可以说是一个具有内在结构的自动管理体系。……自然宇宙生生不已，不断更新，就像有一个内在的力量在推动着它的变化；同时它的新陈代谢也代表着一种深层的内在平衡，时间上的循环和空间上的对称，以及所包含的动态的和谐。②

（3）《易经》哲学最根本的思想就是认为宇宙是一个整体，是一个动态的、开放的，而又内外、上下、左右各部分相互联系、相互贯通的整体。所谓"动态的整体"，就是指宇宙的事物不管如何缤纷繁多，都有密切的互动和相互的影响，每个事物都有自己运动，而都有一定的背景和网络，别的事物影响着它，它也影响着别的事物。个体性和整体性是互相联系的。对整体性不能用封闭的态度去了解，因为整体包含着时间和空间，包含着时间的流动和空间的整合，所以不应该有任何限制。整体不应该限制于任何固定的格局，而应该不断打破格局。③

（4）《易经》哲学的整体宇宙观包含着五个原则：①同一根源的原则，就是认为世界上的任何事物都是来自于共同的本源。（寅按：共同的根源即"太极"）②相互依持的原则，就是认为世界上的任何事物都是相互联系、相互影响的。③动态发展的原则，就是认为世界上任何事物都是处在运动变化开放发展之中的。④深度和谐的原则，就是认为事物的发展是以和谐与平衡为目标的。（寅按：注意"太和"的概念）⑤循环同归的原则，就是认为事物的发展回归到原始的根源，然后再发展、再创造、循环往复、不断发展。（寅按：自太极太和始，经过太极太和的创化，达到新的太极太和，如此循环往复，以至无穷。）④

（5）从哲学上看，《易经》的宇宙系统是一个动态的、复杂的、多层次的系统。作为系统，它是一个整体性的结构，又是一个发展的过程。从空间来看，它作为一个根源性的系统，其生命力和创造力都是没有极限的，所谓"于穆不已"、"生生不息"，就说明天道之创造生命是无穷的、没有止境的。在这个动态系统中，其根源就是"太极"，这个根源不断发展下去，就成为宇宙之道、天地之道。在这里，"道"是指动态的意思，"太极"是指根源的意思。太极和道相合为一，就是《易经》系统。（寅按：宏观地看，"道"是"太极"之"道"，"太极"包含

① 《成中英文集》第三卷《伦理与管理》，湖北人民出版社 2006 年版，第 132 页。

② 同上，第 132 页。

③ 同上，第 133 页。

④ 同上，第 133—134 页。

"道",因而《易经》系统是"太极"系统。)这是一个唯一的系统,也是一个变化的系统,它呈现在天地和万物的构成之中,并且有其内部力量在不断地推动着它的发展。[1]

(6)成氏特别强调宇宙是一个整体的动态过程。他说:由于宇宙的发展是一个动态的过程、自然的过程,这就构成了它的时间性。时间是生命创造发展的过程。……时间实际上是宇宙的生命力所表现出来的一种活力。时间不是抽象的,而是具体的并具有创造性的。时间本身就包含着空间。《易经》的宇宙系统就是一个时间包含空间的系统,也是从时间展开空间的系统。成氏说:正因为宇宙是一个动态的过程,所以万物都有来有去,有成有毁,有生有死,整个是一个周流的体系,推陈出新的体系。这就是宇宙表现它自身的最重要的方式。只有在这种方式之下,宇宙才能达到它本身的价值,表现出最高的境界。[2]

(7)成氏认为,实体宇宙的形象,既是整体的,又是多元的,具有相当的复杂而又相当丰富的关系,而最基本的阴阳对应关系永远在不同的层次中表现出来。在这样的形象宇宙中,每样事物之间都有一种多元的相对、相应、对立、互补、互成的关系。同时也表现出冲突、紧张、相互抵消、相互平衡的作用。从整个生命宇宙发展来看,对立、紧张、冲突都是达到更高层次和谐的过程和方式。总而言之,我们可把事物之间的关系看成是一体分化成两极,两极经过对立、冲突、互补互化为一体的关系。[3]

综上所述,对于成中英的本体宇宙论,"太极"表示宇宙的整体,其中包括宇宙万物创生、变化、发展的根源,也包括宇宙万物创生、变化、发展的动态过程,也包括作为其发展的归宿的"太和"——和谐与平衡,而"太和"本身也就是宇宙万物进一步变化发展的新的起点。"太极"范畴的"动态整体"的内涵大体如此。

(四)道

在成中英的太极创化论中,甚至在其整个哲学体系中,"道"范畴占据极重要的地位,但"道"并不能完全代替"太极","太极"仍是元范畴,而"道"的内涵应被包括在"太极"的丰富内涵之中。宋代邵雍对"太极"与"道"的关系问题的理解与成氏的观点有相通之处。邵雍说:"太极,道之极也。"[4]"太极"是比

---

[1] 《成中英文集》第三卷《伦理与管理》,湖北人民出版社2006年版,第135页。

[2] 同上。

[3] 同上。

[4] 《皇极经世书·观物外篇》之十二。

"道"更高的概念,"道"是属于"太极"的。邵雍说:"能造万物者,天地也。能造天地者,太极也。太极其可得而名乎,故强之曰'太极'。"(《邵子全书》卷七《无名公传》)在邵雍的思想体系中,"道"是产生万物的根源,而太极可统道,道不可统太极,"道"存在于"太极"之中。关于"道"的内涵,成中英在许多论著中都作过较为详尽的分析和判断。老子在《道德经》中确实把"道"放到元范畴的位置上。成中英指出:对于老子,道独立为一本体论和宇宙论范畴,把道提升为一个最原始、最根本的形上学范畴。在此基础上,老子认为:(1)道是一切现象的根源和最后的归宿;(2)道是自然化生的过程;(3)道是全体宇宙的本质;(4)道包含并遵循有无相生、负阴抱阳、无为而无不为、反、复、一的辩证法则;(5)道无所不包,而可为人用来处世治国。故道不远人,人能弘道。因此,道作为一种宇宙论和本体论的范畴。道之一词不但成为哲学家的中心观念,并依其了解和体验来加以理解发挥。① 从"道是一切现象的根源和最后归宿"、"道无所不包"等语句看,"道"完全可以作为道家哲学的元范畴。但从成氏对"道"和"太极"两个范畴的多次论析看,从成氏多次论及《易经》是中国哲学的原始出发点看,"太极"仍稳稳地处在其哲学元范畴的地位。中国古代儒家和道家都从宇宙万物中阴阳对偶相荡(冲气)而变化创生的过程来简易地理解"道"的内涵和作用。总起来说,成氏认为儒、道两家都是从"创生"、"创化"的角度来论析"太极"之"道"的功能和价值的。

对于成氏,儒家的生机主义哲学以《易经》的形上学为代表。儒家的所谓变易,就是生生的过程。生生的过程,是通过阴阳的形而上理论来加以理解。阴与阳充塞万物,触目所见的事物的性质及种种事缘的潜力,莫不是阴和阳的表现。阴阳分别代表实在的两个层面、两端、两个终点。阴阳虽有分工,但就动态整体而言,两者实为一体。即两者时而互相吸引,时而互相排斥,视情况不同而有异。其实两端阴与阳不应脱离具体事物及其变化发展过程来理解。所有个别事物无不由阴阳两端构成,而个别事物的内在结构,以及相互之间的关系,也都取决于阴与阳二者分量多寡。所谓天下之"理",以及万物之"位",正是阴阳互变之内涵所包容的事物之条理和变化。②

在成中英看来,道家认为宇宙万物具有统一的终极根源,"道"即此终极根源之名。老子与庄子以为,道不能视为任何知觉的或实在的存有,因此道又称"无",这"无"乃是万物之至——"太极"之上的存在。这一点,儒与道有所不同。道家认为,这在"太极"之上的道持续不断地显现并化生万物。正如《老

---

① 《抉择》,第150页。
② 同上,第276页。

子》所述:"道生一,一生二,二生三,三生万物。"这可以作为万物出于道以及物类繁多这两项事实的注脚。道不是静态的物相,而是具体的生生过程所串连成的统合体。宇宙间运动流行中的万物所呈现的齐一性,可以由"人法地,地法天,天法道,道法自然"来表述。道的生生之力,说明道代表了生命之源的终极归趋。道还包含条理的概念。对道的创生过程,成氏作了以下四点说明:(1)道"无为而无不为",万物因其"不为之为"所创生。(2)道是万物之源,但不与万物分离。道内在于万物,普及万物,这两点导致庄子的"齐物论"。是说,我们对宇宙、社会、知觉、概念、物质的理解所具有的差异,是相对而言。不可惑于种种差别之相,因而不识差别之相的先决条件——道。(3)道家学者与《易经》作者所见略同:对于万物随道成长、发展所赋予的辩证思想并无二致。《易经》中的阴阳互变原理在此与道的动静可以相提并论。老子多将阴阳互补的两极之间的辩证动静,视为反复的过程,这一过程要返回道的源头,即返回阴阳相生所需的原动力。同时,任何变化过程的反面,早在此变化发生之初即已潜伏其中。至于《易经》,则对万物发展之正反两面一律加以强调。(4)老子强调"坚强者,死之徒;柔弱者,生之徒。"①可以看出,柔弱者乃生生之主力,其创生力远胜于坚强者,因此,必会导致坚强者的败亡。②

　　成氏在对儒家和道家的创生论作了分别论述之后,联系道的内涵和功能提出三大原理,即"一体统合原理","内在的生命运动原理","生机平衡原理"。"一体统合原理",指世间万物,由于绵延不绝地从相同的根源(按指一阴一阳之道)化生,因而统合成一体。道统一万物,万物共同分有实在的本性。万物之间莫不交互相关。万物所共同分有的一体一道,既维系万物之生存,又孳生化育万物。"内在的生命运动原理",指世界万物莫不涵容某种内在生命力在引导它们,由此所产生的运动并非得自外力,而是源于道本身。"生机平衡原理",指世界万物的变化过程,都在导向平衡与和谐的过程中得以发生关联。③成氏对这三大原理的论述,可视为对"太极"之"道"的内涵及创造作用的论述。从此种论述也可以理解"道"的内涵在"太极"范畴整个内涵中所占的比重。不妨用成氏对道家的道和儒家的道的分别的理解来结束"太极"所含的"道"的内涵的论述:"对于我来说,道家的'道'是一个过程、一种力量、一个整体。具体来说,道家的道是一个包含了产生万物的宇宙自然运行的过程;是一种相互交替的能成能毁、能有能无的力量;是一个包含人们所见所闻、所未见所未闻的

---

① 《道德经》第七十六章。
② 《抉择》,第277—278页。
③ 同上,第279—281页。

事物,在时空上没有限制的展开性、活动性的整体。人们应该超越语言的限制来了解'道'。""儒家的'道'包括人道和天道两个层次。人道有一种仁道的延伸,即从人到仁,从人道到仁道。天道是人道和仁道的基础。人道是指个人通过修德、修性达到人事的和谐及实现美好的人的世界的能力、方法和道路。因为儒家重视如何使个人的德性与环境和谐,由此产生一种仁的概念。仁就是去了解人,关心人,爱人,推己及人。天道是指天生万物,让万物生长、发展来达到一个和谐、美好境界的自然现象、规律、过程、道路。"①

(五)变易

宇宙万物处在永恒的创造、变化、发展之中,易或变易,必然构成"太极"元范畴的重要内涵。关于易,中国传统哲学原有"三易"之说,即变易、不易、简易(易简)。成氏对易进而提出五项涵义,即不易(易的生生原发义),变易(易的变异多元义),简易(易的秩序自然义),交易(易的交易互补义),和易(易的和谐相成义)。② 联系"太极"的内涵来说,成氏认为"太极"与"易"和"道"这三个范畴的内涵关系是:"太极"是就易的整体言;"道"是就易的变化过程与律则言。③ 这样说来,成氏所说的"五个易"的整体,其内涵就相当"太极"有关创生、变化、发展、和谐归宿的内涵。《易》学的中心思想是变易,而"太极哲学"也是讲变易,所以成氏把"易的整体"视为"太极"范畴的基本内涵,应当说是恰当的、贴切的。(顺便说说,成氏在这里明显不把"道"的内涵等于"太极"的内涵,这是成氏思想严密的表现。)

(六)对偶一元

成中英在《哲思偶得再篇》第十小节中说:"中西哲学思想的不同有两个重要方面。一是西方哲学思想的主流是二元论的(dualistic),而中国思想的主流则是对偶的(polaristic)。二元论的特点乃是二元本质差异,毫无内在关系可言。如心与物、上帝与人、主观与客观的差异与对立,其不可消除,乃西方哲学最根本的事实。至于对偶论的特点则在两物相辅相成而同属一体而为之两面。对偶的两端有其差异,但同时有其内在的动态的关系,此种关系可名之为'对偶的一元',乃见之于阴阳、乾坤、天人、性命等观念的对举中。"④成氏此段文字讲的是中西哲学的特点,特别是中西思维方式的特点,而思维方式必须以本体宇宙观为基础。中西哲学的差异,根本在于宇宙观的差异。"太极"范畴

---

① 《成中英自选集》,山东教育出版社 2005 年版,第 552 页。
② 《易学本体论》,第 4—12 页。
③ 同上,第 42 页。
④ 《成中英自选集》,第 529—530 页。

既是宇宙观的范畴,更是宇宙本体论的范畴。"太极"范畴不可能不反映中国哲学的宇宙观、本体论和认识论的特点,这样"对偶一元"的内涵就必然被包含在"太极"元范畴之内。显然,"太极"范畴中的"对偶一元"内涵,是与《周易》"一阴一阳之谓道"的命题、《道德经》"万物负阴而抱阳,冲气以为和"的命题、张载的"一体两端"论,以及平常听到的万物的结构和过程为"一分为二与合而为一的对立统一"的说法等等完全一致。成氏在论及"太极"与"一阴一阳"这对概念的关系时,明确指出:"太极是就易的整体而言。道是就易的变化过程而言。'一阴一阳',则就易的对偶性的创造力而言。简言之,易的体系的共同点,乃是一分为二、二合为一的层进不已的生发过程。一分为二为时间的空间化与对偶化,二合为一则为空间的时间化与存续化。此一过程不是单一化的个体创新,而是复合的整体演进。"①成中英讲到"太极",必然要联系阴阳范畴的本义及其相互关系。成氏指出,《系辞》中的"一阴一阳之谓道"中的阴阳,已明显地具有形上学的原则含义。我们已经引用过成氏关于阴阳辩证法的以下内容:阴阳的本义可析为三:一是阴阳对待;二是阴阳相互影响产生变化;三是阴阳合而为一的自然之道,为一整体。(此即上面所说"对偶一元"之义。)对阴阳的自然对待、变化与统一的关系的认识,使阴阳学说成为中国哲学最早出现的最为根本的学说;同时,也使阴阳一词成为中国哲学最根本的形上学范畴;对阴阳形上学的发挥亦因而就是对中国辩证法的发挥。成氏说:"基于阴阳对待之义,我们可以揭橥对待原理;基于阴阳变化之义,我们可以揭橥变化原理;基于阴阳统一之义,我们可以揭橥统一原理。……对待并非对立,而变化也非征服。统一是对待中的统一,也是变化中的统一。故统一并非静止的状态,而是代表了一生生不息的全体性。这样的辩证性,称之为和谐化的辩证性。"②这样,阴阳的内涵,道的内涵,变易的内涵,和谐的内涵,以及它们与"太极"内涵相互诠释,相互包涵,以及大包小、整体包含局部的关系,就十分清楚了。"太极"的"对偶一元"内涵,就是十分明白的了。成氏认为,对偶统一也是"和谐化辩证法"的基础,因为:(1)万物的存在皆由"对偶"而生。(2)"对偶"同时具有相对、相反、互补、互生等性质。(3)万物间之差异皆生于原理上的对偶、力量上的对偶和观点的对偶。(4)对偶生成了无限的"生命创造力"……。(5)……世界的根本乃一整体,以及万物有本体上的齐一性,冲突可以在此构架中化解。(6)人可以经过对自我及实在的了解,以发现化解冲突的途径。③ 所

---

① 《易学本体论》,第42页。
② 《抉择》,第136—137页。
③ 同上,第183页。

以，"太极"的"对偶一元"的内涵，包括创生、联系、多样性、整体性、过程性及和谐性的广泛深刻的内容。

(七)阴阳、五行、八卦

宋代周敦颐的《太极图说》明确断言："无极而太极。……阳变阴合而生水火木金土，五气顺布，四时行焉。五行一阴阳也，阴阳一太极也，太极本无极也。无极之真，二五之精，妙合而疑。……二气交感，化生万物，万物生生而变化无穷焉。"认为太极、无极、阴阳、五行这些概念的内涵及其活动具有统一性、共同性、互相诠释性。实际上，《易经》的"八卦"与阴阳、五行互相之间也具有统一的内涵和性能。成中英对此意涵称之为"阴阳五行八卦统一论"，认为阴阳八卦系统与五行系统，二者从不同角度，展现出宇宙万物多元分化、相互冲激、相互补充的客观过程。成氏此论有以下十点：(1)从"气"方面看，二者都是对宇宙原始之元气的认知。二者都是"气"。阴阳八卦系统认识的是元气的动态过程，重视的是纵的层面、时间的过程，从一到二，二到四，四到八，如此等等。五行系统认识的也是元气的动态过程，重视的是横的切面、空间的定位，品物类聚，横贯铺呈，东西南北中，如此等等。(2)从"理"的方面看，二者体系的都是宇宙万物发生、发展、对立平衡的内在规律。阴阳八卦系统侧重从事物的整体着眼，揭示出宇宙变化的宏观规律；五行系统则侧重于说明个别事物，揭示出事物存在的微观规律。(3)总的来说，五行是事物横向的动态结构，八卦则是宇宙纵向的动态结构；五行表现为实体，八卦表现为现象，两者相互介入，不可分割。在卦象中找寻五行的实体，而在实体的五行中寻找卦象，这正是阴阳五行论的中心主旨。(4)阴阳五行的交互作用，包含了整体分化和分化整合的太极原理，也包含了有无相生与阴阳转化的原则。(5)五行构成了完整的形象宇宙体系。在这个体系内，五行代表着五种功能，它们息息相关，共同构成了一个有机整体的功能宇宙。在这个功能宇宙中，万事万物不能只看成是动态的物体，宇宙间的事物永远处在相互影响，不断变化之中。五行之所以称之为"行"，就是因为它们不断变化。(6)五行逐渐成为五种范畴，成为事物的五个基本类型，例如，五气、五声、五色、五味、五脏，如此等等。(7)五行作为一种思考方式，把任何东西都纳入这五个角度来了解。(8)阴阳五行之所以说明宇宙，一方面是经验的归纳：任何事物都可以归纳为阴阳五行。从思考方面看，这是一种关联、对应思考，即把相关的事物加以分类，然后——纳入相应的范畴。(9)五行之间的关系，一是相生相成，二是相克相制。五行相生，就是土生金，金生水，水生木，木生火，火又回归土，这是一个循环系统。五行相克，就是土克水，水克火，火克金，金克木，木又克土，这也是一个循环系统。(10)五行动能系统，是太极阴阳系统的延伸，是太极阴阳的现实表象，作为一种规范性的思考,能够发挥很大的作用。五行的每一种功能本身,都存在阴和阳的关系,如土有阴土和阳土,管理上有计划的阴与决策的阳。如水外柔内刚,故水也有阴阳。阴阳五行理论本身具有宇宙性、整体性,因而阴阳、五行、八卦论属于太极创化论。①

(八)无极

从周敦颐的《太极图说》中的"太极本无极"句,即可知道"太极"范畴中包含"无极"的内涵。宋代朱熹已对无极与太极二者内涵的关系已有所论述,朱子说:"上天之载,无声无臭,而实造化之枢纽,品汇之根柢也。故曰无极而太极。"另一处又说:"无极而太极"即是"无形而有理"。朱子突出一个理字,此理是宇宙万物化生的总根源,也是宇宙万物存在的根据。朱子强调,无极、太极本无分别,无极是无形,太极是有理,非无极之外复有太极,亦非太极之先已存在一个无极,二者本来合一。明代罗钦顺不同意朱子"理气为二物"之说。牧常晁对"无极而太极"的解释较有参考价值,说"无极即太极之无,太极即无极之有,非二理也。……因无立有,因有影无,互相为根,二义而一理也。"②似把无极与太极的关系归入太极有无辩证法的体系。成氏对"无极"范畴内涵及其与"太极"关系的论述有以下几条:

1."无极"属于"太极"

成中英说:为了宇宙万物之生,我们必须了解"太极"涵有万物初生之机,借阴阳消长的创生过程而得以不断演化。但这既不表示万物之多样性在"太极"中已完全确定,也不表示"太极"的存在或动静中包涵了确定性的所有形式(即怀特海式的"永恒物相")。恰好相反,"太极"的"无极",意味着物之始生无确定性可言,唯有通过"太极"的刚健运行,方得以渐次确定完成,从未定推进至确定,这就是"创生性"的本义。其中并无形式"界入",而仅有从未定的气合生"实际缘现"的过程。同时,"实际存在体"的确立,也并不足以动摇或穷尽"太极"的原初、自然的未定,而此未定实为太极中"无极"的永久性。仅此而论,在万物的创生变化中,必将永不乏新事相的出现。事物之每一段确定与成形的例子都是"太极"的创生性的一种完整的证据,也是对其生动的解说。因此,朱熹说道:"物物有一太极。"我们实不妨将支配确定与未确定之间关系的原理,称为"终极的或普遍的创生性原理。"(Principle of Ultimatel General Creativity)③——此段文字,内容丰富,也要作具体化的解释。第一,成氏明确

① 参看《成中英文集》第三卷《伦理与管理》第 144—148 页。
② 《玄宗直指万法同归》卷四,《正统道藏》第 40 册,第 3174 页。
③ 《抉择》,第 262 页。

把"无极"视为"太极"元范畴的下属概念,"太极的无极","太极中的无极的永久本性"等语,皆可证明。第二,"太极"的内涵包含宇宙万物的创生(产生、变化、发展)的潜能和机制。在成氏看来,"无极"概念就是指"太极"创生的潜能所在,即由文中所说"初生之机"、"创生性"、"永久的本性"这些词语加以表示。通俗地说,"无极"可比之为男人的精子和女人的卵子,这些因素并不是已经具体存在的"人"本身,但它们是"无中含有",其对偶统一即"冲气以为和",便有创生"人"的潜能。植物的种子也有此"无中生有"的"创生"潜能。再如社会运动的"星星之火",艺术创作中的"灵感",人身疾病已潜伏的病因,以及疾病向健康转化的契机,等等,皆可用"无极"称之。第三,"无极"不是"纯无",而是"含有之无"或"无中含有"。中国哲学中的"气"无形而无处不在并发生作用;"气"不生不灭,而且是无限的,因而"太极"中的"无极",可视为"无限的气"。

2."无极"与"气"、有无诸范畴相通

成氏说:"我们确实可把'太极'视为气,而不只是理。"①"'太极'亦为气,气借助于其本性和本身的发展过程,造成了事物的分殊。"②成氏在另一处又说:"从气永远无形这个理的终极意义上看,气又可称为'无极'。"成氏还说:"《易经》关于'太极'的概念是:'太极'是变化的最后唯一的来源,也是变化的恒常性本身。它不再拘限于其他属性,而且不出于虚无或无限,它本身就是虚无和无限,但同时也是变化和运动。对于周敦颐的'无极而太极',不可单纯解释为:'有生于无',但他的话也可在某种解释之下,恰好吻合从《易经》发展出来的理气观。'无极而太极'这句话,不过指出了气是变化、秩序的未定无形的来源,正因为如此,气造成了一切形式、事物和特点的活动。这就是创造形式的极致——气的创造力。"③——显然,成氏是从诸本体范畴相互诠释的角度和方法来解释气与太极、无极、有、无、易、创生……这些范畴的内涵的。第一,先把"气"的内涵纳入"太极"元范畴的内涵之中。第二,"气是运动变化的发动者,因而也就是隐藏在处境中的创造能力"。④ 第三,气是具有创生能力的"有无对立统一体"、即"阴阳对立统一体",这样,"气"的概念就可与"无极"的概念在内涵上相通了。这样,"无极而太极"一语,就与太极、无极、"创生"的内涵相通了。因此,"创生力"是"太极"、"无极"相贯通、相统一的主线,就是十分明白无误的了。这一判断可由成氏以下一段文字来作证:"宋明儒学的创生

---

① 《抉择》,第218页。
② 同上,第217页。
③ 同上,第220—221页。
④ 同上,第212页。

性(理性)系统地提出了若干与理解创生性有关的范畴。范畴间都是相互界定而且彼此护持。……其至'太极'范畴,以及各过程与各事物(或各个事物的世界)所成立的诸范畴,也互相护持并且预设彼此,使各范畴都能为理解。同时,这些范畴也互为彼此存在、生成变化的根据。……宋明儒学中其他形上基本范畴,也在概念上相当深固地相互依存;事实上,多数宋明儒者都主张不同的名称可应用于不同的界域,来指称同一的实在。在描述'创生性'的形上语言中,永远存在有统一的基准,以便各自迥异的哲学用语加以汇合,一以贯之。"①笔者认为,对太极、无极、气、有无、阴阳、易、变化、创生……这些范畴概念,如果真正理解,而且使之互相贯通,那么,对"无极"概念的内涵以及与"太极"的关系的认识,就迎刃而解了。

3."无极"是"太极"的原始、潜在、创生的活力(冲动)

成氏以下一段文字,最明确地说明了"无极"的性质以及它与"太极"的关系:"周敦颐所以提出'无极',并不纯粹是为了避免他人将'太极'视为一物件看待。'无极而太极'显示出'太极'系原始、潜在、创生的活力(冲动),它不是由任何存在物中衍生,而是通过'太极'本身之无形、无定的本性所给予,而'无极'一词恰可表达此中意涵。'无极'系绝对、无形、无定的潜在,总是在生成变化为实在,对动静及万物皆属必要。因此,'无极'所代表的是:在我们没有任何知觉之先的存有与生成的原始的统一状态。但因为'无极'也可视为具有足以将实在实现的能力,所以'无极'遂成为'太极'亦即实在之自我实现的开端。"②

4."无极"是无极限可言

先说成氏所说的"太极":"……太极被理解成万物之终极的缘起与终极的根基。'太极'不仅是宇宙生成的起源,而且是永恒持久、永不磨灭的'生成中的存有'与'存有中的生成'。'太极'之所以称为'极',即指太极之外,别无他物;存有与生成除了'太极之外,别无其他基础与根源。'"③"周敦颐在使'太极'的概念愈加明了可解而易于玩索把握方面,有一项重大的贡献,较之于《易经》实有过之而无不及。他引进'无极'一词作为'太极'之另一层面,因而可说明'太极'何以具有前述之'太极'的意义。'太极'之外没有任何'极'可言。既然没有极,那么正是'太极'之所在。这也是《太极图说》开宗明义第一句'无极

---

① 《抉择》,第268页。
② 《成中英文集》第一卷《论中西哲学精神》,湖北人民出版社2006年版,第299页。
③ 同上。

而太极'的本义。"①——第一,成氏显然认为"无极"的主要内涵之一是说明"太极"的"无极性"。"无极性"实际上就是"太极"内涵的"无所不包"。这可能是吸取王夫之的观点,王夫之说:"太者,极其大而无尚之辞。极,至也,语道至此而尽也。其实阴阳之浑合者而已,而不名之为阴阳,则赞其极至而无以加,曰太极。太极者,无有不极也,无有一极也,惟无有一极,则无所不极。……阴阳,无始者也,太极非孤立于阴阳之上者也。"②这样说来,只要理解"太极"内涵的无所不包的各个方面、各个层次,也就知道"无极"的内涵了。第二,石涛在其《画语录》变体文《画谱·资任章第十八》中的最后一句话是:"总而言之,一画者,无极也,天地之道。"句中的"无极也",可改为"太极也"。"太极"、"无极"的内涵实难区别。对"无极而太极",如果笼统地说,就可以说无极就是太极;但进一步加以区别,无极则是太极的下属概念,它着重从创生力的无限方面界定太极。

(九)多样统一

宇宙是动态的整体,但在这个动态的整体中不断产生着、存在着无限多种多样的事物。作为反映宇宙万物统一性的元范畴"太极",必然同时反映宇宙万物的多样性和统一性这方面的客观内容。整体宇宙是时间与空间的对立统一。宇宙间万有万物的发生、存在和变化发展,无不是依存于时间、空间的存在和发展。成氏哲学的宇宙本体论和宇宙万物创化论,一贯重视宇宙万物的多样性与整一性的对立统一。阴阳、五行、道器、理气、异同、八卦、六十四卦、一、多等范畴概念,无不涉及到宇宙万物的一与多的辩证法。一与多的概念虽与数字有关,但它们主要是哲学概念。"一"的概念与统一性、整体性、共性、一般性、联系性、综合性等等概念密切相系并互相贯通;"多"的概念与多样性、个别性、特殊性、局部性、异、分析等等概念密切联系并互相贯通。"太极"元范畴贯穿在所有这些概念之中。关于一与多的宏观的关系,列宁以下的论述相当辩证:"个别一定与一般相联而存在。一般只能在个别中存在,只能通过个别而存在。任何个别(不论怎样)都是一般。(寅按:"是"字似译得不确切。应该说任何个别都与其他个别有某些共同性。)任何一般都是个别的(一部分或一方面,或本质)。任何一般只是大致地包括一切个别事物。任何个别都不能完全地包括在一般之中,如此等等。任何个别经过千万次的转化而与另一类的个别(事物、现象、过程)相联系,如此等等。在这里已经有自然界的必然性、客

①　《成中英文集》第一卷《论中西哲学精神》,湖北人民出版社 2006 年版,第 299 页。
②　王夫之《周易内传》,转引自陈玉森、陈宪猷《周易外传镜诠》,第 783 页。

观联系等等的因素、萌芽、概念了。"①此论与中国传统哲学的"一本万殊"、"万殊一本"的命题相通。"一本"相当于"太极","万殊"相当于众多、特殊、个别的现象或事物。成氏在对"太极"元范畴的内涵、活动、过程的论述中,既不把"太极"混同于个别事物,也不脱离个别事物。如说:"太极的内容无限,无法穷尽,同时维系新事物的孳衍;太极不可与由个别事物及事件所形成的现实分离(寅按,太极寓于众多的个别事物中,也可说太极与器不相分离);'太极虽然不可视同于任一特定的存在体,但任一特定的存在体都自太极得其理则,同时在太极中有其分位。'"②此论说明"一般"不等同于"个别",但"个别"的某些方面必定进入"一般"。由此可以得出一个结论(命题):宇宙中的任何事物都是一般与个别(特殊)的统一整体。现实中没有"纯一般"的东西,也没有与"一般"绝无联系的、不包含有"一般"因素的纯个别的东西。成氏哲学在哲学史的根源是《易经》;《易经》的中心思想是变易创生,简称"易"。对于成氏,"易"的本体性,则是"多元一体、一体多元"。③ 这"多元一体、一体多元"的本体性原理,既适用成氏的整个哲学体系,也适用于整个宇宙及其中的万事、万物。基于此理,整个宇宙以至于任何一事一物一人,其结构、其本体,莫不是"多样统一体"。此命题,既是对宇宙万物的本体性的说明,不能不是"太极"元范畴的内涵。吾人对于整个宇宙万物的认识,包括对于自然、社会、人本身、艺术作品认识,只有依据"多样统一"观点,才能获得真理性的认识。成氏对"易"是"无数个体的集合"的解释,完全可以拿来解释"太极"的"多样统一"的结构和性质。成氏说:"由于易是一个统合的整体,也是创造的根源,所以称之为'太极'或道;又由于易是一个涵括无数个体的集合,又是一个过程,因此也是阴阳的活动,也是万物的殊相。其动态和单纯的性质,即表现在这一体性、众多性、根源性和历程性的合一之中。"④这样,易、阴阳、五行、创生、一般、个别、特殊……这些范畴,就可以互相诠释、互相包含而统一在"太极"中了。

(十)理气统一

关于气,成氏明确指出:"气的范畴为中国哲学中有关实体的最根本的范畴。"⑤肯定"阴阳五行以气为本质及主体",指明"在先秦文献中,阴阳即被视为气的阴阳属性,而五行也被视为气的五种状态与性向。……阴阳五行的辩

---

①　见列宁《哲学笔记》,人民出版社 1956 年版,第 409—410 页。

②　《成中英文集》第一卷《论中西哲学精神》,湖北人民出版社 2006 年版,第 299 页。

③　见《易学本体论》,第 34 页。

④　《抉择》,第 210 页。

⑤　同上,第 156 页。

证性,自然也应用到气的变化上。……张载鲜明地指出:'一物两体,气也。一故神(自注:两在故不测),两故化(自注:推行于一)'《正蒙·参两》),既表示了阴阳范畴所具备的对待、变化、统一的原理,也借以说明了气的宇宙及生命现象所必然遵循的普遍法则。"①关于理,成氏指出:"理的范畴显然涵括律则、形式和理由多方面的意义,……故自然与气的观念相对待。"②"对宋明理学而言,理气乃一宇宙论上的对偶,用以解释万物的生成、变化历程,以及世界根本真相的性质。……(周敦颐)谈到无极与太极、太极与阴阳、阴阳与五行之间形成的整体时,也隐隐约约地露出理气乃是真实世界两个相反相成的本质之看法。……在张载的气一元论里,理即变成气之本体中的组成形式。……理气对偶在宋儒那里,主要是用来解释理性、生命、感情、欲望之间的和谐与冲突问题。绝大多数的宋儒都承认理与气之间的和谐在自然生命之生化上扮演很重要的角色。"③"……(张载的)宇宙开创哲学,环绕于气(生命力)的观念。气既是'太和'(终极和谐),也是'太虚'(终极虚无),即相当于《易经》中的'太极'。他说:'太虚无形,气之本体。'(《正蒙·太和》)在张载看来,世界上万物如天、地和人类的心性等特质,皆是出自气化(《正蒙·太和》)。甚至理也不过是气化过程中,由气所自然产生出来的内在的固有的秩序和形式。因此,理既非离物独存,具有自主的本体地位,亦非如气一般,赋有生成、创造的作用。"④结合八卦的象征系统的内涵,成氏说:"此象征系统所显示的动态本体可谓之气,而本体的模式和结构则可谓之理。理如实地展现出发展(变化、运动)臻于极致的本体。换言之,我们可以把象征系统中相生相随的两组性质(一组是变化、运动,另一组是模式、形式、秩序)视为一体之两面,也就是'易'的整个终极根源。我们可以定义气为第一组性质的本体,而理为第二组性质的本体。显然,这两个本体实为一体,因为这两组性质是不可分的。"⑤两个本体的融合统一,便为"太极"。成氏特别强调理与气乃为一个太极整体。成氏说:"我们绝不会认为理是独立自主的,或先于气和一切存在事物而独存。换句话说,我们的检视和分析显示出,理与气乃是一个整体,其区别在于理是气的活动结构,也是气的活动之最后产物;而气的活动自然而然地形成了秩序、组织、结构与和谐,因此,也就是形成了理。"⑥阴阳概念与气和理概念的关系是:"阴阳乃是气

---

① 《抉择》,第156—157页。
② 同上,第158—159页。
③ 同上,第198页。
④ 同上,第204页。
⑤ 同上,第211页。
⑥ 同上,第215页。

之活动的两个基本状态或方面,阴阳的活动造成了其他种种相反相成的活动或属性,这些活动或属性,对于事物的构成,以及万物层次分明的划分是不可或缺的。阴阳活动,实际上也是创造世界的活动。但是,对气的创造力的最重要的认识在于:不论万物的层次和分化是如何繁复,气的活动始终成单一的整体——起源于以无形创造力为内容的整体,又归结于以秩序与和谐为内容的整体,然而,其始终又构成了一整体,造成了更多的秩序与和谐,并隐藏着带动进一步变化的力量。"①《系辞》称阴阳所构成的整体为道,亦称之为'太极'。"②所以说,"'太极'亦为气"③。成氏强调"太极"是气,而不是理。④ 成氏批评朱熹"由于过分热衷于'理气之分',故未能看到气作为理的来源,乃具有本体上的最初实在性。从形而上方面言之,气是创造力来源于本体,而理则是具有创造力之气的条理化和分殊化的活动;气的活动在具体事物中显露出来就是理。从逻辑方面言之,气是主词,理则是气的述词或属性。无一理可缺主词,正如无一气可缺属性一样"⑤。结论是:气与理的对立统一为"太极"。在"太极"中,气有理。

(十一)有无统一

"有"、"无"是哲学中一对表示宇宙万物的"实在"和变化的重要概念。在成氏的太极创化论中,有无的相辅相成是"太极"元范畴的重要内涵。成氏说:"作为'实在'之两种状态的有与无,并不彼此独立。事实上,它们彼此相关,互为决定。因为,世上诸事物中,有与无既是相反而又相成的。无疑的,……'实在'乃是变化、运动的过程,不能只凭有或只凭无,而必须以有与无的相辅相成来描述之;变化、运动不仅是有与无的关系的表现,而且世界上生命生成的经验,以及创新、变异的产生,都是来自有与无之间微妙的相反相异、相合相成的关系。在这层意义上,有与无乃是一个动态的整体,这个整体使事物得以产生,并通过变化,以形成生命,开创新运。"⑥"有与无乃是'实在'的两种状态,二者通过彼此的互动,共同保存并表现出整个和谐、变化、生生不息的'实在'。简言之,有与无可视为'创造'的两个形式,而'创造'则是中国人的经验和中国哲学中'实在'的本质。……《易经》显然发展并呈现一种'实在'观,认为'实在'无非有与无的相互变易,而其变异,一方面保存了整体的'实在',另一方面

---

① 《抉择》,第215—216页。
② 同上,第216页。
③ 同上,第217页。
④ 同上,第218页。
⑤ 同上。
⑥ 同上,第223页。

也产生了生命和创新。由于整体的'实在'就是'太极',因此,有与无的相对的位移和运动,就是'太极'的阴阳力量或状态。"①成氏认为有与无在内涵上和在实际关系上具有辩证性。这辩证性表现在以下两点:

(1)"有与无为一体,却又非一体。"②是说,有与无同属"实在"都是"实在"的存在和表现状态,二者是相辅、相成、相生的,所以说二者具有共同性、联系性和统一性,但有与无作为"实在"的状态是有差异的,如在性质、隐显、质量、功能上的不同。如说:"有是气的创造运动,而无则是气的无尽的根本能量;有是世界之模式的秩序(理)的产物,无则是延续世界中的模式,秩序的变化;……可用无限的气来解释无,用理的有限形式来解释有等等。"③

(2)有与无关系的辩证性还表现在,"有"是"有中含无","无"是"无中含有",二者都是有与无的对立统一体,但有与无的含量不一样。成氏对老、庄的有无形而上观点的评述是有分寸的。他认为:"首先老子把道看成无,以及老庄所谓的'有生于无',都是错误的看法。道绝不是无的同义字,而有也绝非从无而来。细心研读《老子》,即可发现,道同时涵盖有与无;有无之名谓虽然不同,它们在彼此间,以及其与自然和人类的关系中,亦各有其不同的作用,但二者皆出于那不可形容、难以名状的道。了解这一点,也就了解道的深奥性质。《老子》第二章中明白地写着,'有无相生,难易相成,长短相形,高下相倾,音声相和,前后相随'。这里,道家的形而上立场十分清楚:有无相生于道;道涵盖二者,而不受其拘限。因为道容许从有到无,或从无到有的创化;道无尽而创化无穷。……作为终极实在的道,并不仅仅是无,也不仅仅是有的根源。道是两者合一的状态,是两者的变化。……即令《老子》第四十章中有谓:'天下万物生于有,有生于无',第四十二章亦为:'道生一,一生二,二生三,三生万物',但老子的中心立论还是在说明有、无、道,乃至于万物,皆为一体。虽然无作为道的一部分,能产生有,但无疑的,有也能产生无,因为,道的最高原则是'道常无为而无不为'(第三十七章)。道的性质,使得万物及有和无都自行变化,'万物自化'(第三十七章),一起生灭消长,'万物并作,吾以观复'(第十六章)。这样来理解道家以道为'终极实在'的观念,就不难得出下面的结论:道家对有与无的看法,基本上支持并加强了《易经》哲学中易与化的观念。"④

总之,宇宙万物皆为有无对立统一体,这种对立统一体使宇宙万物自己发

---

① 《抉择》,第 226 页。

② 同上,第 225 页。

③ 同上,第 224 页。

④ 同上,第 227—229 页。

生变化发展。有与无对立统一,也像阴与阳对立统一一样是"太极"的不可缺少的重要内涵。

(十二)太和

"太和"的内涵总体上是指宇宙万物的"终极的和谐"。所谓"终极的和谐",就是认为宇宙万物从总体上看,从其始与终来看,是和谐的。认为和谐是宇宙万物的基本性质,也是宇宙万物的产生、存在、变化、发展的最重要的、最基本的根据。和谐当然是"太极"元范畴的不可缺少的基本内涵。《周易》的太极哲学是对包括人身在内的宇宙万物的统一性作感性直观和理性概括的产物。宇宙万物的统一性的表现之一,就是整个宇宙是一个富有生命的、交感流变的、生生不已的有机整体。整个宇宙是一大生命,人身则是一小宇宙,小宇宙生活在大宇宙之中,大小宇宙在富于生命力方面具有统一性,而生命的产生和存在均有赖于宇宙内部构成因素的和谐。整体观、运动观、平衡和谐观,是中国哲学对于整个宇宙和人的身心正常发展的三个相联系的基本观点。人之身体,不外乎阴阳的对立统一。阴阳的中正和谐是万物生化的理想状态。《乾·彖》曰:"保合太和,乃利贞。"人之身体,作为一小宇宙,其健康发育,亦不外乎阴阳之平衡和谐。《黄帝内经》曰:"凡阴阳之要,阳密乃固。两者不和,若春无秋,若冬无夏。因而和之,是谓圣度。故阳强不能密,阴气乃绝;阴平阳秘,精神乃治;阴阳离决,精气乃绝。"《黄帝内经·素问·调经》曰:"阴阳匀平,以充其形,九候若一,命曰平人。"平人,即健康之人。一旦阴阳失调,便会生病。《黄帝内经·素问·生气通天》曰:"阴不胜其阳,则脉流薄疾,并乃狂;阳不胜其阴,则五藏气争,九窍不通"。意谓,当作为功能的阳胜阴的时候,血脉流动急迫,甚至令人发狂;当作为生命物质的阴胜过阳的时候,五藏不和,九窍不畅,疾病就会发生。而人身如此,扩大之,一个社会,整个自然界,整个宇宙,总体上莫不如此。当然,人与天,既相合又相分,但都服从和谐辩证法,则具有基本的共同性。关于"太极"的"和谐"内涵,我们又要搬出老子的"万物负阴而抱阳,冲气以为和"的命题。"万物"是包括整个宇宙及宇宙中的所有事物的。老子的这一命题,如果谁能批判倒,我们就可以转过来相信"冲突辩证法"以及"斗争哲学"。至今并未见到有谁能够真正批判倒这一命题的。《周易》强调"保合太和,乃利贞。"认为宇宙间各种事物各自按照自己的本性生息,就能向有利的方面正常发展,保持一个和顺的状态。至今也尚未看到有谁能够指出《易经》这一原理的错误或片面性。张载关于"太和"的思想,建立在类似负阴抱阳的"一物两体"的本体结构中。张载认为"两体"之间的关系是既"有仇"(对立)又"和而解"(和合统一)。王夫之对"仇必和而解"作了如下的解说:"以气化言之,阴阳各成其象,则相为对,刚柔、寒温、生杀,必相反而相为仇,乃其究也,可以相成,无终相敌之理,而解散仍返于太虚。"(《张子正蒙注》卷一《太和篇》)王夫之是用宏观、整体、主导的眼光来看宇宙物的大化的。张载《横渠易说·说卦》一文中有"有两则有一,是太极也"句。说明在张载的思想中,"太极"是"两端一体"。"太极"范畴本身从总体上说就是"太和"。

成中英发展了中国哲学重视和谐、追求和谐的优秀传统,并根据他的本体诠释学、太极创化论加以发展,提出并详尽深入地论证了"和谐化的辩证法"体系。他从各个方面、各个层次对宇宙万物的本体的"和谐"性作了有理论有事实的论析。其要义如下:

1."实在"的变化从和谐始并走向新的和谐

他指出:"易的交易性的最终目的在实现天地万物的条理组织以及人类世界的和谐繁荣。此即易的'和易性'的终极价值。人为万物之灵,……如果(他)不能认识到不易之易的终极目的是天地的和谐生态,如果(他)不能认识到人的存在之意义也在于实现一已存在的和谐事实,以及更进一步彰显天地万物的和谐繁荣,如果不能认识到人的生命的可能所包含的无穷尽的价值内涵,易的变化就只是过眼云烟,镜花水月,徒增人的空虚失落、迷惑沮丧而已。故真正知易者,不能不正视易的和谐化的价值。……和易性是同时隐含于宇宙存在与人的存在之中的。所谓和谐性即是变化、变异、简约(反博于简)、交接互换所趋向的一个生命和谐的美好的价值宇宙。但和谐是要由创造来实现的,而且是要由持续创造来实现与维持的。和谐并非可以对象化或永固化的状态,它永远是动态的,永远是创造的活动……"[1]

2."保合太和,各正性命"、"和实生物"、"生生不已"是"和谐"的本质

成氏指出:"在本体宇宙论的层次,对易所包含的和谐发展的价值的描述,莫过于《乾卦》之《彖传》,其中有曰:"乾道变化,各正性命,保合太和"。乾道是创造万物之道,在其创造中各类生物都秉承了其本身的特质与其所以成就的条件,自然形成原始的和谐,也可说是易之内在的和谐化的力量所致。所谓'保合太和'是指品物所成是性仍具有原初的根源性,是不离本真的。……品物之能'各正性命',也正是大有的创生不已。所谓'乾道变化'即是指此。太极因之即是不易之易与易之不易的终极存在者。因其具有能动性,故是"和实生物"的和,而非静止的无执无限。因此,太和之世界是有之生成不断的根源,而非一个理想的价值而已。太和也因之兼具太极与无极之义,也涵盖太虚与太有或大有之义,俱为易的本体性能。"[2]

---

① 《易学本体论》,第11—12页。
② 同上,第12页。

3. 和或不和导致万物的生灭

成氏依据《中庸》的说法，认为人的心性有其两面，一是未发之中，一是已发而能中节之和。所谓中是人性中未发的感情，其发出可以反映人与万物相处的状态与关系。此一状态与关系，为和或为不和（关系重大），和能导致生之繁荣与发展，是为生物；不和则为相互抵制或克制，形成障碍与病态，趋向灭亡，是为灭物。能够超脱矛盾与障碍，持续生物，则能继善成性，品物流行，保合太和。"①

4. 古代"洛书"说明宇宙具有阴阳的全面全息的大和谐

成氏认为哲学史上流传下来的"洛书"，其中三行、三列以及对角二列的数字都是15，都表示了一种阴阳全面与全息的大和谐。②

5.《易传》对"贞"的诠释说明宇宙万物是从和谐走向和谐

成氏在《占卜的诠释与贞之五义——论易占原初思想的哲学延伸》一文中，对占卜中的"贞"的诠释，从哲学的高度证明中国古人对宇宙万物的和谐性的深刻认识。成氏说："《易传》对贞作了本体论的诠释。《彖传》表述了贞是基于对乾元（宇宙本源）的自觉认同而作的整体定位的思想：'太哉乾元，万物资始，乃统天，云行雨施，品物流行；大明终始，六位时成，时乘六龙以御天。乾道变化，各正性命，保合太和，乃利贞。'（《乾·彖传》）……从《彖》传对元亨利贞所作的整个论述看，我们大体可以从三方面对'贞'做出界说：（一）性命的定位就是'贞'，或者说，贞就是'六位时成'（天地人整体关系和结构）中的定位。天地间无论人还是物，各有其性，亦各有其命，经过天地的形成和发展以后，人和物才能'各正性命，各得其所'。（二）定位是为了在宇宙间实现最高的和谐。如果说，元是整体、原始的和谐，贞就是由整体而原始的和谐发展而来的分化的和谐。贞也可以说是个体性命的自我实现而达到的和谐状态。（三）贞是整体宇宙发展过程达到完成的状态，又是新的开端。贞作为对乾元的复归，从而也为自己获得了生生不已的动力。'保合太和'显然就是原始的、整体的和谐和分化的、个体的和谐的统一。由此可见，贞的深刻的哲学意义，透过一个宇宙观的整体架构才能充分地显现出来。"③成氏的这一段论析，显示了其哲学方法论——诠释圆环的理性力量，说明了他对宇宙万物太和本性的深刻认识，也肯定了"太极"、"太和"内涵的一致性，并为他所提出的"和谐化辩证法"体系提供了坚实的本体论基础。

---

① 《易学本体论》，第14页。
② 同上，第65—66页。
③ 同上，第232—233页。

(十三)创生

"太极"元范畴还包括"实在"体用统一的内涵。"太极"的"用"一方面就是"创生"、"化生",统称"创化"。成中英哲学的最重要的命题之一,是"生生不已"("生生不息")。"创生"无疑是其哲学元范畴的不可缺少的内涵。对于"太极"的创生内涵,成氏有以下的论析:

(1)"为了宇宙万物之生,我们必须了解'太极'涵有万物初生之机,借阴阳消长的创生过程而得以不断演化。但这既不表示万物之多样性在'太极'中已完全确立,也不表示'太极'的存在或动静中包含了确定性的所有形式(即怀特海式的"永恒物相")。恰好相反,'太极'的'无极',意味着物之始生时无确定性可言,唯有通过'太极'的刚健运行,方得以渐次确定完成。从未定推进至确定,这就是'创生性'的本义。"①

(2)成氏又说:"万物都在太极中有其根源,太极即含万物之运动。此外,万物皆可探本溯源至气之整合与分化的种种模态。……我们可直称:'太极'之创生过程中潜在的理是'理性的创生性原理。'"②

(3)"'太极'乃是创生之终极,其涵容所有的可能性,与我们所体验到的创生进展的过程殊无二致。确定过程的差异、多样、突出,以及动力,都是从'太极'是创生本性中遵循自然而然的方式所孳生演化而得。"③

(4)"'太极'之所以能够绵延不绝地创生,创生过程的两极对立的结构,是其一个特殊的原因。"④

(5)"人尤其可视为自'太极'演化的创生者的调和统协之一例。……人类与其外之大宇宙之间的交互作用及交错杂糅,就是'太极'之创生性的一个具体实例。人对此具体实例的创生性,可以有贴切的体验,因为,人也是一个宇宙性的存在体。"⑤

(6)"《易经》对创造性(生生)有两个重要提示:一是它生成万物,一是它同时还创造出由《易经》的结构象征的事物之间的不同关系和变化的不同形式。"⑥可见创造性与多样性是联系在一起的。

(7)联系创生论或生机论,成氏指出:"五行"不止于五种现象及性质的描述,而且代表了一个相互影响变化的活动过程。"生克"显然并非一种机械的

---

① 《抉择》,第262页。
② 同上,第265页。
③ 同上,第266页。
④ 同上,第267页。
⑤ 同上,第268页。
⑥ 《成中英文集》第一卷《论中西哲学精神》,湖北人民出版社2006年版,第121页。

物理现象,而被视为具有活力的自然现象。对"生"与"克"的了解,更因五行系统的外延应用之扩展,而"有机"化了。这是中国"生机论"的最重要的模型之一。由于其生机论的变化内涵,以及由于中国哲学寻求统一思想法则的倾向,五行终于被视为更有代表性的根本范畴气的变化特质。气分阴阳,故五行即为阴阳二气的宇宙论的展开。①"阴阳五行说所显示的世界观,乃由主客相应、交融、互释、互动而产生的世界观,因此,它所显示的世界观乃是一种有机论模型,亦即一种主客相摄、互应的有机论模型。"②

(十四)全息性

上文已提及,成中英在分析古"洛书"的哲理内容时,论证了"洛书"三行、三列及对角二列都是 15,认为这是表示宇宙"阴阳全面与全息的大和谐"。③不少研究者已经指出,《周易》乃象数与义理统一之书,从象数出发是《周易》思维的特点,而采用严密的符号体系则是易经的基本方法,这两个方面本质上都贯穿着一种深层的灵魂——全息思维,这也是《周易》思维的一个很重要的特点。"全息"的涵义是部分包含整体的信息,整体与部分是有机统一。全息思维方式是以普遍联系和相互制衡的观点来看待宇宙万物。按《周易》的观念,宇宙统一于太极。太极即是宇宙的根源。太极哲学承认时间上有序和空间上的有层次。"太极"范畴包含宇宙时空的全息性。成氏在按照《周易》的基本原理介绍宇宙论时说:"事实上这个宇宙论从现代科学来讲,宇宙就是同一个根源的产生的,又是一个不断发展中的系统,我把它叫做一个有机的系统论。有机的系统论是多层面的、开放的、全息的系统论。这个有机的系统,在今天现代化的物理学里面已经凸显了。凸显的物理学,当然有新的境界,可以说把爱因斯坦的广义的相对论或是海森堡的牛波尔量子论,都融合在一起。大宇宙、小宇宙融合一体之后,我们还要进一步把中宇宙也融合在一起。中宇宙就是人的宇宙,人是属于一个中型的宇宙。一个中型宇宙跟小宇宙、大宇宙怎么再来融合在一起,便成了近代科学的最大问题。"④多层面性、开放性、全息性这三点是把宇宙万物融合在一起的基本条件。全息性是与整体性、"一本万殊"、"万殊一本"联系在一起的。而这些都是"太极"应有的内涵。

(十五)价值

"太极"范畴由人类对宇宙万物的全面深刻的感受、理解而产生,对人类而

---

① 《抉择》,第 131—132 页。

② 同上,第 132 页。

③ 《易学本体论》,第 66 页。

④ 同上,第 324 页。

存在,因而"太极"内涵对于成中英必然包含"价值"的内涵。成氏赞同美国实用主义哲学家杜威(John Dewey)扩大对理性的含义,引申为对价值问题的解决的一般方式,即:吾人不必否定人类意志的实在,且把意志视为科学知识宇宙之内的事,利用理性的开放的科学方法论来解决知识与价值交互影响的问题。一方面肯定人的宇宙不只是知识宇宙,因为知识只是作为达到人类目的一个方式,另一方面却深一层肯定科学的认识与人类理性的知识也是人类意志的表现的一个方式。亦即在更高的层次中,把科学的认识视为意志活动的一个方面,这一面是意志活动达到目的的方法。① 而意志活动包括人类对宇宙万物价值的追求。成氏还赞同海德格尔等哲学家在 20 世纪开创的"哲学诠释学"。成氏认为,"哲学诠释学"一方面有其文字注释史的根源,一方面也有其哲学思想的根源。"哲学诠释学"的诞生对现代哲学具有重大意义,因其显示了开拓人的世界与寻找人的意义的努力。也就是在知识的宇宙中安排人的价值的努力。② 成氏承认:"比照西方哲学,沉溺于知识与价值的本体,再对中国哲学作一反观,我获得了一个基本的认识:中国哲学本质上是价值哲学,是对宇宙价值、人生价值、人类价值、社会价值深沉的肯定与体验;这种深沉的肯定与体验,是基于对生命的会通得来,也是基于对生活经验的整体反省得来。这样的哲学处处扣紧人生的中心价值与社会的中心价值来谈问题,不论是实际问题或知识问题皆然。此观点见之于儒、道、法、墨的哲学。其中以儒家哲学最具代表性。《论语》一书句句均表示做人的基本道理在于能闻道、弘道,达到仁、智、勇的无忧无虑、无惧的境界。也就是自生活人性中蕴涵之善与宇宙中蕴涵之广生、厚生的精神来谈人生与宇宙。如是的宇宙论,是价值的宇宙观,所观想的宇宙是价值的宇宙、价值的世界。人类的思考、知识、决定、行为都要在这个价值宇宙中安排。"③成氏既然认为他所观所想的宇宙是价值的宇宙,那么他的表示宇宙本体的最重要的元范畴"太极"不含"价值",是不可思议的。甚至可以断言,正面价值是其所用"太极"范畴的最重要的内涵之一。对于成氏,价值范畴的正面内涵具有本体性、根源性、原则性及和谐性。如说:

(1)"用价值来规范知识、人生或人的行为,足以显示价值之为本,知识之为末;价值之为先,知识之为后。《大学》云:'知所先后,则近道矣。'近道就是先立本,先立其大再看小的、细的层次。这是先认识价值宇宙,先把宇宙看成和谐的本体,先把人生、人性看成善。如孟子的主张,都在使宇宙和谐的本体

---

① 《本体诠释学》,第 215 页。
② 同上,第 215 页。
③ 同上,第 216 页。

更能显示其和谐,更能实现其和谐;更能实现其和谐,也相应地使人的一切目标更能趋向和谐,也就是更能努力达到和谐。此乃因人能依循宇宙和谐的原理来达到和谐的价值境界。"①

(2)"中国哲学是以肯定、实现生命的意志为中心,是以《易经》有言:'生生之为易。'又云:'天地之大德曰生;天地氤氲,万物化醇;男女构精,万物化生。'"②

(3)"西方哲学的问题是如何在知识宇宙中安排价值;中国哲学的问题则是如何在价值宇宙中建立知识,如何认清知识的重要。……就价值对知识的重要性而言,价值是生命本身的一种实现……因此,人们接受价值、需要价值,而不能没有价值,人的行为以价值为主导,人生意义的来源是价值,价值构成个人与社会的生活目标。"③

(4)"和谐不应只当作价值的理想来追求,同时也是价值实现的过程;所以名之为'和谐化'。依此义,价值乃一和谐化的过程,而和谐化当为价值实现的过程。和谐化是活动,旨在基于对整体生命的反省,以促进和谐价值的实现。生命本体的发挥,不论在任何层次——自然宇宙、生命个体、人伦社会、天地精神等层次,都可以有和谐。……和谐化也涵摄了'和谐的本体论'。"④这样,"太极"的价值内涵就与宇宙的本体内涵结合在一起了。

(十六)真善美

"太极"范畴一方面十分抽象,因为它是从无限丰富的宇宙万物的统一性、变化发展的本质规律中抽象出来的;同时,它的存在不离开宇宙中任何或大或小的事物或现象。其抽象不离具体,其大不离小,其一本不离万殊。从这一层面上说,"太极"的内容诚如成氏所言,是"无所不包"的。就概念来说,"太极"包括真善美这三个概念;就"实在"来说,它包括主客观世界中的一切真的、善的、美的东西,包括人类对真善美的认识。

"实在"就是客观的"真",而与"实在"相符合的认识和理论,就是"真理"的"真"。在成氏看来,世界及对"实在"的概念,具有两个特征:"第一,世界与实在绝不与人的主体思想对立而陷入西方近代哲学中的主客观的对立之境。……第二,作为实在之两种状态的有与无,并不彼此对立。"⑤这就是说,

---

① 《本体诠释学》,第216页。
② 同上。
③ 同上,第217页。
④ 同上,第219—220页。
⑤ 《抉择》,第223页。

成氏承认"实在"本身的"真"与对"实在"的认识的"真"(真理)具有统一性。换言之,成氏承认客观的"真"与人类认识中的"真"(真理)的统一性。就这种意义上说,"太极"必然反映和包含两种"真"。

《周易·易辞》有云:"一阴一阳之谓道。继之者善也,成之者性也。""善"是有关价值的概念。成氏说:"善是自然的呈现。"①"善"具有本体性,也属于"太极"的内涵。成氏在文章中论及怀特海的《理念的探索》一书时说:"怀特海提及人类文明发展的五个基本价值:真理、美、冒险、艺术及和平。② 很明显的,这五个文明标志,是描述性的也是规范性的,不但是我们行动的规范,也是我们价值判断的标准。更重要的是,他们之间不能孤立分开,而是彼此相互加强,相互牵制,而形成的价值的和谐统一。这种价值的和谐整体,我们称之为(定义为人类与宇宙创造力的)至善。……无论是对待自身、他人或整体环境,我们皆应从关照实在整体及其未来发展的观点来进行整合。"③

我们在这里无须分析真善美的区别和联系,也没有篇幅具体分析美的本质,但可以简要地说:美是对人有精神价值的真善的有表情、有吸引力的形象,在宇宙、大自然、社会生活与文化艺术中令人赏心悦目怡耳的展现。成氏无疑把主客观的真、善、美都纳入他的哲学元范畴"太极"的内涵之中。

既然"太极""无所不包",那么,我们上面对"太极"内涵所梳理出十六项,当然只能是抓住要点而且是"挂一漏万"的。但是,毫无疑义,成中英先生对"太极"丰富内涵的开发,是极具理论价值和实践价值的。这在中国哲学乃至世界哲学的发展上是划时代的。

三、成中英"太极"范畴网的价值

以上,我们从成中英关于元范畴"太极"内涵的众多的论析中选出这十六项:(1)实在;(2)本体;(3)动态整体;(4)道;(5)变易;(6)对偶一元;(7)阴阳、五行、八卦;(8)无极;(9)多样统一;(10)理气统一;(11)有无统一;(12)太和;(13)创生;(14)全息;(15)价值;(16)真善美。对作为太极范畴网的骨架的这十六项,分别作了综述、概述,抄录了不少文字,用以说明"太极"内涵的某一层面的主要内涵,也不可避免地述说了"太极"元范畴各个层面之间的区分、交

---

① 《合外内之道——儒家哲学论》,第141页。
② 见该书第36页。
③ 《合内外之道——儒家哲学论》,第145页。

又、互含、主次等等关系。① 下面摘出成氏论著中的一些文字,补充说明"太极"范畴网之所以要如此这般构建的原因。

(一)从中国哲学的继承和发展看"太极"作为元范畴的价值

从易学哲学史来看,明末清初王夫之对太极内涵的理解最为可取。王夫之继承张载的"一物两体"说,又吸取朱熹的"物物有一太极"说,把太极视为宇宙万物(包括天、地、人)的统一的本质。他提出太极阴阳说。即从阴阳二气合一之实体为太极,即以太极为宇宙的本体或万物的根本。他说:"阴阳者太极所有之实";"此太极之所以生万物,成万理而起万事者也,资始资生之本体也,故谓之道。"(《周易内传·系卜辞上》)联系宇宙万物的本体来看,从阴阳的合一说,为"太极";从阴阳差异说,称为"阴阳";从阴阳相互吸引、相资相济,不相侵夺,充塞于两间说,称为"太和"。就阴阳二气相互渗透,包含运动的本性,此乃生化万物根本而言,称之为"本体"。至于太极与两仪、四象、八卦的关系,王夫之认为八卦或六十四卦象本来自具有太极之全体,同有太极之全体。所谓"生两仪"、"生四象"、"生八卦"之"生",是说同时生起在太极之中,并非先有一个太极,而后"生两仪、四象、八卦"。依据其对太极范畴的"体用相函"说,王夫之认为,天地万物本来就具有太极实体,天地万物乃太极即太和氤氲之气的显现,并不需要在天地万物之先安置一个实体作为其本原,而后再生出万物。太极作为阴阳合一之实体,始终存在于天地万物之中,为万物所固有,与万象同有同生,始终不脱离具体器物而存在。联系辩证法来看,王夫之认为哲学范畴的辩证法,是与宇宙万物的辩证法本来就合二为一的。成中英先生的太极观继承和发展了王夫之的易学哲学的具有真理性的思想。

(二)殊途同归

成氏说:"产生和发展出太极哲学的《易经》哲学,其整体思想体系,显然与当代西方已经发展得相当成熟的科学理论和知识架构之间具有高度的契合性,正所谓殊途同归。……可以初步确认,至少现代生化理论、基因理论、电脑运作和设计理论、整分数学理论、基本粒子理论,这些科学领域,其基本理论模

---

① 2009 年 5 月下旬,成中英先生来杭州浙江大学作学术报告。笔者将已修改好的打字稿交成先生审阅,特别请他仔细审视第三章第一节的《太极创化体系简表》,成先生看了后,建议把表中的十六项整理成为以下八对:①实在←→本体 ②对偶←→一元 ③变易←→道 ④多样统一←→动态整体 ⑤理气←→有无 ⑥全息←→创生 ⑦无极←→太和⑧价值←→真善美

　　笔者本想完全按成先生的意见重新安排文章的段落结构(即按照八对范畴次序重写)。后来考虑到"阴阳五行八卦"是三个重要的范畴概念,又考虑到宋代周敦颐所论:"五行一阴阳也,阴阳一太极也,太极本无极也"之论(即考虑到五行、八卦含太极及其机体性),遂暂时保留"阴阳五行八卦"与"无极"的对应地位。这样处理,也给读者以再思考的空间。

型,都与《易经》的基本符号结构和思维方式如合符节。这就是《易经》所谓的:一分为二,合二而一;一不离二,二中涵一;寓无限于有限,以有限显无限;能分能合,能大能小;主客互摄,物我交感;舒之者弥漫六合,收之者退之于密室。尽管当代科学已经有相当完美和周密的专业分工,但任何专门的学科或科学分工,只要牵涉或进入基本的理论领域,它们几乎都可以归到易的最基本的思想上来加以审视,从而使之呈现一个原始的构造。由此也说明,巨大无限的宇宙虽然呈现多面、多元、多相的面貌,仍可以从整体上来加以把握,以一执多,由众达一。"①令人惊异的是,中国明末清初的画家和画论家石涛,在建立他的"一画"论体系时,根据他对天地万物的多样性与统一性对立统一的理解,在绘画美学上也运用了"多样对立统一"、"一本万殊"的辩证思维方法。他在《画语录》的变体文《画谱》的第十八章末尾说:"一画也,无极也,天地之道也。""一画"、"无极"、"道"即相当于"太极哲学"中的"太极"。他在《画语录》第七章末尾说:"自一以分万,自万以治一。化一而成氤氲,天下之能事毕矣。"讲的虽是绘画美学,但其基础则是哲学。这个哲学便是"一"与"万"的对立统一辩证法体系。成氏推崇的太极范畴体系网,与石涛的体系不谋而合,完全符合宇宙万物的创化本体的客观辩证法体系。

(三)从哲学现象学看"太极"范畴网的价值

成氏认为,《易经》的太极哲学已经发现宇宙的原始结构,从而具有借以发展现代哲学和现代科学的可能性。科学理论最基本的目标是寻找宇宙的原始结构、组织和形态,从中归纳出简单而有效的理论概念,从而引而伸之,触类长之,使之能应用于广大的具体知识和问题领域中去。因此,从《易经》的观点和立场对现代科学进行了解,就是依据易理,把科学的知识和活动纳入一个更大的思维框架,予以定位,就是透过易的理论来显示、发现个别科学理论或学科内部的结构,使科学或学科间的各种因素、特性、功能、关系得以协调。《易经》本身是对大现象的了解和把握,是一种宇宙哲学现象学。通过大现象的设定,来使细微现象定位、定向、模型化,从而加以具体把握,可说是《易经》现象学的基本运思特点。今日世界科学,一方面在趋向高度分工和专门化,另一方面,也已经感觉到有进行理论的整体把握的需要。在这方面,《易经》、易学的思维模式和理论架构显然可以为在今日之生物科学、基因理论、基本粒子和宇宙学等诸多学科的基本理论之间,进行沟通和整合,启发出许多新的思路。②

---

① 《易学本体论》,第267页。
② 同上,第268-269页。

(四)"太极"观念、概念的形成与发展是人类智慧的最高表现

世界各国各时代的哲学,至今都没有找到一个能够囊括宇宙、自然、社会、人生的元范畴,而中国古人找到了并在今天受到智者的重视、运用、发挥和建构。这是人类了不起的事。《易经》哲学观察事物在时间空间中的演化,归纳为八种符号,其间具有密切关系,代表着事物的不同力量、性能及其事物间的相互转化、会通、相辅相成,形成整体内在秩序。观察由外在的形象,再至内在的真象,由静的形态,观察到动的状态的过程,用心观察深刻的认识与体会,是属整体性的。用整体性的心胸去观察整体的宇宙现象,这样就能掌握宇宙的形象,变化呈现八种符号,而凝聚成太极概念。① 从对宇宙万物的观察和思维方式方面看,成氏的"太极哲学"的范畴网建立在终极点的基础上。提出了一个极为特别的问题并对之作了回答。这个问题是:是否能够在一种无先入为主的观点的意义上"观"(寅按:动词,指观察、研究、思考、判断、体会)一种图式? 成氏作了如下的回答:"答案是肯定的。(寅按:拙作《太极哲学》第 266 页印有《三老观太极图》一画)但是,这意味着我们不得不追溯这个图式的原初起源,这也意味着终极观点或者绝对观点来自于原初的源头。所有的(《易经》)的卦画都是经由变化而来自这个原初的源头。这个源头就是'太极'。从这个观点出发,我们可以谈论从事物自身来观察事物,因为这是首要的方式,事物的存在就是以这种方式被揭示出来。'太极'就在于'存在'揭示了世界上所有存在物之处。从'太极'的观点观察世界,就是超越了所有的观点。把正在形成之中的事物或者尚未形成的事物当做事物(It is to see things in the offing or before things are things)。也可以在事物差异原因的背景情境中观察事物。从'太极'的观点观察事物,并不是要排除事物中所有的差异,也不是认为事物之间没有差异。但是,认为事物来自于无差异,就是看到差异的所有可能性。在这个意义上,它也是观察事物的一种动态方式。为了获得这种观察的动力,就不得不返回到源泉——太极,我们不得不认为事物都来自于同一个源头……我们可以得出结论说,'观'是一种普遍的、沉思的、创造性的观察。……可以说《易经》的象征体系是一种'大观',这种'大观'建立于本体宇宙论实在的基础上,然而也表达了本体宇宙论的实在。"②

(五)从《周易》思维方式的五个内涵看"太极"范畴网

成氏从《周易》的思维方式发展出五个要点,这五个要点是:整体观、分合

---

① 《易学本体论》,第 302 页。

② 同上,第 90—91 页。

观、转化观、创新观和重建新秩序观。

(1)整体观:成氏认为,整个宇宙是一个有机的整体,宇宙中的任何一个产物都是一个有机的整体。整体的结构、构成因素,都是复杂、丰富的。因而任何整体从理论上、从观念上又是可分的,可以分别观察认识的。但分必须以合为前提和基础,合也不离分。整体又丰富又单纯,单纯中含丰富,丰富中含单纯。因而把握宇宙万物创化的"太极"范畴网,就是整体中见丰富,丰富中有整体,是合与分的对立统一体。上述范畴是一个整体,其内涵的每一个层面都属于整体,各自相对独立又互相紧密联系在一起。因此,成氏要求对任何事情,先要从全面的整体着眼,才能看出整体内分化的成分。① ——是说,"太极"即是整体。

(2)分合观:分合观与整体观是互相诠释、合而为一的。任何整体都在变化、分化,众多局部都在相互联系、相互渗透、相互作用而结成不同层次的新的整体。人对宇宙万物的观察、认识和把握必须采用又分析又综合、分析综合对立统一的方法。所以成氏说:"从整体到掌握整体内的分化部分,这分化的部分,就是所谓的阴阳、刚柔、动静的对立统一。《周易》哲学是从整体来看事物,先看树林,然后再看树林里的树木,这就是整体定位,有了整体定位,然后才能掌握事物之间的对立统一的关系。"② ——是说"太极"是多样统一整体。

(3)转化观:转化是变化的必然过程。事物的变化是有节奏的,是有阶段性的,是有量变和质变的,转化多指渐变转为质变。成氏指出:不管是对立或者是有统一的关系,都可以有潜在的转化,对立可以转化成和谐,和谐也可转化成矛盾。这都是双面的。事实上,从整体眼光来看,和谐才是最后的真理。宇宙到今天,即使从科学来看,也没有脱离它的原始状态。原始状态仍然存在于现在的状态之中。未来也存在于现在之中,现在也存在于过去之中,过去当然也存在于现在,过去也将存在于未来,现在也会存在于未来。未来、现在、过去只是一个连续过程,它是不能割断的。人是个决定因素,原始的生命力也是一个决定因素。那原始的生命力,我们称为"太极"或者是道。③ ——是说"太极"是变化、转化、创生的原始的生命力。

(4)创新观:创新当然也是转化,但创新活动具有正面价值,创新活动在性质上具有质的飞跃。它是新的创造、新的组合、新的建构。太极哲学、太极范畴网、"和谐化的辩证法"、构建和谐社会都是重建。——对于成氏,顺天应人

---

① 《易学本体论》,第 320 页。

② 同上,第 320—321 页。

③ 同上,第 321 页。

的重建,是太极哲学要走的道路。

(5)重建新秩序观:哲学理论的重建应当而且必须落实到人类的实际行动上。这是全人类的事业。成中英的哲学在理论上的构建具有划时代性,在人类的生活实践上能够得到真正的贯彻,那就更加具有划时代的意义。——成氏的"太极创化论"和"和谐化辩证法",是其"重建21世纪新秩序"的两件理论"法宝"。

成氏一直在考虑人类当代面临怎样的处境、人类在21世纪的人类世界应该怎么处理这样重大的问题。他的基本思路是:每一个人都首先要"顺应生命",然后再"应乎人",然后使广大人民群众都能够"潜移默化",共同从思想和行动上解决人类所面临的各种复杂问题,使人类走向和平发展的光明大道。譬如现在人类面临的生态问题、社会伦理败坏问题,都需要去解决。不能无所作为地等宇宙来自行解决,人类应当把解决这些问题的责任放到自己身上。最重要的是创新,创新就是重建。现在是一个重建的时代。就是要重建一个好的秩序,重建一个多元体、动态和谐的秩序。多元就是每个人都可以发挥他的个性、他的潜能。但是人类是一体。人类一体要在动态中不断变化求新,不断改进,提高品质而又和谐。和谐就是说大家能够和平相处,不用暴力来解决问题,这是人类未来的道德方向,应该走的路。①

在成氏看来,谈宇宙,要把变化跟不变连在一起来谈:不变中有变;宇宙的现象在变,其根源不变,其大方向不变。在变化中间虽然有各种不平衡,各种冲突的因素,人有一种再努力、再组合的能力。宇宙是由同一根源产生的,又是一个不断发展的系统。这是有机的系统论。有机的系统论是多层面的、开放的、全息的系统论。人是属于一个中型的宇宙。一个中型宇宙跟小宇宙、大宇宙怎么融合在一起,成了近代大科学的最大的问题。从《周易》天、地、人的精神来看,这样的一个融合,是必定的,是人类必须要追求的。在进行这样的融合当中,知识很重要。一方面,我们要认识三个宇宙融合的相对应性、整体性,最主要的要认识其调节性。所谓调节性,是指相对性的应用,也就是具体条件具体分析,随机应变。人要发挥潜力,就要掌握整体的宇宙。掌握整体宇宙的意思之一,就是要掌握时间和空间。空间是人的关系,时间就是机缘。《周易》强调"时中",要求"时中而行"。要求知己、知人、知天、知命。②

成氏指出,《周易》对天地人的探索是必须从思想、行为,从认识,从时间的运用等等多方面去发挥。而中心点就在于如何掌握人所包含的天地精神。人

---

① 《易学本体论》,第323页。

② 同上,第326、327页。

能掌握天地精神，他就能够参与到天地的创造活动当中，才能为天地立心，为生民立命，为万世开太平。用另一种意思来表示，就是要开拓一个完美的人生，提高人的品质，扩展人的视线，达到真善美。①

　　成氏的"太极"范畴网，显然是《易经》哲学的发展和重建，是一个具有独创性的、适应宇宙和人类和谐发展的哲学体系。挖掘和构建太极范畴网的丰富内涵，建立"和谐化辩证法"体系，发展"太极创化论"，是成氏对世界哲学的划时代的贡献。

---

　　① 《易学本体论》，第 328 页。

第四章
太极含易含道论

　　论析成中英的"太极创化论"，不能不详细论说"道"的范畴，不能不论说道范畴与相关范畴的重叠交叉以及与道的内涵有关的命题。对于成氏，太极与道和易这两个范畴，是互含互释而最后又导向太极太和的。不过，成氏对道与太极范畴的关系，在不同场合，至少在语言的表达上，有不完全相同的提法。如说："与有、无二者的功能一样，'太极'可与道相提并论。"①二者似乎有"分庭抗礼"的意味。又如说："道明显地包含了阴阳思想的辩证性和五行思想的普遍对应性。"②还说："道乃一：所有变化的功能皆出于道。所以，道是一切对偶现象之源。在这个意义上，道称作'太极'，'太极'即一。"③并说："由于易是一个统合的整体，也是创造的根源，所以称之'太极'或道。"④还说："《系辞》称阴阳所构成的整体为道，亦称之为'太极'。"⑤考虑到以上引文的情况，以及与其他相关范畴的关系，有必要先简介成中英对道范畴的内涵的观点，再继续论析道与太极元范畴内涵交叉关系，在论述中也必然会涉及其他范畴与道、太极和易范畴的关系。

一、道的基本内涵

　　成中英指出，"道"的范畴有一个演变、确定的过程。中国哲学最早是把"天"作为一个宇宙论和本体论的基本范畴。"天"的观念本身就"受阴阳辩证逻辑的影响"。⑥"天"包含着对待、变化和统一的原理。可见，"天"已经道化。

---

① 《抉择》，第147页。
② 同上，第150页。
③ 同上，第177页。
④ 同上，第210页。
⑤ 同上，第216页。
⑥ 同上，第149页。

接着"天"的范畴发展到"道"的范畴。是《老子》和《易传》先把"道"作为一个独立的本体论和宇宙论范畴使用的。成氏此论是有历史根据的。最早提出道论的是老子。在老子以前，人们都以为万物之父即是天，天是生成一切的。到老子乃求天之所由生。老子以为在天以前而为天之根本的，即是道。老子说："有物混成，先天地生，寂兮寥兮，独立不改，周行而不殆，可以为天下母。吾不知其名，字之曰道，强为之名曰太（大）。"（《上篇》）张岱年对此段文字有独特的解释，说："大"应读"太"，前人皆直读为"大"字，不确切。张岱年还指出，《庄子·天下篇》"建之以常无有，主之以太一"句，其中"常、无、有"三字也应分读，又说："道之名是太，太者至极无以加乎其上之称，即究竟者之义。太或道是先天地生的，乃天下之母，独立不改：一切物皆有对待而道则与物无对；万物皆在变，而道则无有改易。道又周行不殆：一切物皆有方所，而道普遍于一切；万物皆有毁灭，而道则永不消竭。"①张岱年以上是说，从老子开始，道代替了天，成为宇宙万物的本根。而太一，是道的另一个名字：太一即太极。所以对于张岱年，道与太极成了同义语。张氏在他的《中国哲学大纲》的《太极阴阳论》章说："关于本根，其次的一个重要学说，以为宇宙之究竟本根是太极。这是《易传》的学说。《易传》的本根论之基本观念如太极与阴阳；先有阴阳的观念，因二本为不足，于是创立太极观念以统阴阳。……象传以乾坤即阴阳为宇宙之本根，实为一种二元论。至《系辞传》乃于阴阳之上统以太极，而成一元论。"②张氏下一段文字，对道、太极、太一三概念的关系，有明确的论析："变易只是一历程而已，非有形体。古时人见万物万象有正反两方面，此种两极的现象普遍于一切，于是成立阴阳二观念。所谓阴阳，其实即表示正负。更发现一切变化皆起于正反之对立，对立乃变化之所以起，于是认为阴阳乃生物之本，万物未有之前，阴阳先有。更进而谓阴阳有未分之时，此阴阳未分之体，方是宇宙之究竟本根。太极论之主旨与老子的道论之主旨不同：老子道论以规律之究竟者为宇宙本根，太极论则以阴阳未分之体为宇宙本根。而一阴一阳之道非是本根。老子道论所谓道，指阴阳之所以，谓有道而后有阴阳；太极论中所谓道，则指阴阳变易之常则，谓有阴阳乃有所谓道；实为对立之两说。""周秦哲学中更有一与太极相近之观念，即是'太一'。"③张氏以上的述说有助于我们对成氏有关道与范畴关系的理解。

有一段文字，是成中英对"道"范畴内涵的较为集中的论析：

---

① 张岱年：《中国哲学大纲》，中国社会科学出版社1982年版，第17页。
② 同上，第25页。
③ 同上，第29页。

　　成氏说:"《老子》开章明示:'道可道,非常道',强调了道的神秘性,同时也就把道提升为一个最原始、最根本的形而上学范畴。这个新的形而上学范畴是建立在下列数列认识的基础上的。(1)道是一切现象的根源和最后的归宿。(2)道是自然化生的过程。(3)道是全体宇宙的本质。(4)道包含并遵循'有无相生'、'负阴抱阳'、'无为而不为'、反、覆、一的辩证法则"。(5)道无所不包,而且可为人用来处世治国,故道不远人,人能弘道。……道作为一种宇宙论和本体论的范畴,乃奠定了牢不可被的基础。……《易传》讲:"'一阴一阳之谓道',更明确地把阴阳变化归之于道的体了。可见,道明显地包含了阴阳的辩证性和五行思想的普遍对应性。"[①]

　　对此段文字的思想,笔者作以下的解析:

　　(1)成氏指出《老子》第一章所云"道可道,非常道"包含有"神秘性",这一提法是非常恰当的。《老子》把可道的道视为"非常道"的说法,在哲学已经相当发展的今天,不必肯定。就是老子本人也写了五千言,用以论"道"。他论说的,大多数也属于"常道"——自然、社会和思维的普遍的规律。今天,再有权威的人也不必把哲学、把宇宙的本根、把社会的本质及规律"神秘化"了。

　　(2)成氏肯定"道"内涵是"全体宇宙的本质"。所谓"本质",笔者认为是指:"道"代表宇宙万物本体结构——"负阴而抱阳";"道"代表宇宙万物自身内在动能和辩证过程:"阴阳相摩荡"、"有无相生"、"五行生克"、"一与多对立统一"、"冲气以为和"、"无为而无不为"、"物极必反"等等。对于王夫之、成中英,就变易而言,"道"相当于周敦颐《太极图说》所说的"无极而太极"。

　　(3)只有对"道"和"太极",成氏才用了"无所不包"的断语。

　　(4)成氏还把"道"定为"最原始、最根本的形上范畴"。《易传》有"道"、"器"之分。"一阴一阳之谓道"(《易传》),是以阴阳变化释"道"的概念,指出事物的对立、互相转化发展的一般规律。《易传》又云:"易不可见,则乾坤或几乎息矣。是故形而上者谓之道,形而下者谓之器"。成氏把"道"定为"形而上"的层次,显然本于《易传》。形上,指形体之上,即是指"形体之上"的、本质的、内在的、规律性的因素,而"形而下"则指"形体以下"的、现象的、技术性的、具体个别的、比较特殊的因素。成氏说:"中国原初的哲学范畴都具有发展引申新观念,以及与其他外来哲学(如佛学)交融发展的动力与能力。……只有具有延伸发展和与其他外来哲学互相影响的观念,才有资格称为哲学范畴。"[②]"道"范畴显然可以与西方哲学的发展变化的"规律"相对应。成氏还用了《尚

---

①　《抉择》,第150页。
②　同上,第118页。

书》中"建用皇极"的观念,强调中国哲学范畴的"终极统一"的理想,说:"儒家、道家的'道',《易传》中的'太极',宋明儒家所谓的'理',均是这一皇极范畴思想的表现。"①可知"道"是与"太极"、"理""互摄统一"的范畴。

(5)成氏说"道是一切现象根源和最后归宿",就把"道"的地位提升到"太极"、"太和"的地位了。道之体是阴阳相抱。"道"不但是从宇宙万物结构上说的"负阴而抱阳",而且其归宿还是"冲气以为和"。宇宙万物之始是阴阳之"和",而变化的过程总体上、基本上则是"有无相生"、"阴阳互生",变化的结果也是"和"。这样,"道"范畴在成氏"太极创化论"体系中的作用和地位就可想而知了。很多人都知道,成中英先生的哲学辩证法思想的要点是"和谐化的辩证法",主张运用人的智慧、发挥人的主观能动性,把不和谐变为和谐,使和谐更和谐。"道"的化生作用最后是必然归结为"太和"——和之至也的。而"太和"本来也就是"太极"的不可缺少的内涵和归宿。

二、易、道、太极三范畴的关系

在《易经》(以及《易传》)的动态的象征系统中,易、道、太极这三个词语是密切联系的。易的内涵是变易、不易和简易(成氏又从中分析出交易及和易二义),都是指"实在"(现实)变化过程中的可以区分而又相联系的动态因素,而变化的过程是生生不息,其结果是创生新事物(新事相)。在这个过程中,易、道、太极这三个概念的内涵便交织在一起。易与太极和道的概念在总体上是相一致的。成中英说:"由于易是一个统合的整体,也是创造的根源,所以称之为'太极'或道。"② ——易是变化本身,太极是阴阳二气相互作用而生变化的"统合体",一阴一阳之谓道,易、太极、道三者在内涵上的相互包含、相互诠释,甚至合三为一就是必然的了。但从三个范畴内涵的精确意义上说,三者是合中有分、分中有合,可以互相诠释,又是不能互相取代的。合由"太极"来合。成中英说:"又由于易是一个涵括无数个体的集合,又是一个过程,因此它是阴阳的活动,也是万物的殊相。其动态和单纯的性质,即表现在这一体性、众多性、根源性和历程性的合一之中。下面这段周敦颐的话,倒足以表达这点:'五行,一阴阳也;阴阳,一太极也;太极本无极也'(《太极图说》)。在此,'无极'就是指'太极'的恒常和单纯状态。"③

---

① 《抉择》,第130页。
② 同上,第210页。
③ 同上,第210页。

笔者对这段文字的意义从合与分的层面试解析如下：

(1)"易"指的是变化，而变化可能是由许多事物或同一事物的许多因素参与，所以成氏说"易是一个涵括无数个体的集合。""无数个体的集合"，指的是易的结构。多中有一，一中有多。易是太极的一，道是太极的道。

(2)同时指出，事物在变化的过程中，起决定作用的是事物内部或事物关系中的阴阳之道的活动。太极分而为阴阳，阴阳合而为太极。

(3)由于在易的阴阳活动引起变化的过程中诸多事物及其众因素的性质、作用各不相同，各种事物面貌、属性、作用各异，所以说这种变化呈现出"万物的殊相"。"多样统一"、"万殊一本"皆为太极。

(4)同时又指出，在易的活动中参与的事物与因素虽然众多而复杂，但其动态性和简易单纯性，却也在"个体性、众多性、根源性和历程性的合一之中"表现出来。如果说，个体性、众多性是指变易现象的特殊性和多样性，那么根源性和历程性则就是变易的统一性和本体性。笔者认为易、道、太极这三个概念都是表示宇宙万物的本体的相互联系的不同方面。从范畴体系的严密性来看，太极统变易与变易之道。

(5)成氏引周敦颐《太极图说》的几个分句，正是为了说明：太极含五行和阴阳，同时自身又含万物于中；无极是太极内涵的恒常性和单纯性。恒常性指太极在宇宙中无时无处不在，永远不会枯竭和消失；单纯性指太极的活动本质只是阴阳、有无、刚柔……趋向和谐并不断创化。五行一太极，阴阳一太极，太极本无极。

(6)可以从太极与道这两个词语或哲学范畴的关系、层次上看太极的地位。关于这一论题，笔者要再次援引已故张岱年先生的以下说法："变易只是一历程而已，非有形体。古时人见万物万象都有正反两方面，此种两极的现象普遍于一切，于是成立阴阳二概念。所谓阴阳，其实即表示正负。更发现一切变化皆起于正反之对立，对立乃变化之所以起，于是认为阴阳乃生物之本，万物未有之前，阴阳先有。更进而谓阴阳未分之时，此阴阳未分之休，方是宇宙之究竟本根。太极论之主旨与老子的道论之主旨不同：老子道论的规律之究竟者为宇宙本根。太极论以阴阳未分之体为宇宙本根。而一阴一阳之道非是本根。老子道论所谓道，指阴阳之所以，谓有道而后有阴阳；太极论中所谓道，则指阴阳交易之常则，谓有阴阳乃有所谓道……"[①]——张氏意在指出："事物的规律不能脱离事物而存在，不得在事物之先。脱离事物的规律即不是规律而是抽象的观念。老子以道先于天地，其所谓道，即超越事物的虚构的观念。

---

①　张岱年：《中国哲学大纲》，中国社会科学出版社 1982 年版，第 29 页。

所以老子的宇宙论可谓一种客观唯心论。"①

（7）成氏在写以上所引的文字时,肯定也从哲学范畴概念的使用方面和所用范畴的地位方面进行思考。我们也要从这些层面上进行解析。文中说"由于易是一个统合的整体,也是创造的根源,所以称之为'太极'或道",而没有说"道或太极"。看来,对于成氏,"太极"虽然是"道"的近义词,但太极在地位上还是优先于"道"。成氏是从"统合的整体"和"创造根源"这两个相联的意义上确定太极的优势地位的。再说,"阴阳"虽然是指易的活动,但阴阳的活动毕竟在"太极"中进行,是"太极"这一统合整体的活动。太极含阴阳,阴阳的互克互生推动万物的变易,所以可以说太极是"创造的根源"。

（8）虽然周敦颐说"无极而太极",但他的文章的题目是《太极图说》而不是《无极图说》,从这一题目上也可以看出周敦颐在无极与太极两概念的运用中,还是突出了太极。张岱年在《中国哲学大纲》第三章《太极阴阳论》的一个注文中提到周敦颐《太极图说》时说:"此篇'太极图说'不称'无极图说',可见仍是以太极为中心概念。《通书》有云:'五行阴阳,阴阳太极',未提'无极',亦足为证。"②

综上所述,在成中英哲学范畴概念体系中,太极是中心范畴,是表示宇宙的本体、本根、本源的范畴。成氏的宇宙创化论乃是"太极创化论"。道属于"太极"的道,"易有太极"。道主要从创生规律方面标示宇宙万物的本体。易则从变易方面标示宇宙万物的本体。因此,我们要再次重复成中英的以下区分:"'太极'是就易的整体而言。'道'是就易的变化过程与律则言。'一阴一阳'则就易的对偶性的创造力而言。"③对于成中英,单就"易"范畴言之,五个易(不易、变易、简易、交易、和易)都是指宇宙万物的变化发展创生,它们是统一、合一的;但就易在具体的五个世界(本体世界、形象世界、符号世界、心灵世界、行为世界)的具体表现来说,五个易的合一也同时是五个世界的分化。从中体现出易的多元(分)一体(合)、一体(合)多元(分)的本体性。

三、道的创化作用

成中英的"太极创化论"发源于《易经》,也来自成氏自己创立的"和谐化辩证法"。阴阳和谐,是创化的基本条件。成氏认为:"对儒家来讲,和谐乃是实在界的基本状态和构成;而冲突则不隶属于实在界,它不过是一种不自然的失

---

① 张岱年:《中国哲学大纲》,中国社会科学出版社 1982 年版,第 20—21 页注。
② 同上,第 35 页。
③ 《易学本体论》第 42 页。

序与失衡,是没有永久意义的。在儒家的眼光里,这个世界是一个变化和发展的过程。不错,世界上确有相异、相对、不合、敌视等现象,但儒家坚持:整个宇宙、人类社会、个人生活的大方向基本上是趋于和谐与统一的。整部《易经》便表达了这种思想。①成氏此论,初看起来,是哲学家感情冲动时过激之论,但仔细想想,成氏的此番言论确有现实的基础:从宇宙万物整体、总体来说,冲突与敌视的现象确实是少量的,而从人类的需要和理想来看,和谐是积极的,把"和谐化"作为人类的一个总目标是极有价值的。成氏的"太极创化论"建立在"和谐化辩证法"的基础上,是有充分理由的。"负阴而抱阳,冲气以为和",不仅是道家的基本理论,也应视为儒家哲学的基本信条。在这方面,《易经》与《道德经》并不矛盾。下面成氏概括转述的《易经》和老子《道德经》的有关和谐辩证法完全可视为"太极创化论"的基本原则。

(一)道的结构与过程

成氏说:"包容天、地、人及万物的道(即实在界)既是一变化的过程,又是一有秩序的结构。"②——按成氏的意思道差不多等于实在界。即等于"天、地、人及万物"的全体。按说,道与器虽不可绝对分开,但在概念上却应有异。"一阴一阳之谓道",这种形而上的内容是道的实际内涵。天、地、人及万物则是器,是形而下的。虽然,器中有道,道不离器,但把所有的器称为道,在概念、范畴的运用上似不太确切。这种看法可能依据《老子》。依笔者的理解,《老子》所说"万物负阴而抱阳,冲气以为和",前一分句既是对宇宙万物的结构的说明,也是对道内涵的总命题式的阐发。"负阴抱阳"这样的结构,是不可能否定的,这也可说是一种不易的秩序。"冲气"是道中的阴与阳的冲气。因有负阴抱阳的结构,才有阴与阳的冲气运动,也才有冲气的结果——和谐。成氏的思想可能是,包含阴阳的道,其范畴内涵本身就同时包含阴阳相反相成的结构与阴阳相互冲气的和谐辩证运动。

(二)道的创化能力的无限性

成氏说:"生命的创化力量乃变化之根本,道的创生能力是无限的。"③

(1)何谓"生命创化力量?"这个问题要用成氏所说的"易"之"五义"来解释。"易"之"五义"指不易、变易、交易、简易及和易。这"五义"可与《老子》所说的"万物负阴而抱阳,冲气以为和",并与《易传》所说的"一阴一阳之谓道"这两句的内涵联系起来进行理解。"创化力量"不是别的,只能是宇宙万物本身

---

① 《抉择》,第 177 页。
② 同上。
③ 同上。

的结构（包括阴阳、五行、有无、异同、一多的等等的对立统一），在多对负阴抱阳的结构中，发生着"易"之"五义"的作用，从而形成源源不断地创造、化生万物的力量。

（2）为什么说"道的创生能力是无限的"？这个问题比较复杂，但很重要。"道的创化能力"的无限性在于道所反映的是宇宙万物本身结构的"阴阳异撰"的交感所产生的机体性、辩证性和对应性。这要把王夫之《易》学理论搬出来作支柱和基础。王夫之在《周易外传》第一章有云："《乾》《坤》并健以为大始、以为永成"，"阴阳与道为体（寅按：此句句法结构似有误，易让人误解为"阴阳以道为本"。这从下文"道建阴阳以居"便可理解），道建阴阳以居。相融相结而象生，相参相偶而数立。融结者称其质而无为，参偶者有其为而不乱。象有融结，故以大天下之生；数有参偶，故以成天下之务。"——张载《正蒙·太和》曰："太和所谓道。"王夫之注曰："道者，天地人物之通理，即所谓太极也。阴阳异撰，而其氤氲于太虚之中，合同而不相悖害，浑沦无间，和之至矣。"王夫之所指之"道"，即张载所称太和氤氲之气。此气含有天地人物之理，周行于太虚而不息。阴阳未判，氤氲融和，此即为"道"，故曰"阴阳与道为体"（按：阴阳作为道的实质性内容）。而"道"其实又是阴阳之气氤氲变化，故曰"道"乃以阴阳居。"（按：道居住在阴阳中）"相融相结者"，指阴阳之和。王夫之《周易内传》曰："两仪，太极中所具足之阴阳也。"阴之体为二。二者，偶也。阴阳摩荡而生天地奇偶之数，故曰"相参而数立"。"融结"，谓阴阳氤氲、摩荡、和合之时。此时，阴阳未判，万物未生，故曰"无为"。至如阴阳相参相偶而成天地奇偶之数，于是有万物之形器，故曰"有为"。万物之成，又因其禀受阴阳清浊、厚薄、轻重、醇漓之不同，而有动植、禽兽、灵冥、男女之别，此所谓"不乱"。"象"，此指阴阳通塞之象。阴阳充盈于《乾》《坤》之中，则天地、雷风、山泽、水火、男女无不具备阴阳之质，万物因赖以生存，故曰"大天下之生"。"数"有参耦，则分阴分阳。阴阳变化有序，则天下治。[1]

（3）总结如上所述，"道"是天下的通理，也就是阴阳合而为太极。"道"以阴阳为载体，"道"居阴阳之中。因为阴与阳性质不同，但阴阳氤氲交合，达到融合无间的境地，这就是太和。正是由于阴阳之摩荡、交融、和合，于是万物生生不息。万物秉受阴阳清浊等等的性质不同，因而万物有别、有序，不会混乱。因为万物各备阴阳之质，万物依赖阴阳之质而生生不息。阴阳变化有序则大治。宇宙万物，皆太极——道中所含的阴阳之变化，而有序地发展。"道"的创生能力无限，就因为"道"以"负阴抱阳"为结构，以"冲气以为和"为其变化之过

---

① 参看陈玉森、陈宪猷《周易外传镜诠》，中华书局2000年版，第670—671页。

程和依归。

（三）道有阴阳相成相生的功能

成氏说："变化过程中永远有阴阳两种相反相成的动能。"[①]对此,上文已有论析。

成氏说："道乃一:所有变化的动能皆出于道。所以,道是一切对偶现象之源。在这个意义上,道作为'太极','太极'即一。"[②]——中国哲学把原为数字的"一"拿来作为一个哲学范畴,用来表示万物的本体的统一性。这统一性主要表现为:宇宙万物的结构皆为"一分为二与合而为一"的统一体,亦可说为"一分为多与合多为一"的统一体。这个统一体用哲学范畴来表示就是"太极",从变化规律的层面说就是"道"。太极、道,都可用"一"来代替。但用"一"来代替"太极"和"道"时,同时就隐含"一中有二"、"二中有一"、"一中有多"、"多中有一"、"多样统一"、"一体多元"的义理。而且,一提到一,马上要有一中含多种对偶的观念。

成氏说："事物之分化乃阴阳互动的表现,因事物与道不异质"。[③]——由于宇宙万物生成、变化、发展之道具有共同的规律,因而无限多样丰富的事物,其性质、形态虽然各异,但它们总有共性,它们的存在和变化总离不开"道"(太极)的制约。如都受太极"阴阳互动"的制约。对此成氏称之谓"本体齐一化原则"[④]这也就是在观察事物之异时,不可忽视其大同;注视其大同时,又不可忽视其大异小异。即所谓毕同毕异。"与道不异质",即认为任何事物都是"道"的具体的、独特的载体和独特的表现。既要懂得"道"不离器,器中有"道";又要懂得"一本万殊","万殊一本"。

（四）道有善性

成氏说："万物化生乃由道之性,凡是能跟随道之性的东西,皆有善于其中"。[⑤]——关键在于要知道"道"的性质。关于道之性质的问题比较复杂,之所以复杂,原因很多,例如:《老子》有老子的说法,老子的说法还有自相矛盾之处;《周易》有早期儒家的说法;《老子》的多种注释者们又各有各的说法;对《老子》、《周易》极有研究的成中英先生又有他的一套说法。笔者只能按照自己粗浅的埋解对成氏对道之性的某一文句的说法作出某种解析。按照个人的理

---

① 《抉择》,第177页。
② 同上。
③ 同上。
④ 同上,第181页。
⑤ 同上,第177页。

解，道主要表示宇宙万物的本体结构和创化的基本规律。这一理解主要依据《老子》的两句原文：一是"万物负阴而抱阳，冲气以为和"句，二是"有无相生"句。既然宇宙万物都是"有无相生"，那么被称为"无"的东西和"概念"也是无中含有和"有无相生"，不承认这一点，就"反老子"了。其实在老子的意念中，"道"这个词主要是用来表达整个自然界及其变化的规律。事物总是一分为二，二又共处于一中。阴与阳，有与无，都是二，但二又共处于一中。因而"道"具有"一中有二，二中有一"的辩证性，或"一中有多，多中有一"的辩证性。从这种辩证性来看，"道"是"阴阳相异（对待）相成"、"有无相成相生"。单讲"有生于无"，不够全面。"相异相生"中的"生"字，对于"道"十分重要。"老子所说的无为，并非不为，而是不妄为，要顺其自然，而不强求。老子认为，宇宙间万事万物的存在，都有一种内在相反的对立关系；但相反的对立关系之外，另有一种相生相成的道理，这后者是更重要的。《老子》第二章说："有无相生，难易相成，长短相形，高下相盈，音声相和，前后相随，恒也。"便是说明万事万物都存在一种相反相成的作用。"老子曾把"道"比作"玄牝之门"，说"道"是"天地之根"。(《老子》第六章)如果"玄牝之门"中存在着"负阴而抱阳，冲气以为和"的结构和运动，那么，"道"就是宇宙万物创生之门了。"道"具有自然性。《老子》第五十一章说："道生之，而德蓄之。"据王弼注，在本章中"道生万物"之论，是说"不塞其原"；"德蓄万物"，是说"不禁其性"。前者讲的是物之自行生成，后者讲的是物之自行发展。这就是说，"道"是自然本身的必然性——生万物；"德"是"道"在现实中的显现——蓄万物。二者成了世界的基础，"道"是世界的总本质，而"德"则是具体有限之物的本质。它们是万物之"始"和万物之"母"，都是丝毫不阻碍万物之自然发展的，是无私的创造力量。"善利万物"而不为害。"道"与"德"是不自见的，但同时又处于万物之中。正因为如此，成中英才说："万物化生乃由道之性"，这性就是"有无相生"、"无为而无不为"、"负阴而抱阳"，总的说是"自然性"。也因此成中英才说"凡是能跟随道之性的东西，皆有善于其中"，亦即"道善利万物"。

（五）得道之人的能动性

成氏说："人有能力了解变化之动迹，以自己的行为来配合这动迹，乃能成就至善于世界"。①——(1)这是讲人为万物之灵。按理说，他应该有经验而且可能有科学和哲学的头脑，他应该最了解自然的变化，甚至知道社会发展的规律。所以只有人才能够以自己的行动配合自然界的变化并顺应社会发展的

---

① 《抉择》，第177页。

规律,把自己的善心和行动贡献于整个自然和社会。不过,这至今基本上还是人类圣贤的理想。有些政治家还在不断地组织群众破坏自然,扰乱社会的安宁与和平。(2)成氏在这里讲的是人类在宇宙间应有的位置和作用的问题,也可以说是人生的意义问题。一个最重要的观点是:人的身体虽然渺小,然而却有优异的性质,在天地间实有卓越的位置。《庄子》曾说过:宇宙之大无穷,自宇宙观之,人亦犹蜗角上之微生物而已。但是,多数哲学家都认为,人的形体在度量上虽然小,然而人在性质上却甚优异。《老子》就说:"故道大,天大,地大,人亦大。域中有四大,而人居一焉。人法地,地法天,天法道,道法自然。"(《老子》第二十五章)荀子说:"……人有气有生有知亦且有义,故最为天下贵者也。"(《王制》)《礼运》论人之卓越有云:"人者,其天地之德,阴阳之交,鬼神之会,五行之秀气也。"天地之德是说天地之善。人为天地间物类中之有德者,故可谓天地之德。汉代董仲舒讲到了人的作用,他说:"天地人,万物之本也。天生之,地养之,人成之。"(《春秋繁露·立元神》)又说:"三者相为手足,合以成体,不可一无也。"(同上)周敦颐说:"二气交感,化生万物,万物化生,而变化无穷焉,惟人也得其秀而最灵。"(《太极图说》)周子是从哲学上讲人在万物变化中的地位。既然人"最灵",他应当参与和助长"二气交感,化万物,万物生生"的运动。当代中国已故哲学家张岱年先生关于人与自然的关系以及人在自然中所能有的功能的观点,比较全面。他说:"近年来人们强调保持生态平衡,是具有非常重要的意义的。《周易大传》主张'裁成万物之道,辅相天地之宜','范围天之地之化而不过,曲成万物而不遗',是一种全面的观点。要改造自然,也要顺应自然,应调整自然使其符合人类的愿望,既不屈服于自然,也不破坏自然。以天人相互协调为理想。"① 裁成,是节制完成;辅相,是帮助。是说,对自然加以适当的调整,使自然更符合人类的要求。"范围天地",也是裁制自然的意思。"在自然变化尚未发生之前先加以引导、开发,在自然变化既发生之后又注意适应。这也是裁成辅相之意。这裁成辅相论可以说是天人协调论,……这一种学说在一定程度上肯定了人的主观能动性"。② 成中英所谓人"能成就于至善于世界"之论,其实就是这个意思。

成氏说:"人一旦了解变化,便能参与变化,知悉本身与世界之间的和谐"。③ ——此句讲四个层次。第一个层次是讲人应当而且能够理解宇宙万物的变化。成氏的"太极创化论",关键有以下四点:一是承认和重视宇宙万物

① 《张岱年学术论著自选集》,首都师范大学出版社,1993年出版,第491页。
② 同上,第343页。
③ 《抉择》,第177页。

无时无处不处在变化的过程中;二是这变化是由阴与阳的相异相成相生而推动的;三是变化的方向和结果所形成的新世物总体上应当是和谐的。和谐包括自然与自然、人与自然、人与人、人与社会以及人本身内部的和谐。四是人应主动并有力追求这一切的和谐。

(六)失调、缺陷与失道

成氏说:"人世间的失调,不幸与缺陷,起源于人不能够了解变化的真相,以及未能与世界和谐。"①——此句主要是讲社会上产生失调、不幸与缺陷的原因。具体原因说起来可能很多,但从哲学的观点看,其共同性就是由于人们对事物变化发展的实际情况,包括对各种条件、相互关系、发展变化的前景等,认识不够,甚至有错误的认识。有了错误或片面的认识,人的主观能动性就不可能得到发挥,预料不到的令人不能满意的结果就会出现,这在《易经》用咎、凶、悔、吝等词表示。

以上,成中英所论六条,都是《易经》对宇宙万物的存在、变化发展、人在发展变化中的作用以及发展变化可能出现的结果(和谐、不和谐)等等所持有的基本原则。成氏的哲学思想基本上是对中国哲学特别是《周易》哲学的继承和发展,因此他上边所讲的,也应是成氏自己所赞同、所主张的。以上所讲的哲学思想,属于《周易》哲学或"太极哲学"的基本的"命题",也应当是成氏"太极创化论"的基本命题。

简短的结论

(1)《易经》(包括《易传》)的太极哲学表示"实在界"(包括自然、社会、人以及全部的思维对象,统称宇宙万物)的本体范畴,主要有道、太极、一、易(这里暂且不提天、性、命、理、气、心、性等其他有关本体论的范畴)。在这四个范畴中,尽管"道"在《老子》中是兼有本体和变化规律二义,尽管"天"在《易传》、《老子》中也用作表示宇宙本体的范畴,尽管"一"在《老子》和《易传》中也有本体之义(如"得一"的一,"一本万殊"之一),为了严密、简洁和确定,把"太极"作为表示宇宙万物本体的范畴,最为恰当;而把"道"作为宇宙万物变化规律的范畴,把"易"的内涵定为"变化",把"一"作为表示宇宙万物"统一性"、"共性"的内涵的范畴,也比较适当。并不是说成氏上述九条中"道乃一"、"太极即一"等措词有什么本质上的不妥之处。不过,成氏把他的"宇宙创化论"称之为"太极创化

---

① 《抉择》,第177页。

论",而未称之为"道创化论"或"一创化论",也可说明在成氏的哲学范畴体系中,"太极"一直处于中心范畴(即元范畴)的地位。

(2)在成氏前面所论六条命题中,把阴阳的"相反相成"确定为变化的"动能"。这实际上就像王夫之那样,从变化的动力来说,把"太极"(以及"道")具体落实在阴阳(即乾坤)的"相反相成"上。即王夫之所说的"阴阳以道为体"(道是阴阳的载体)或"道建阴阳以居"(道内在于阴阳中)。也可以说,"阴阳以太极为体","太极建阴阳以居"。这样,"太极"与阴阳的关系就更加确定了——太极(通过道)含阴阳。这样,"一阴一阳之为道","万物负阴而抱阳"就被包括在"太极"内涵之中。同时,阴与阳的相反相成,既是宇宙万物的结构,也是宇宙万物变化、发展、创生的动力,亦即本根、本源。无疑,阴阳是阴阳二气;五行中含多对阴阳,含多对二气,五行也就是"五气"。这样,道、阴阳、五行这些范畴就在"太极"元范畴中贯通一气了。

(3)成氏所讲的六条,在最后两条讲到"和谐"。在这六条中,"和谐"表面看起来主要是作为变化动能的"阴阳相反相成"的结果,但在实际上,在《周易》的哲学思想体系中,同样,在成氏的哲学体系中,如成氏自己所说:"《易经》视事物的创生与统合为和谐的基本要素之一。亦即,在《易经》作者的心目中,世界是一个不断生化的统合体,在这个统合体中,虽然充满着不同的事物,但众多不同的事物之间,却有一个和谐的发展,这便是变化;世间的事物有始而有终:以和谐始,亦期终于和谐。……任何对偶的互动形式,不论其复杂程度如何,都不过是和谐的表征罢了。这种互动所表征的,乃是事物间同属一体的和谐状态。"[①]

(4)由此可见,"和谐化辩证法"在"实在"界中具有坚实的现实基础。并不是哲学家成中英要主观地空谈"太极创化论"和"和谐化辩证法",而是"实在界"迫使他作为一位追求真理的哲学家不得不去研究"以和谐化辩证法"为主心骨的"太极创化论"。

(5)综上所论,太极主要表示宇宙万物的"多样统一"的"动态整体",其中包括结构、变化规律、变化过程、变化的归宿;易主要表示宇宙万物的多种变化方式,是《周易》理论系统提出和运用的重要概念;道则是主要表示宇宙万物变化的根源及其最一般的规律,是老子《道德经》系统和《周易》理论系统共用的概念;而三者皆包含阴阳和谐辩证观念。三者并无矛盾和相抵制之处,而是用不同的词语,从不完全相同的层面,揭示宇宙万物的本质和规律。而太极则贯穿于易、道范畴之中。

———————————

① 《抉择》,第177—178页。

第五章
太极阴阳辩证法

阴与阳,是中国哲学一对最为根本的对偶范畴。从阴与阳对待统一中观察宇宙万物,是中国哲学时刻不可脱离的最根本的指导思想。阴、阳分开来看固然可视为两个范畴,但更多地应视为一对范畴。如成中英指出,阴阳思想如同其他中国哲学中的范畴一样,乃起于对自然现象的观察、体会、综合及概括。《易经》中已潜藏着阴阳相分相合的观念。《易经》中的卦词虽然并未能特别提及阴阳的分别,但乾、坤(天、地)坎、离(水、火)的分别,就加深了对阴阳二气的认识。"《易经》固然不谈阴阳,但易之变化无一不是就阴阳的变化立言。故通过《易经》我们可了解中国哲学中范畴的灵活性及实用性。更进一步言,通过《易经》我们可以了解中国哲学的辩证性。"①

一、阴阳范畴的出现及其在哲学中的地位

阴阳观点的发生,来自对自然现象的观察。如日光所照处为阳,日光所无处为阴。而阴阳又因时因地而异,乃有山南水北为阳,水南山北为阴之说。这显示了阴阳两种现象具有相对性及互移性,故用阴阳来形容变化是十分恰当的。事实上,宇宙万象之变化乃见诸于阴阳之相对与互移:此阴则彼阳,此阳则彼阴。而此又不仅限于空间的对比,而且表现为时间的转移:昼为阳,夜为阴。昼夜递承,日月对比,这就形成了自然变化之道,同时也具体地呈现了阴阳的自然现象学的本义。②

据成氏的体验分析,阴阳从人的经验变为哲学范畴的过程大概是这样的:从对阴阳现象的经验中抽象出阴阳的意象与意义,而与更多更广泛之经验结合,遂进一步产生了阴阳学说的根本形上学命题:"凡存在的事物均分阴阳,且

---

① 《抉择》,第 134—135 页。
② 同上,第 136 页。

具有阴阳对待、变化、统一的关系。这种广泛的阴阳说所形成的原理，既在万物万象之中，也在对事实的经验中显现了阴阳对待、变化及统一的关系，从而加强了阴阳对待、变化及统一原理之解释力及说服力。即就实际经验言之，万物万象均有生成毁亡等变化现象，也具有有无、虚实、前后、内外、上下、大小、左右等结构、质量的关系，或具备刚柔、动静、幽明、强弱等性质与状态。无论这些结构关系、变化现象与性质状态是主观或客观，其为主客相交时的实际经验却无可讳言。故我们的实际经验也丰富并加强了对阴阳自然对待、变化与统一关系的认识，而使阴阳学说成为中国最早出现也最为根本的形上学范畴。"①

成氏明确指出阴阳范畴的主要内涵为以下三个方面："(1)阴阳对待;(2)阴阳相互影响,产生变化;(3)阴阳合而为一自然的道,为一整体。"②阴阳对偶、阴阳相克相生、一阴一阳之道,这三个方面是相互联系、密不可分的,故最后合起来必然形成为一个"整体",成氏虽然这里没说出,但这个"整体",后来在中国哲学中确实用"太极"范畴来表示之。

二、阴阳的辩证性

成氏承认,中国的辩证法虽然并未形成独立于实体的逻辑系统,但其丰富内涵则不可否认。他说:"我们可视《易经》为形上学化的辩证法或辩证法的形上学。就其实质看,是论变化之道、变化之理……故我们不应小视《易经》的重要性。由于辩证法是通过形上学来显示,故其《易经》的辩证法亦有其特征,而不尽与西方的辩证法为同一模式。换言之,两者有同而不尽同。由于中国哲学各大系统在不同阶段均受《易经》观念的影响,故中国哲学一般均具有辩证性。如何发掘和认识这一辩证性,这是重新估价中国哲学之一大课题。中国哲学之范畴,尤其是形上学的本体范畴,更与《易经》之形上学密切相连,故我们讨论中国哲学范畴,就必须对《易经》的辩证形上学作一了解。"③成氏接着指出辩证性在中国哲学对偶范畴中的表现。他说:"要了解形上学与辩证法如何在中国哲学中密不可分的问题,就必须进一步对中国哲学的知行一致、体用不分的有机思想作一了解。中国哲学肯定了知行、体用、形式与内容的有机关系,故经常从这一有机关系之观点上来讨论。这亦与中国哲学肯定一根本统

---

① 《抉择》,第 136—137 页。
② 同上,第 136 页。
③ 同上,第 135 页。

合的本体思想有关。"①

成氏此论虽较为简短,但具有启示和指导意义。他明确指出了"阴阳的辩证性"。笔者打算联系上文所论阴阳内涵的三个方面以及其与"太极"元范畴的关系,来阐发阴阳范畴的辩证性,并对不同的辩证法略作比较。

辩证法的要义主要可归结为从发展及变化方面去观察自然。黑格尔的辩证法认为整个历史的和精神的世界是一个过程,是在不断地运动着、变化着、发展着和改造着的。同时认为过程的内涵矛盾是自己运动和自己发展的泉源。黑格尔把辩证法应用到关于概念、判断的学说上,应用到认识的逻辑上。一般来说,这并没有错,问题在于黑格尔的辩证法是立足于唯心主义,认为万物的基础和本质就是某种神秘的"绝对观念"的自己发展。认为意识是现实的创造者。

马克思主义哲学的研究者们都一致地认为马克思把黑格尔的"头脚倒置"的辩证法颠倒了过来,把辩证法置于现实的基础上。马克思对辩证法所作的定义是:"两个相互矛盾方面的共存、斗争以及融合成一个新范畴,就是辩证运动的实质。"②恩格斯自然辩证法的定义是:"过去被认为是不可调和的和不能解决的两极对立和区别,虽然存在于自然界中,可是只有相对意义——这样的一种认识,构成辩证法自然观的核心。"③一般都认为列宁的辩证法由三重结构组成:一是对立面的存在;二是对立面的运动转化;三是对立面的统一。成氏的"阴阳对待"论,即相当于承认任何事物都包含着相对待、对立、相成、相生的两个方面。对立面的关系在现实中极为多样而复杂。这种多样和复杂来自宇宙万物的多样性和复杂性。天与地、自然与人、男与女、昼与夜、有与无、上与下、正与误、成与败、教与学、老与幼、政府与人民……都是统一物中的两个方面,这许多两个方面,哪里都可以像反马克思主义者那样用敌我、矛盾、相互排斥、对立倾向来概括?

如果说成氏的辩证法与被歪曲了的马克思主义辩证法的后继者有什么不同的话,那就是前者承认相互作用因素的多样性和变化方式的多样性,而后者则更多地死盯住两方面的相互排斥和敌对罢了。如果成氏的辩证法承认统一、同一因素和方式的多样性,除了承认阴阳的统一外,还承认五行的统一、一多的统一、转化和谐和生成,而后继者则忽视了恩格斯的自然辩证法思想,只注意一方吃掉一方,最后归结为"斗争哲学"。即不承认"以他平他为之和"、

---

① 《抉择》,第 135 页。
② 《马克思恩格斯选集》第 1 卷,人民出版社 1972 年版,第 111 页。
③ 恩格斯:《反杜林论》,人民出版社 1970 年版,第 12 页。

"万物负阴而抱阳,冲气以为和"这些中国传统哲学的最重要的命题。这里讲的不仅是书面的辩证法理论,而是辩证法在实际行动中的具体表现。列宁在《哲学笔记》中对辩证法确实作了认真的思考,并抓住了"对立统一"这辩证法的核心,只是由于他把视线只放在解决阶级斗争、社会主义战胜资本主义问题上,对整个大自然中的客观辩证法未曾有足够的注意,因而他的哲学笔记中几乎完全没有"宇宙万物"这一类字眼。也因而,这使得他的辩证法过分夸大了"矛盾的斗争性",完全不提自然与自然、自然与人、人与人的和谐统一的事实。而成中英由于生活环境的关系,他是从整个宇宙的广大范围内研究辩证法的,因而他的辩证法能够注意到事物内部与事物之间的关系的冲突与和谐两个方面。他区分了整体与局部、自然与社会、主要与次要、客观必然性与人的主观能动性,因而他的辩证法显得更加符合客观,也有利于人类在总体上对真善美的追求。

三、《周易》对阴阳范畴的促生与发展

阴阳为中国哲学的最基本的范畴。成氏说:"作为根本范畴,阴阳乃广泛地应用于自然现象、人生过程、人生处境、社会、身体、具体事物、历史事实,也因之而显示了这些事物的对待、变化、统一之道。故以阴阳观念为中国哲学中最基本、最普遍之形上学范畴,绝非过分之词。"[①]——成氏不把"矛盾"而是把阴阳看作"中国哲学最基本、最普遍之形上学范畴",这一点具有重大的意义。"阴阳"这一范畴的概括性要比"矛盾"具有建设性。梁启超对"阴阳"的概括性有这样的说法:"原来宇宙间有两种相待的力,现代科学名之为正负;或名之为积极消极。《易》学家则名之为阴阳,或名之为消息、为刚柔、为往复、为阖辟、为屈伸……《易》之要旨说这两种力相吸引、相排拒,宇宙间一切现象事物,都从此发生。"[②]列宁在《关于辩证法问题》中列举事物的两个对立面的具体表现时,提到的有"在数学中:正数与负数、微分与积分;在力学中:作用与反作用;在物理学中:阳电与阴电;在化学中:原子的化合与分解;在社会科学中,阶级斗争。"[③]可是,列宁在"对立面的斗争与统一"时,把两个对立面的关系缩小为"斗争"与"统一",而"斗争"实际上不可能代表"反作用"。即把中国的"相生相克",实质上变成为"相反相斗"了。丁超五在他所著的《易经科学探》一书中

① 《抉择》,第137页。
② 梁启超:《孔子》,中华书局1920年版,第29页,《饮冰室合集·专集之三十六》。
③ 列宁:《黑格尔逻辑学》一书摘要,曹葆华译,《附录·关于辩证法问题》。

说:"实在说,事物之变化演进,无非由于(阴阳)这两种力量所表现相反相成的作用之结果。"[①]从科学家对人类"生命"的研究,男性与女性数量略为相似,因而,排除战争等人为的原因,男女数量是基本平衡的。从这一数字看,阴阳和谐的情况与阴阳不平衡要占优势。《先天图》就反映了一阴对一阳,二阴对二阳,阴阳平衡的实际。

成中英的哲学思想的来源之一是《周易》发展出来的太极哲学,成氏的阴阳观无疑受到《周易》阴阳观念的启发。成氏说:"《周易古经》运用符号☰(乾卦)与☷(坤卦)来表示两种存在和自然事物的状态时,即也把阴阳作为基本的形上学范畴。乾坤、天地、日月、男女也不过是阴阳观念范例的具体实在而已。六十四卦是乾坤两坤的变体,也即阴阳的变体,故整个《易经》的符号系统可视为阴阳之对待、变化和统一的符号系统。《易传》(十翼)明白表示,阴阳之道是极自然之事。阴阳之对待、变化和统一的本义,均在《易传》中得到了重要的发挥。故也可将《易传》看作阴阳形上学的发挥,亦即中国辩证法的发挥。我们自然不能只就《易传》来了解对待、变化和统一,而应深入到六十四卦之符号学,以探索中国辩证法的丰富内涵。《易经》之重要性于此可知。"[②]

成氏的此段论述,引发我们明确以下的重要认识:

如果要讲中国传统哲学,乃至讲中国当代哲学,讲辩证法,如果认识不到"阴阳"范畴、观念的重要性、价值和特色,那就不可能把宇宙万物的结构、它的变化及其原因、它变化的结果在宏观上弄清楚。包括社会、人在内的宇宙都属于"实在"的范畴。如果见木不见林,把人类中间在某时某处发生的磨擦、相杀当成宇宙"实在"的代表,用把研究这个"代表"所作出的结论当成对宇宙自然辩证法的整个结论,那将犯极大的错误,而且有人已经犯了极大的错误。

阴阳的对待的形态是极为丰富多样的。拿《易传》所具的例子来说,"天尊地卑"(《系辞》),是一高一低,一上一下。天地之气相交而生变化,产生雨雪。"天地定位,山泽通气,雷风相薄,水火不相射"(《说卦》),互相交易而和谐的情况比较多,说不上有什么势不两立的"矛盾"。《周易》所说的阴阳的变化的方式形态也很多样,如"生生之谓易,成象之谓乾,效法之谓坤","阴阳不测之谓神";"乾知大始,坤成作物,乾以易知,坤以简能","易简而天下之理得矣,天下之理得而成位乎其中矣";"是故刚柔相摩,八卦相荡。鼓之以雷霆,润之以风雨,日月运行,一寒一暑";"刚柔相推而生变化";"一阴一阳之谓道";"是故阖户谓之坤,辟户谓之乾,一阖一辟谓之变,往来无穷谓之通";"变动不居,周流

---

① 丁超五:《易经科学探》,上海三联书店1996年版,第17页。

② 《抉择》,第137页。

六虚,上下无常,刚柔相易,不可为典要,唯变所适。"(皆见《系辞》)变化的方式形态尽管多样,但中国阴阳辩证法把"生"放在重要的地位,但也没有说它是"绝对的",而只说从宏观上、总体上讲"生生"是主要的。

"生生之谓易",按成中英的说法,"易"是表示变易、交易、简易、不易与和易以及这五易的综合而产生变化。而对于《易经》乃至整个中国哲学,宇宙事物的存在,其本身就是阴阳和谐的统一体,而这个"和谐统一体"由于本身存在五易所以不断发生"变化"。而"变化"的过程,就是"生生"的过程,就是产生新事物、新事相的过程,所以说"生生之谓易"。《易传下》云:"天地氤氲,万物化醇,男女构精,万物化生。"男女就是天地的阴阳,自然的阴阳。男女(阴阳)构精(交易),结果是"化生"。这是中国式的辩证法的总体的内涵。尽管如此,《易传》既没有断言对立面的统一是一方吃掉一方,也没有讲"生生"就是万物变化的绝对的"典要"。

阴阳变化的结果,即有关统一之义:"是故易有太极,是生两仪,两仪生四象,四象生八卦"(《系辞》)。宇宙万物的结构好像一棵大树,"太极"是"根",阴阳、四象、八卦、一多……都是根上长出的干、枝、叶……,这样有规律、有次序地生上去。"太极"作为"阴阳"的有机整体生命贯穿渗透到整棵树(整个宇宙及其万物)的任何部分中去,因而"太极"表示宇宙的本体、本根、本源。亦可视"太极"为哲学范畴体系中"元范畴"(中心范畴),所有其他范畴的内涵中皆有"太极"的内涵。"太极"既是"一分为二与合二为一的统一",也是"一分为多与合多为一的统一"。"太极"是"多样统一"或"统一含多样"。宇宙及其中万物的"生生不已"之源泉皆含在包含阴阳结构、阴阳之道的"太极"之中,成中英的辩证法体系因而名之为"太极创化论"。

"乾坤,其易之门邪。"(《系辞》)乾坤即阴阳。"易之门",即变化之门。宇宙万物,千变万化,简言之,都在"阴阳"(即五易)的关系之门中。"乾,阳物也;坤,阴物也。阴阳合德,而刚柔有体,以体天地之撰,以通神明之德。"(《系辞》)——把乾卦比作男,即比作阳,把坤卦比作女,即比作阴。阴与阳、男与女,它们是有各自的特性的:阳刚而阴柔。也正因为阴阳性质各异,所以能够和谐地交易而生变化(特别是产生新事物),正像男女结合产生新生一代一样。把万物加以分类:一为阳(物),一为阴(物),是为了使人的思想能够体现天地变化的本质与规律(以体天地之撰)。以通神明之德,指宇宙万物的阴阳所生的变化是人们意想不到但都服从运用的极其奥妙的规律。因"刚柔有体",所以能"阴阳合德"。

"乾道变化,各正性命,保合太和,乃利贞。"(《象传》)"乾道变化",指太极阴阳的刚健之道所推动的变化。"各正性命",是因为承认万物是统一性与差异性的统一,所以使万物在统一规律的前提下发挥各自的特殊的作用并取得各自应得的位置。"保合太和",指要让最大的和谐之气发挥作用,以便使宇宙万物达到最大的和谐的境地,使宇宙万物都和美顺昌。总而言之,《易传》的太极阴阳辩证法,主要是和谐化的辩证法。

如成氏所概括的:"基于阴阳对待之义,我们可以揭橥对待原理;基于阴阳变化之义,我们可以揭橥变化原理;基于阴阳统一之义,我们可以揭橥统一原理。《易经》之所谓易或道,即为此三原理:凡是真实必有对待,凡是对待必有变化,凡是变化必有统一。值得注意的是,对待不一定是对立,变化也并非克服或征服;对待是形成空间的条件,即所谓'定位';'变化'是形成时间的条件,即所谓'趋时'。故对待并非对立,而变化也非征服。统一是对待中的统一,也是变化中的统一,故统一并非静止的状态,而是代表一生生不息的全体性。这样的辩证性,称之为和谐化的辩证性。而这种辩证的过程,是以达到相反相成、阴阳合德的统一为目标;而这个统一的目标,也就是生化不已的创造过程。这不仅说明天地万物所以生的实际,也显示了天地万物生生不息的潜能。"①

成氏还指出:"……《易经》所揭示的辩证思想在后来中国哲学发展中的深入化与广泛化,而逐渐成为中国形上学思想及人生哲学的基本规范和原理,成为中国思想的内在形式和方式。事实上,中国思想的内在形式和方式是由五行思想的对应原则和阴阳思想的对应、对待、变化、统一思想的一种自然发挥。这种思想也就规定了中国传统哲学的范畴的设立方式及相关方式,包含了对待、变化和统一的阴阳观念,形成了中国形上学的最基本范畴。而任何中国形上学范畴,也都因阴阳辩证思想发展了一个辩证的形式,从而成为阴阳思想的延伸。"②

辩证性、太极、阴阳、对偶、变化、统一、整体性、生生、和谐,这些范畴的有机渗透,是成中英"太极创化论"的范畴网,而生生不息的运动和对和谐的终极追求,则是他的和谐化辩证法的目标。而《易经》的太极阴阳辩证法思想和对当代社会的毫无成见的直接观察体验,则是他的哲学体系的思想源泉。

四、从宇宙本体论中的多对阴阳关系看太极创化论

太极创化论以宇宙本体的结构及其变化之道为客观基础。成中英在他的《C理论:中国管理哲学》一书中,为了给"管理哲学"提供理论基础,特地简要

① 《抉择》,第138页。
② 同上,第138—139页。

地论析了他的"宇宙论"思想体系。他的"宇宙论"与单纯讲人类之外的一般唯物主义哲学有所不同,他是从人类与自然的相互作用中论析宇宙本体的。在这一论题,他不但讲"宇宙创造力之道"(易道),还讲了"圣人创造之道"(至诚)、"认识整体的分合结构"(通变)、"维护价值创造之源泉"(中和)以及"追求价值的终极目标"(生生)。所讲内容实际上与"太极创化论"具有十分密切的关系,甚至可以说就是在联系着人类的思维和行动的主观能动作用讲"太极创化论"。因此,笔者认为可以把成氏所论联系着《易经》的"一阴一阳之为道"的命题,来诠释太极阴阳辩证法的理论基础。

(一)阴阳滋生论

成氏从《易传·系辞》第一章所论"天地之大德曰生"来展开自己的论述。在《周易》中,乾元、坤元与阴与阳是同等的术语。成氏说:"天之德为创造万物,是为乾元;地之德为滋生万物,是为坤元。创生是从无(按:无是无中含有)生有而滋生是从有(按:有是有中含无,所以还在变化发展)到成(按:也还是"未济")。天地是一整体,可称为太极。太极之动,静而动,动而静,形成了一阴一阳之道,然后具化(气化)为天地分化而合一的宇宙。所谓宇宙动态的表现为变化之道,也就是一阴一阳之道或简为易道。易道是生生不已的。其创造力量是源源不绝的。其所以如此,是因为内涵着一动一静、一阴一阳、一翕一辟的功能,此一功能就是易道的本性,是变化之道的常数,所谓动静有常,阴阳生物,翕辟成变。《系辞上》第六章有言:'夫乾,其静也专,其动也直,是以大生焉。夫坤,其静也翕,其动也辟,是以广生焉。'但易道之所以长久持续,是因为易道具有涵蕴万物、亲和万物、实现万物的能力,而不会因为创造了万物就疏离了万物。所以《系辞上》第一章说:'乾以易知,坤以简能。易则易知,简则易从,易知则有亲,易从则有功。有亲则可久,有功则可大。'可久可大正是乾坤创滋的德,而其关键则在于创滋有亲有功。作为人,我们应体知天地乾坤之德,实现这一有亲有功的简易之道,也就是能够促进万物的生成发育发展充实。这就要善通万物之情,深知万物之变。此即名之为通或通变。知此之为通而实践之,也就能久了。故《系辞下》第二章说:'穷则变,变则通,通则久。'这里所谓变是指能够主动地采取求通又打开心胸看实践变化的态度与作为。"①——读者要注意以下三点:(1)看宇宙本体,不是只是撇开人类的活动去旁观地看客观事物的"实在"与变,而是要把人类的物质生活和精神生活都视为宇宙本体的不可缺少的重要部分。(2)要深刻地理解宇宙万物变化的动

---

① 《成中英文集》第三卷《伦理与管理》,湖北人民出版社 2006 年版,第 155 页。

力和规律并能全面地掌握这种动力和规律。要理解多种阴阳的相反相成的能量。(3)人要发挥自己的主观能动性,亲自参加并促成宇宙万物向有利于大自然并有利于人类本身健康发展。其中包含着万物皆变、生生不已、天人合一、人为万物之灵、生机哲学等命题与观念。

(二)万物之灵论

成氏的太极创化论对于人的宇宙创造力最为重视。他认为,人是宇宙创造力的载体。虽然宇宙创造力遍及宇宙万物,但在此一宇宙创造力却实现或表现为个人的知觉力、思想力、感受力、意志力、实践力,这些能力是人以外的创造的载体如动植物所不具备的。认为人是"宇宙创造力的精华所在"。《中庸》把人的创造力概括为"赞天下之化育"①。

(三)结构层次论

成氏说:"人在自省中掌握了创造力,还得进一步认识宇宙整体的关系结构,以适当地应用一己的创造力。宇宙的关系结构是在阴阳、动静、刚柔的一分为二、二合为一的发展过程中形成的。因而具有一定的发展层次,聚合成为结构层次。就如人之生必有最原始的基因与染色体的分别,然后由其组合形成新的较高层次的个体。然而每一个体必须与其他个体相应存在,或相连,或不相连,或就气言,或就理言。但都是发生一个整体的存有空间内,而标示为不同程度的依存关系或并行呼应关系。所谓'云行雨施,品物流行,大明终始,六位时成,(按:六位:指乾卦的六爻。时成:意谓因时而成,随时而顺,当潜则潜,当现则现,当惕则惕,当跃则跃。)……乾道变化,各正性命,保合太和。'(《乾·象传》)所谓六位可看成是一物一事的内在结构,其为六位也是由发展的观点决定的。而所谓八卦与六十四卦则可看成是物与事的外在结构关系网络。事物的关系十分复杂,当然不能定于某一数目上来作定论,而是要用整体性的关系透视来整合或辅助分析性的理解。所以一个圣人要'观变于阴阳而立卦,发挥于刚柔而生爻,和顺于道德而理于义,穷理尽性以至于命。'(《说卦》第一章)有关事物的关系结构,我们不能忽视伏羲八卦所显示的多面平衡结构与文王八卦所启示的五行生克结构,用以作为主动调整自我行为以及适应客观的情况。这种认识与调整能力就是主体的重要修持,亦即从诚到明的修持。"②——对此论题,成氏讲得相当多,也很重要,但对其所论不易充分理解。我们在这里要作些解释与分析。(1)成氏认为人要发挥自己的创造力,除了人

---

① 《成中英文集》第三卷《伦理与管理》,湖北人民出版社 2006 年版,第 155—156 页。
② 同上,第 156 页。

自己在通过学习和生活工作实践取得知觉力、思想力、感受力、意志力和实践力的前提下，在作某种工作之前，首先必须对"宇宙整体的关系结构"要有充分的认识。事物的阴与阳、动与静、刚与柔、内与外、过去与未来、优点与缺点、能力的大与小，甚至必然性与可能性等等这许多对偶结构关系，人对之要进行观察、研究和分析，甚至作出预测。(2)所面对的事物的结构是有许多层次的，如自身能力的层次，时空环境的层次，功能的层次，哲理的层次，科技的层次，人事关系的层次等等。成氏以《易经》所涉及到的义理为例，要求人们对各种层次都要有理性的分析和感觉的感受，从而不断调整自己的知与行。(3)所谓"云行雨施，品物流行"，说的是在乾元创生万物之后，万物进入长成养育之时，这时候天道运行，总体上无所不亨通，表现为"云行雨施，品物流行"。万物经由天资生之后，形质皆具，物各分类，可以区别；万物之形永远处在生生不息的流动中。"大明终始，六位时成"：讲的是天道，下面再由天道引申到人之道。"大明终始"，指研究乾卦，明白乾道有终始，明白乾卦六爻全是因时而成，随时而顺，时当潜则潜，时当现则现，时当惕则惕，时当跃则跃，时当飞则飞，时当亢则亢。明白了这些，人就可以"御天"——掌握自然的客观规律，并在人事方面灵活运用自然规律。人的主观能动性表现为使自然和人事都走向"太和"。(4)伏羲八卦方位图，又称先天八卦图。在一个圆图中，八个卦排列为两两对待，互相之间具有对立统一关系，相反又相成。《易传·说卦》解释为："天地定位，山泽通气，水火不相射。"这种既对立又统一的安排，应是对客观世界万物对立统一规律的认识和描述。文王八卦方位图，又称后天八卦图，亦称后天八卦流行图。这个图中的八个卦，是按照四时的推移、万物的成始归藏的规律安排其位置次序的。后人在《说卦》中，对后天八卦流行图作了如下的解释："万物出乎震，震，东方也。齐乎巽，巽，东南也；齐也者，言万物之洁齐也。离也者，明也，物皆相见，南方之卦也。圣人南面而听天下，向明而治，盖取诸此也。坤也者，地也，万物皆致养焉，故曰致役乎坤。兑，正秋也，万物之所说(悦)也，故曰说(悦)言乎兑。战乎乾，乾，西北之卦也，言阴阳相薄也。坎者，水也，正北方之卦也，劳卦也，万物之所归也，故曰劳乎坎。艮，东北之卦也，万物之所成终而成始也，故曰成乎艮。"从上述解释看，后天八卦图俨然是一幅万物随着一年四季的变化而滋生、发育、收藏的时令图。如果说先天八卦图使我们注意空间的方位，那么后天八卦图则让我重视时间的发展。所以成氏说"不能忽视伏羲八卦所显示的多面平衡结构与文王八卦所启示的五行生克结构"，强调根据事物变化发展的时空两方面的结构调整自己的思维和行动。

(四)知微见几论

不要以为成氏提倡和谐化辩证法，就是只注意相成而不注意相反了。其实,阴阳的相反包括"异"与"克"两种因素,只要利用、掌握得好,两者都能达到平衡与和谐。成氏说:"如果我们掌握事物的原始创造力是阴阳未分的太极,太极生阴生阳,是为两仪。两仪生四象,四象生八卦。则此创生过程中,已包含了相反相成的原理。但所谓相反相成可以就结构言,一个事物中就已包含了相反的两面,由此相反的两面合成了整体的功能,故缺一不可。相反两面的关系是兼平衡、制衡、配合、调节而有之。但就发展看,事物从一个面发展到另一个相反的面,如果不能发挥平衡与制衡的作用,就会产生相反的破坏的结果或效果。如何从一个整体的立场调和此一发展,就需要明智。如何明察事物变化之机以及变化的原始起点与其方生之时的因子,更是一个需要自我修持、自我调整的智慧眼光。事物是不能不变的,所谓'生生不已'是也。但'君子尚消息盈虚',察微见几,就能掌握事物发展的方向,并能作出相应的价值目标的调整。所谓'君子知微知彰、知柔知刚,万夫之望。'(《系辞下》第五章)且要知进知退,知存知亡,知得知丧,方能作出唯变所适的决定。'知进退存亡而不失其正者,其惟圣人乎?'(《乾·文言传》)易道之变,从其创造力来说,是具有多元性的。所以可说是:'变动不居,周流六虚,上下无常,刚柔相易,不可为典要,唯变所适。'(《系辞下》第八章)但是有智者才可以发现和断定此一所适,把自己的创造力参与到客观事物之中,达成主客观双赢的成果。"[1]

(五)和衷共济论

成氏认为相反相成的最终局面是整体依存的平衡和谐状态。整体依存应是你中有我、我中有你,全体中有部分,部分中有整体。但每一个体仍有其相对的独立性,仍有参与影响全体的力量,同样,全体也有改变影响部分的作用。相互依存是不要独占,不要独霸,处处以全体为重。因而能超脱出私心私利之外,要法乎天地,"备物致用,立功成器,以为天下利。"(《系辞上》第十一章)还有一个根本的道理,相互依存是以阴阳互补、刚柔相济为基本模式的,也就是以乾坤并建为基础的。乾坤就是互补的阴阳相济的刚柔,是易道之所在。有生生不息的易就是和衷共济的乾坤;相反的,有和衷共济的乾坤就有生生不息的易。乾坤毁,生生之易亦毁。故万物或万事的相互依存关系一旦销毁,则生生不已的宇宙创造力也就停止了。如何维护相互依存的关系网并因势利导是今日新生工业的重要工作。落实在实际上,就是要建立重视自然大环境与人文小环境的生态伦理,使生命创造之源能够畅通无阻,生机也就无穷了。[2]

---

① 《成中英文集》第三卷《伦理与管理》,湖北人民出版社 2006 年版,第 156—157 页。
② 同上,第 157 页。

(六)和实生物论

成氏特别重视"和实生物"论。指出,和是结合众多的资源创造出新的品质新的事物。可说合是生的格式与基础。所以张载说:"一故神,两故化"。(出自《横渠易说》卷三)化则是在多种的基础上化万物。《系辞下》第五章说:"天地氤氲,万物化醇,男女构精,万物化生。"因和而能合。因合而能化。这就是和谐的创造。和谐的重要性也于此可见。和之根源来自太极的一体多元的精神,此即是太和。而物之能和,就在太和的引力。故和是与一密切结合在一起的,但却又是与分以求变联系在一起的。①

以上六点就是成氏所建构的"宇宙创造力理论",足以说明宇宙之所以生生不息。正因为如此,我们把以上六点的整体视为成氏"太极创化论"的理论基础,是有根据的。

为了全面地介绍成氏的"太极创化论"笔者认为还是有必要把成氏《C理论:中国管理哲学》的第一篇《C理论的基本内涵》一文中对"整体宇宙论"、"两极一体论"和"五段辩证法"的思想内容,从"太极创化论"的层面,加以摘编,也作为成氏"太极创化论"的基本理论的命题。这样,读者也许可以更加充分地、从不同层次上理解成氏"太极创化论"的丰富的内涵和价值。

(七)整体宇宙论

不论从哲学范畴之间的关系来看,还是从宇宙万物的联系来看,按照成中英的哲学思想体系,对阴阳观念的理解不能离开"整体宇宙论"。成氏甚至说:"从哲学的观点看,整个宇宙自然是一个最真实的、复杂的、具有生命力和发展性的动态存在系统。就其运行发展、新陈代谢来看,宇宙自然也可以说是一个具有内在结构的管理体系。当然这样说是把自然宇宙拟人化、人为化,是把管理的概念运用到宇宙自然上去。……自然宇宙生生不已,不断更新,就像有一个内在的力量推动着它的变化;同时它的新陈代谢也代表着一种深层的内在平衡,时间上的循环和空间上的对称,以及所包含的动态的和谐。"②成氏所论虽然是联系他的"管理哲学"来说这番话的,但他的哲学体系是"路路通"的;其"整体宇宙论"当然"管理着"他的"太极创化论"。"太极"与"阴阳"范畴是互相"管理"的。太极内含多对的阴阳对立统一,而多对的阴阳对立统一必然是由太极来统一。成氏关于哲学整体宇宙观的以下五个原则,对于理解成氏的太极阴阳观是最为重要的。这五条原则是:(1)同一根源的原则,就是认为世界

---

① 《成中英文集》第三卷《伦理与管理》,湖北人民出版社2006年版,第157页。
② 同上,第132页。

上任何事物都是来自于共同的本源。(引用者按:这本源就是内涵阴阳动态统一的太极。)(2)相互依持的原则,就是认为世界上的任何事物都是相互联系相互影响的。(按:也就是阴与阳、有与无、五行之间的相互联系与相互影响。)(3)动态发展的原则,就是认为世界上的任何事物都是处在运动变化开放发展之中的。(按:多对阴阳的不易、变易、交易、简易、和易在其中起着作用。)(4)深度和谐的原则,就是认为事物的发展是以和谐与平衡为理想目标的。(按:老子的"万物负阴而抱阳"与先秦儒家所论"以他平他"的"和实生物"论在其中起作用。)(5)循环回归的原则,就是认为事物的发展是回归到原始的根源,然后再发展、再创造,循环往复,不断发展。①(按:既指世间事物"以和谐始,亦期终于和谐",即王夫之所说的阴阳二气相合相济,相因相通,和协为一;又指太极"本身活动不已、反复辩证地处于未完成的状态",即认为"太极与阴阳之律动既已合而为一,实无异于将太极视为创生性的中枢,借阴阳交替反复的变化过程,而创化演进成具体实在的生生之力所具有的基本原始形态。②)因而太极又回归为实在的有机统一体,即回到原始的根源。"

(八)两极一体论

太极阴阳观的核心是阴阳对立统一论,成氏称之为"两极一体论"。此论显然仍是依据《易经》哲学。成氏说:"《易经》哲学的整体观必须从两个对立面去了解。《易经》哲学的特点就是把整体看成是事物之间的一种关联,两事物之间的关联最根本的就是两极之间的对立和联系,从而形成一体。……《易经》之所以多次表明事物间相互联系、相互影响,显然是要揭示事物的实在性、包含性和创造性。事物由于各种原因结为一体,从而发挥内在的潜力,产生一种创造力,这种创造力从根本上说就是一种生命的活力。万物相互依持,互为条件、相互作用、相互影响、互为背景,正说明事物的实际存在,以及事物本身具有创造力。人就是这样一种创造物。人是万物的精华,是宇宙中各种条件、因素相互结合的最高产物;而人在宇宙中演化出来之后,又能够进一步去发挥宇宙的创造力。肯定万物的实在性及其创造性,正是《易经》哲学与佛教哲学的根本区别。"③"所谓'两极',就是根据中国文化的观察,万物皆可以从'阴'和'阳'两个角度来了解,就是说任何一个整体都可以看作是阴阳的结合,找到阴阳就可以找到整体,找到整体就可以找到阴阳。……阴阳既具有现象论又具有本体论的意义。我们可以把现象的东西本质化,从而成为存在论或本体

---

① 《成中英文集》第三卷《伦理与管理》,湖北人民出版社 2006 年版,第 133—134 页。
② 《抉择》,第 258 页。
③ 《成中英文集》第三卷《伦理与管理》,湖北人民出版社 2006 年版,第 134 页。

论。因此,我们可以把'阴'理解为一种静态的、无形的力量,'阳'则相反,是一种动态的、有形的力量;'阴'具有潜化作用,'阳'具有实化作用。依照《易经》的概括,'阴'是静、柔、无形,阳是动、刚、有形。"①"阴阳的配合是多方面的。首先体现在宇宙发展中,阴阳表现为许多对应的事物,例如水与火、山与谷,都是阴阳对立的关系,八卦之间的关系都是阴阳关系。但阴阳本身又是一个和谐的整体,是为'太极'。阴阳对立还可以进一步体现在人事、人生、历史、社会、政治、经济各个方面。就此而言,阴阳是具有不同层次、不同阶段的,从它本身从结构来讲具有不同的层次,从发展来讲则是多元的表现,必须这样来了解阴阳,我们才能从阴阳来了解世界的事物。"②

(九)太极含道论

多种阴阳的对立统一,从动态上看叫做道,从根源来看叫做太极,太极与道的相合为一,便是《易经》哲学系统的本质。成氏说:"进而言之,《易经》'两极一体'的宇宙系统,其涵义有很多,不同的平面上有不同的两极一体,而各种平面合起来也构成两极一体。从哲学上看,《易经》的宇宙系统是一个动态的、复杂的、多层次的系统。作为系统,它是一个整体性的结构,又是一个发展的过程。从空间来看,它是一个根源性的系统,其生命力和创造性都是没有极限的,所谓'于穆不已','生生不息',就说明天道之创造生命是无穷的、没有止境的。在这个动态系统中,其根源就是'太极',这个根源不断发展下去,就成为宇宙之道、天地之道。在这里,'道'是指动态的意思,太极是根源的意思,太极和道相合为一,就是《易经》系统。这是一个由太极统一的系统,也是一个变化的系统,它呈现在天地和万物的构成之中,并且有其内部的力量在不断地推动着它的发展。"③

(十)时空相抱论

成氏说:"由于宇宙的发展是一个动态的过程、自然的过程,这就构成了它的时间性。时间是生命创造发展的过程。《易传·系辞》里强调所谓'时'是一种活动,这种活动所创造出来的价值对人具有莫大的意义。时间实际上是宇宙的生命力所表现出来的一种活力。时间不是抽象的,而是具体的并具有创造性的。时间本身就包含着空间,《易经》的宇宙系统就是一个时间包空间的系统,也就是从时间展开的空间系统。"④

---

① 《成中英文集》第三卷《伦理与管理》,湖北人民出版社 2006 年版,第 134-135 页。
② 同上,第 135 页。
③ 同上。
④ 同上。

(十一)周流出新论

成氏说:"正因为宇宙是一个动态的过程,所以万物都有来有去,有成有毁,有生有死,整个是一个周流的体系,推陈出新的体系。这就是宇宙表现它自身的最重要的方式。只有在这种方式之下,宇宙才能够达到它本身的价值,表现出一种最高的境界。"①

(十二)高层和谐论

成氏说:"'两极一体'的整体宇宙观,表现在实体宇宙的形象上,既是整体性的,又是多元性的,具有相当复杂而又相当丰富的关系。而最基本的阴阳对立关系永远在不同层次中表现出来。在这样的形象宇宙中,每个事物之间都有一种多元的相对、相应、对立、互补、互成的关系,同时也表现出冲突、紧张、相互抵消、相互平衡的作用。从整个生命宇宙的发展来看,对立、紧张、冲突都达到更高层次和谐的过程和方式。总而言之,我们可以把事物之间的关系看成是一体分化成两极、两极经过对立、冲突,再互补互化为一体的关系。"②

(十三)五段辩证论

成氏依据万事万物的太极阴阳分合发展观,对《周易·系辞》所说的"易有太极,是生两仪,两仪生四象,四象生八卦……"一段文字的太极哲学内涵,作了新的诠释,加以发挥,形成了他的"五段辩证法",并作了解说。这个解说从辩证法的层面阐明了"太极创化论"。现摘要如下:

《易经》哲学两极一体的整体宇宙观,体现出一种辩证的逻辑。这种辩证的逻辑同黑格尔的三段论的辩证法不完全一样。从一分为二到合二为一,从对立相反到互补互化,再产生新的事物,应该说有五个层次,即:整体创化→阴阳分化→多元发展→冲突补充→推陈出新。③这五个层次具体体现在《易经》的宇宙模式之中,如下图所示。

"这里的五个层次也可以说是五个过程,这五个过程也可以说是内在的,即:整体创化,两极化,多元化,互补化,再整体化。……这五个过程是宇宙事物发展的根本过程,也是管理活动的根本过程。需要注意的是,这五个过程是相互联系的,你中有我,我中有你。在每一个具体过程中,整体化不能取消,两极的分化不能取消,进一步的多元化、多元之间的实际的矛盾与差异,以及多元之间所引起的冲激,冲激之后的调和等等,都是不能取消的。""冲突之后的

---

① 《成中英文集》第三卷《伦理与管理》,湖北人民出版社 2006 年版,第 135 页。

② 同上。

③ 同上,第 135—136 页。

整体创化　　　　　　　　　　　　　　　太极

阴阳分化　　　　　　　　　　　　　　　两仪

多元发展　　　　　　　　　　　　　　　四象

冲激补充　　　　　　　　　　　　　　　八卦

推陈出新　　　　　　　　　　　　　　　新太极

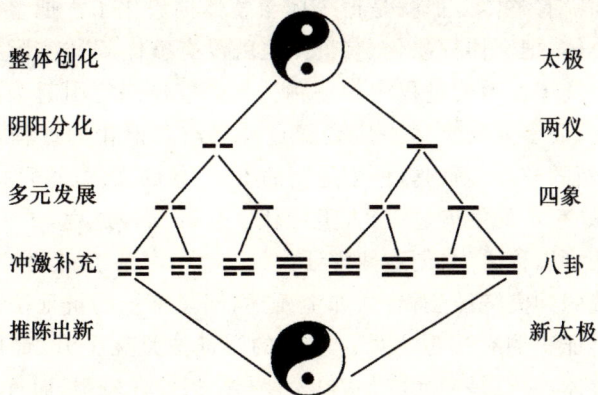

和谐,也是我们特别要强调的。不是没有冲突,冲突之后还要建立和谐。西方的特别是马克思的辩证法,其重点是放在冲突上面,但冲突只能当作一种作用。所谓'和',并不是和稀泥,而是一个过程,它并没有否定竞争、冲突、紧张、矛盾的阶段,它显示与肯定的是经过竞争、冲突、紧张、矛盾的成就(又达到)的和谐。没有矛盾,没有冲突,怎样达到和谐? 但我们不能因此而否定和谐作为内在的目标。宇宙作为一个整体,存在着阴阳的对立,由于多元化而产生冲突,最后一定要走向新的和谐,建立新的整体。"[①]如果某些读者阅读过拙作《太极哲学》,理解了笔者所论"太极思维"论的基本涵义,想必看出笔者与成氏"太极创化论"的"五段辩证法"的主张不谋而合。建议读者特别要注意成氏所论五个层次的整体过程与每一层的互相包含。第一个"太极"中实际上已包含有以下各层次的全部内容。

(十四)整体多元论

太极两极一体论,实际上涉及多对阴阳,而每一对阴阳又可能包含着多个个体,而任何一个个体都这样那样地被包括在整体之中,而许多层次的中的"整体"本身,对于高一级的整体来说,它可能就是"个体"。在思考太极阴阳辩证法时,对这种大包小、一般包特殊、特殊包个别的层次关系,是不能不注意的。成氏说:"我们这里的'整体化',包含着不同的个性。如上所述,原始整个要经过多元化,而多元化就是多元个性化。整体与个别之间的关系,并不是有整体就没有个体,或者有个体就没有整体。整体是个体形式的根本条件,个体则要结合成更高的整体,二者之间是相互需要的。我们要发展动态的立体思考。如果只是从非动态的平面的思考出发,往往就会认为有整体就没有个体,

---

① 《成中英文集》第三卷《伦理与管理》,湖北人民出版社 2006 年版,第 135—136 页。

或者有个体而没有整体。那就是把个体与整体抽象化了。把整体抽象化,有整体就没有个体;把个体抽象化,有个体也就没有整体。"①"实际上,个体和整体是在事物的具体发展的过程中的一种关系。整体一定引起个体,一定引起多元的个体化;而多元的个体一定会经过冲激与和谐化的过程,冲激产生和谐,和谐产生新的整体,新的整体创造新的价值、新的文化,然后又出现多元化的现象,这就是宇宙的发展过程,人类历代文化的发展过程,……这一过程所体现的辩证法可以称之为'创造性辩证法'。"又说:"《易经》哲学的创造性辩证法与西方传统的冲突辩证法相比,如上所述,同黑格尔的辩证法是不一样的,同柏拉图的辩证法倒有接近之处。柏氏的辩证法是往上升,最后掌握整体。它并不否定整体,并且是多元的,其包含性与融通性比较强,而且不那么机械。这些,同《易经》哲学的创造性辩证法有着某种共同之处。但柏拉图的重点在抽象的提升,《易经》的重点却放在具体的落实,二者是不一样的。"②

五、从阴阳与矛盾范畴的异同看太极创化论的当代价值

对于成中英的哲学思想,"太极创化论"与其"和谐化的辩证法"是一致的,其中的范畴命题都是互相诠释的。马克思主义不是结束真理,而是为真理开辟前进的道路。就是说马克思主义哲学还须要发展,在运用的时候还须要与具体的国情包括民族文化传统结合起来。但是,发展马克思主义在当代中国往往成为一句空话,还很少看到哪一位哲学家他在自己的著作中在哪一个方面具体地发展了马克思主义;更令人讨厌的是发展往往成为曲解。笔者阅读成中英哲学论著时,倒经常感到成氏不管自觉不自觉却真的在某些方面发展了马克思主义的哲学辩证法。譬如成氏的辩证法是来自整个宇宙,包括时间与空间、自然与社会、物质与精神、真善与美、思维与实在、知识与价值、中国文化与西方文化,而马克思主义哲学后继者们往往是复述马克思主义著作的文本,本本主义的倾向十分明显。他们很少重视时间的重要性,而时间与发展和创造的关系最为密切。由于把重点放在阶级斗争上,就相对地忽视了整个大自然的作用,在此基础上得到的辩证法,就必然相对地忽视人与自然的统一与和谐,人与人的互补和互助。于是,对立面的斗争性就成为"绝对"的了。有鉴于此,为促使中国当代哲学家和政治家对辩证法的全面理解,笔者认为还须对阴阳这对范畴与人们在讲辩证法时所常用的"矛盾"、"对立统一"这类范畴和

---

① 《成中英文集》第三卷《伦理与管理》,湖北人民出版社 2006 年版,第 136 页。
② 同上,第 137 页。

命题的异同问题,提出来重新加以研讨。这种研讨与对成中英哲学思想的研讨具有密切关系。

　　对于"阴阳"与"矛盾"这两个哲学术语的差异方面,笔者认为徐道一先生在《周易》与《当代自然科学》和《周易》与《二十一世纪》两本书中的分析最有真理性。徐氏指出:现在一些学者认为"阴阳"概念和现代唯物辩证法的"矛盾"概念相近,矛盾是对立的统一,从而把阴阳也推论为对立的统一,实际上并非如此。他指出,"阴阳"与"矛盾"概念确实有共同性,但亦有重要的差别。从"矛盾"在中国古代的原意来看,"矛"和"盾"两方面的"对抗"、"互不相容"、"你死我活"的涵义,是表现得很明显的。从原义来看,"矛盾"没有包括和谐和互补的涵义在内。列宁在《关于辩证法问题》一书中对"对立统一"法则所下的定义是:"承认(发现)自然界(精神和社会两者也在内)的一切现象和过程都含有互相矛盾、互相排斥、互相对立的倾向。"从这一定义看,"对立统一"强调的是互相排斥,与矛盾的定义是一致的。因此,用"矛盾"作为"对立统一"的同义词是合理的。但是,把"阴阳"作为"对立统一"的同义词则存在疑问。相对于"矛盾"一词来看,"阴阳"一词的涵义不仅包括了"矛盾"的涵义在内,也具有和谐与互补意义在内。阴阳主要反映了事物的两种具有基本差异的特性。例如男人为阳,女人为阴。男女在许多方面有差异,但同时在许多方面又有共同点,因此,很难用对抗、对立、你死我活的概念来理解男女之间的"阴阳"性质的差别。一男一女结合成夫妻的结果能养育后代,代代相传,使人类不断地发展和进步。男女结合的结果不是只要男人、不要女人,或者相反,是男女和谐、互补。所以用"矛盾"难以解释男女结合的情况。"阴阳"概念较好地反映男女结合之间的关系。独身主义(无论男和女)是不好的(现代同性恋也是不符合客观自然规律的)。只有男女匹配,才体现了阴阳平衡,才能使家庭和睦,身心健康,才能教育和养育后代。因此,用"阴阳是对待统一"的提法要优于"阴阳是对立统一"的观点。对"对待"的理解包括三方面的内容:对立、差异和互补。这样,阴阳的对待的统一可以理解为对立的统一、差异的统一和互补的统一的总和。由此看来,阴阳与矛盾一样,是普遍的、绝对的,存在于事物的一切过程之中,又贯穿于一切过程的始终。但是,"阴阳"比"矛盾"的涵义更广、更深。《周易》把宇宙中最根本的规律之一归纳为阴阳学说,至今天看来,还是一个相当高明并仍有很强生命力的理论概括。在两千多年的历史发展中,形成了一个严密的体系和理论(太极、两仪、四象、八卦、五行、天干、地支等),贯穿于天地人三才之道。[①]

────────────────

　　①　参看徐道一:《〈周易〉与当代自然科学》,广东教育出版社1995年版,第33、34、35页。

徐道一先生的另一本书,名叫《〈周易〉与二十一世纪》。这本新书又对"阴阳"与"矛盾"的同与异作了进一步的阐发,而且思想更加深刻。指出:阴阳与矛盾的主要不同点在于对"一分为二"中两者之间的基本关系的理解。"阴阳概念认为两者之间的关系以和谐为主,而对立统一概念则认为两者以对立、斗争为主。"①徐氏继续论证说:丈夫与妻子分别为阳与阴,这里的阴与阳基本上不是对立的,斗争的因素不应是主要的。夫妻之间虽然会有冲突,但从整体上来看是次要的。据目前所掌握的科学知识,尚无任何证据表明,男女的演变最后会成为仅是男或仅是女的世界。如果从对立统一概念来看,则男女共处于一个家庭是暂时的,男女对立是绝对的,最终要向某一转化(离婚、分居)。这一推论与自然界客观进程不大符合。阴阳概念强调的是阴阳之间的和谐。《老子·四十二章》:"万物负阴而抱阳,冲气以为和。"《庄子·天运》:"一清一浊,阴阳调和。"《墨子·节用下》:"凡回于天地之间,包于四海之内,天壤之情,阴阳之和也,莫不有也。"《吕氏春秋·贵公》:"阴阳之和,不长一类;甘露之雨,不私一物。"可知,古人看到阴阳之差别不是首先着眼于它的斗争、排斥、对立、对抗,而是着眼于阴阳之间的和谐。这是阴阳与矛盾概念的本质差别。《周易·易传》用"相摩"、"相荡"、"相推"、"相感"等用语来描述阴与阳之间的关系。王夫之在《张子正蒙·参两篇》中说:"阳非孤阳,阴非孤阴,相函成质,乃不失其和而久安。"周敦颐在《太极图说》中说:"……分阴分阳,两仪立焉。……二气交感,化生万物,万物生生而变化无穷焉。"由阴阳两端不断变化,生成万物,是和合的结果。这里没有对立、斗争的涵义。黎凯旋认为,阴阳与矛盾的涵义是有重要差别的。他说:"近人每以黑格尔解说《易经》由'相反'而产生出'矛盾'及'否定'。其实相反是正常现象的一面,并无'矛盾'而言。……须知丈夫与妻子、牙齿与舌头、左腿与右腿……都只是一体的两面。就只有和谐与合作,而并非彼此'矛盾'及彼此'否定',否则就只有阴而没有阳,就只有男而没有女……"。②崔英辰认为:"量子物理学的互补原理、《周易》的阴阳对待的逻辑与两者择一的二分法是不同的。"③日人金谷治认为:《周易》非常重视对待关系。对待与西方二元论不同,对待不是永远的斗争,也不是排斥对方的对立。阴阳确实是相反的,但并不是相互排斥的相反,也不是互不相容的矛盾关

① 徐道一:《〈周易〉与二十一世纪》,广东教育出版社 2000 年版,第 64 页。
② 黎凯旋:《〈易经〉的宇宙最高原理》,载《〈周易〉与自然科学研究》,中州古籍出版社 1992 年版,第 37 页。
③ 见崔英辰:《〈周易〉之阴阳对待的逻辑》,载朱伯崑主编:《国际易学研究》,华夏出版社 1996 年版,第 307 页。

系,而是一种相互吸引的关系,是一种有了对方才有自己的关系。(大意)①徐道一关于阴阳和矛盾内涵的定义是:"阴阳是对待的统一(共存、两端),虽不否认有对立的存在,但比较强调阴阳调和的方面;矛盾是对立的统一,虽不否认有非对抗必矛盾、差异矛盾的存在,但比较强调矛盾双方的斗争方面。从对立的观念规定出发,矛盾的双方处于统一体中是被动的、被迫的、不得已的,其趋势是一方代替一方,因而是暂时的、不稳定的观念占主要地位;从对待的观念出发,阴阳双方处于统一体中是主动的、理想的,每一方必须以对立的存在才能发挥互补和互利作用。因而是长期的、稳定的观念占主导地位。由此可推论,阴阳与矛盾的基本涵义的差别,在很大程度上反映了中西文化思想体系的基本观念的差别。恢复阴阳概念的本来面貌,并与对立统一概念明确区分,不仅具有重要的理论意义,而且具有重大的实际意义。"②

徐道一先生的研究方法很值得注意。他把自己从事的自然科学规律的研究所得与以《易经》为代表中国传统哲学的经验结合起来进行思考,而且他广泛地吸收当代各方面的专家对同一问题的成熟的理论观点,在此基础上对"阴阳"与"矛盾"两概念内涵的异同进行了广泛深入的分析,得出更加接近真理的结论。用"阴阳是对待的统一"的结论,来与近代当代中西方有代表性的哲学家关于"对立统一"、"矛盾"的内涵相比较,使我们对包括"和谐化的辩证法"在内的整个辩证法的理解更加头脑清醒一些。"比较"是探索真理的智慧的"老师"之一。整体与局部、一般与特殊、个别,主要与次要,偶然与必然,大宇宙与中宇宙和小宇宙,客观的规律性与人类的主观能动性,本本主义与新的探索……运用这些名词术语,对于我们理解辩证法都有好处。俗语有云:智者千虑必有一失,愚者千虑必有一得,恐怕是人类经验与教训的真实记录。想到这些,反观近百年来关于辩证法的那个被视为"放之四海而皆准"的列宁的定义——"对立面的统一(一致、同一、均势)是有条件的、暂时的、易逝的、相对的,相互排斥的对立面斗争则是绝对的"说法就要打个"问号"了。不过列宁在写这个定义时也曾提醒读者注意:"……在(客观的)辩证法中,相对和绝对的差别也是相对的。对于客观的辩证法来说。相对中有绝对。对于主观主义和诡辩说来,相对只是相对的,是排斥绝对的。"③这相对与绝对互含论,似乎可以把"对立面的斗争","斗争"的"绝对性"减弱一些,但列宁毕竟把"对立面的斗争"放在第一位,而把"对立面的统一"放在次要的位置上。把"统一"与"斗

---

①　见[日]金谷治:《易的占筮与义理》,齐鲁书社 1990 年版,第 122 页。
②　参看徐道一:《〈周易〉与二十一世纪》,广东教育出版社 2000 年版,第 69、70、71、72、77 页。
③　列宁:《哲学笔记》,人民出版社 1956 年版,第 408 页。

争"、"分主次"是否有道理,这要"具体问题具体分析"。就宇宙万物的主要方面来说,就人类两种文明活动的主要方面来说,"对立面的统一"可能是主要的。否定这一结论,恐怕要包括否定中国古今哲学在内的整个世界哲学的某些"放之四海而皆准"的命题,如"万物负阴而抱阳,冲气以为和"、"和实生物,同则不继"。和谐与生生不息是联系在一起的。人类的全部实践一再证明"阴阳和谐"是主要的,是有利于自然和人类的全面发展的。"对立面的斗争"之所以为人类所需要,恰恰是为了减少和消灭"不和谐"因素。因此,笔者赞成并支持成中英先生的"和谐化的辩证法"。也因此,笔者要再次援引成氏对阴阳的本义所下的定义:"(1)阴阳对待;(2)阴阳相互影响产生变化;(3)阴阳合而为一自然之道,为一整体。"[①]凡是真实必有对待,凡是对待必有变化,凡有变化必有统一。……对待不一定对立,变化也并非克服或征服;……统一是对待的统一,也是变化中的统一,故统一并非静止的状态,而是代表了一生生不息的全体性。……而这个统一的目标也就是生生不息的创造过程。"[②]而"生生不息的全体性"正是成氏"太极创化论"的要义。

① 《抉择》,第136页。
② 同上,第138页。

第六章
五行生克创化论

　　"太极"是一个极为抽象的哲学范畴。它最早出现于《易传》，但《周易本经》中就已经存在着它的实在内涵，只不过当时这种实在内涵还未曾用"太极"一词来概括罢了。太极内含阴阳的对立统一结构与阴阳互补相成相生、生生不已的过程，这是早就为人熟知和公认的。其实"五行"的概念却比阴阳的概念产生得可能还要早一些。后来五行观念与阴阳观念互相合并融合，又都被包含在"太极"的观念中。讲"太极创化论"，不能撇开"五行生克论"。本节专论成中英先生对"五行生克"论的论析，最后归结到他如何自然而然地把"五行生克论"融合在他的"太极创化论"的有机哲学体系之中。

一、五行范畴的产生及其内涵的确立

　　据成中英的综述，五行这一哲学范畴最早出自《尚书·洪范篇》。《洪范》相传是周武王灭商时，向被纣王囚禁在狱中的箕子询问治国安民方法，箕子陈述了九条大法，即《洪范篇》所说的"九畴"。洪是洪大的意思，范是规范。这是一篇包括有关自然、政治、宗教诸方面的具有相当完整思想体系的论文。论文名即"洪范九畴"。"洪范九畴"认为治国安民的根本大法有九类，其中具体的内容是："初一曰五行，次二曰敬用五事，次三曰农用八政，次四曰协用五纪，次五曰建用皇极，次六曰乂用三德，次七曰明用稽疑，次八曰念用庶征，次九曰向用五福。"其中第一类五行，是"洪范"的基础。其内容是"一、五行：一曰水、二曰火、三曰木，四曰金，五曰土。水曰润下，火曰炎上，木曰曲直，金曰从革，土爰稼穑。润下作咸，炎上作苦，曲直作酸，从革从辛，稼穑作甘。"这是先秦时代原始五行说的一个很完整的表述。《洪范》篇就是以这个"五行"为纲，推衍到人的貌、言、视、听、思"五事"；再推衍到国家诸种政治的"八政"；推衍到岁、月、日、辰、历数"五纪"；推衍到树立一个至大公正的标准的"皇极"；推衍到王者具有的"三德"；推衍到卜筮的"稽疑"；推衍到天人感应征兆的"庶征"；推衍到劝善戒恶的"六极"。从哲学史角度看,《尚书》所包含的"天命"思想、"敬德保民"思想和"五行"思想等,对后世哲学的发展演变,都留下了深刻的印记。从五行与皇极两则,可以看出洪范思想的观察力与反省力。

成氏对五行哲学内涵的形成和确立、根据和过程,作了简要而深刻的论述,并分析了它的哲学特性和价值。他指出:"先民对五行的认识,显然是经过长期的观察而得来的。把自然的一切变化看作五种基本物象(性)的变化,这是要经过思想组合的。同时不看作物质,而看作属性,更显出思想的抽象作用。名之为行,便是进一步认识了五种属性的法则与内在动力。这里所呈现的自然界,乃是一种动态的过程与事件。由此看五行范畴,则已规划了中国自然宇宙观的雏形。进而言之,'五行'之间的关系,亦可根据实际经验来建立,如水克火、金克木、土生木,火生土等。……中国哲学中的范畴反映的是一种自然宇宙事物的机体性关联,因而范畴之间也产生了一种机体性关联的结构。这与西方哲学范畴以抽象独立的观念形成逻辑的关系不一样。五行范畴所显示的,乃是范畴之间的自然动态关系。这充分反映了范畴的具实性。范畴关系即自然现象之关系,两者互相影响,相互决定。"①

成氏这段文字,看起来很一般,但实际上内容丰富,对我们认识中国哲学范畴体系的特征极有价值,值得我们对之作全面的研究和分析。

(1)五行范畴,应该说是一个范畴群。水、火、木、金、土分开来被视为五个范畴,合起来称为"五行",被视为统一的范畴群,甚至说"五行"就是一个范畴。

(2)水、火、木、金、土,在自然界中本是五种物质。这五种物质从自然的存在看确实具有多种形态。如水有雨水、露水、河水、湖水、海水、瀑布、洪水等等。火有火花、野火、篝火、活火、炭火、火苗等等。木有树木、木柴、木料等等。金有金、银、铜、铁、锡等等。土有土地、土坯、土墙、土埂等等。但上述各种自然物质及其形态尽管多样甚至无穷,却都属于五行的特质材料,每一种分开来,水、火、木、金、土各有各的性质,但它们总体上毕竟有其共同的属性。"五行"范畴概括抽象出来的,是其属性,并不是体现属性的具体形态。

(3)称水、火、木、金、土为"五行",这个"行"字大有深意:"行"是变化、运动之意。有变化、运动,便有功能和作用。

(4)五行分开来既然各有各的属性、功能(作用),因而五行之间便不会是孤立的,而是相互联系的、相互起作用的。这"联系"、"功能"、"作用"的概念,对于哲学十分重要。

(5)五行既然各自有其作用,而且其"作用"是在相互之间发生的,那么,把

---

① 《抉择》,第128—129页。

它们组合起来,便成为一种"关系网",也就是"作用网"、"功能网"。哲学看重的正是这种"五行关系网",既"分"又"合",既各有"特性"又互相发生"作用",因而这种网便是有机的、动态的。

(6)成氏特别强调五行的性质、变化(各自本身的变化以及因相互起作用而发生的变化)、动力(有功能、起作用)、动态、过程这些概念,正是因为哲学范畴需要它们,哲学思维需要它们。正是因为这许多因素经过人的组合,五行才各自成为范畴,五行合起来才成为一个有机的、动态的、网络性的范畴群。成氏指出,五行"已规划了自然宇宙观的雏形",可能是说,中国哲学的范畴体系具有五行范畴群的类似的性质,不过更加理性化、严密化罢了。"太极"是一个范畴,但它作为"宇宙创化论"的中心范畴,它包含着许多下属范畴群和命题群,因而"太极"实质上拥有并支配着更庞大的"范畴群"和"命题网"。

(7)关键在于,如成氏所说,"中国哲学中的范畴反映的是一种自然宇宙中事物的机体性关联",因而范畴之间也产生一种机体性的关联结构。五行中的各行之间就具有"机体性关联",因而也是一种"机体性关联结构"。正因为如此,成氏才说:"五行范畴所显示的,乃是范畴之间的自然动态关系"。五行之间互相影响、互相制约、互相决定、互相生克,当然是一种"动态关系"了。

二、五行生克论的具体内涵与价值

五行范畴和五行范畴网的最重要的价值表现在"五行生克论"中。"五行生克论"中起决定作用的五行之间的"有机性"和"动态性",以及整体性和辩证性。这"有机性"以及"动态性",从范畴概念相互作用来看,表现在"阴阳"这对范畴对"五行"范畴网的渗透:五行各"行"之间,分别都具有阴与阳的关系。如水与木、木与火、火与土、土与金、金与水之间,分开来都是阴与阳的关系;水与火、火与金、金与木、木与土、土与水之间,分开来也是阴与阳的关系。这两组关系,合起来就成为五行关系网。由于这种种关系,所以说"五行生克"关系具有"有机性"和"动态性"。"有机性"与"动态性"是互相决定的,因而同时具有"整体性"和"辩证性"。

同时,"气"范畴渗透到"五行"范畴中去,也是必然的。因为阴阳即为阴阳二气,因而"五行"也是"五气"。

以下一段文字,就是成氏对"五行"范畴与"阴阳"范畴和"气"范畴之间的相互渗透、融合关系的表述:"'五行'不止于五种现象及性质的描述,而且代表了一个相互影响变化的过程。'生克'显然并非指一种机械的物理现象,而被视为具有活力的自然现象。对'生'与'克'的了解,更因五行系统的外延应用之广(按:包括指中国生理学和医学的基础部分的五脏、五体、五窍、五荣、五态说等),而'有机'化了。这是中国'生机论'的最重要的模型之一。由于其生机论的变化内涵,以及由于中国哲学寻求统一思想法则的倾向,五行终于被视为更有代表性的根本范畴——气的变化特质。气分阴阳,五行也分阴阳,故五行即为阴阳二气的宇宙论的展开。这项范畴思想的结合是逐渐发生,可能在西汉阴阳思想发展以后,也在气的观念逐渐成熟之后。真正严谨结合的形式,可能要到宋之周敦颐才提出,见之于他的二气生五行的《太极图说》。值得提出的是,周敦颐明确地提出:阴阳妙合而成五行(五气),再经二五之精的妙合而凝成男女。"①

成氏这一段文字,一方面给予我们很多启示,同时也引起我们在某些方面和层次上有进一步解说和发挥的余地。

(1)成氏的五行生克论具有历史的渊源。西周晚期出现的"五行相杂说",才开始具有哲学性质。《国语·郑语》周幽王八年,史伯对郑桓公说:"夫和实生物,同则不继。以他平他谓之和,故能丰长而物生。若以同稗同,尽乃弃矣。故先王以土与金、木、水、火杂,以成百物。"指出相反(相异)、相成才能"和",进而发生质变,产生新事物;若无相反(相异)相成,只能是数量的增加,不能产生新的事物。实质上把创化的动力界定为相异之和上。春秋末期,出现了"五行相胜说",认为五行之间存在相互制约的关系,表现为水胜火、火胜金、金胜木、木胜土、土胜水。《左传·昭公三十一年》晋太史墨曰:"火胜金,故弗克。"《左传·哀公九年》云:"水胜火,伐姜则可。"讲的都是阴阳的制约关系。战国初,出现了"五行相生说",认为五行之间存在相互促进的关系,表现为木生火、火生土、土生金、金生水、水生木。孙武《孙子兵法·虚实》篇提出"五行无常胜"论,墨子提出"五行无常胜,说在宜",否定了五行之间的固定的关系,这在《墨子》、《管子》、《礼记·月令》等典籍中均有记载。战国末期,五行相胜说与五行相生说结合而成了"五行生胜说",邹衍则是倡此说的代表人物。他把五行加以哲学化使之具有万物互相联系、相互制约的哲学义理内涵,至今仍有其价值。因为客观"实在"如此,哲学的范畴命题应真实反映揭示此"实在"的本相。

(2)周敦颐的《太极图说》确实第一次以明确的理论形式宣布五行、阴阳、太极、无极四范畴(或范畴群)的大包小和一生多和多生一的系统性、有机性的关系。说:"分阴分阳,两仪立焉。阳变阴合,而生水火木金土。五气顺布,四时行焉。五行一阴阳也,阴阳一太极也,太极本无极也。五行之生也,各一其性。无极之真,二五之精,妙合而凝,乾道成男,坤道成女,二气交感,化生万

---

① 《抉择》,第131—132页。

物。万物生生,而变化无穷焉。"

(3)周敦颐的这一套说法,可以说是"太极创化论"的一个大纲。这个大纲,以太极为中心范畴,把气、阴阳、五行、无极、真、交感(交易)、变化、生生等这些范畴编织成一个范畴网,其中又包含一个命题网。从范畴网的组合来看,太极既包含阴阳的相异和统一,又包含五行各行的相异与统一。太极的范畴中不能缺少阴阳五行的存在与活动;否则太极就被挖空了,失去创化的能力。阴阳与五行也交织在一起。阴阳、五行都是气,这是它们的共同性。但阴阳只是一个对偶,而五行却有多对对偶(多对阴阳)。阴阳与太极是"一分为二"与"合二为一"的统一,而五行则是"一分为五"(一分为多)与"合五为一"(合多为一)的统一。不论"合二为一"或"合多为一",都要求"太极"来统一。至于"无极"范畴,从《太极图说》这一名称来看,"无极"是属于"太极"这个范畴的下属概念,尽管在太极的范畴群中的地位和作用极为重要。而且,《太极图说》中明明说"无极之真",这就说明"无极"不是"虚无",而是"实在"的本根。对于周敦颐来说,是"无极之真"、"二五之精"(阴阳、五行之精气),通过"妙合"(即宇宙中像男女成对那样无数成对的事物相互摩荡)而生万物。既然说"五行——阴阳也"、"阴阳——太极也",那么周敦颐所说"二气交感,化生万物,万物生生,而变化无穷",其实质就是在论述"太极创化论"。

(4)周敦颐把阴阳二气、五气放在"太极"范畴之中,至少包含了三层意思:一是万物因对偶而具有创生、变化的能力;二是万物的结构和生化过程并不只是有一种对偶在起作用,而是有多种对偶在起作用;三是二气、五气又加上"无极"范畴,用以说明宇宙万物"实在"的丰富性和创生变化的潜在无穷性。

(5)"实在"是"一本万殊"、"万殊一本"或"一体多元",因而作为反映和概括"实在"的范畴体系和命题体系,必然要反映出个别(个性)、特殊(特殊性)、一般(共性)之间,即一多之间、有限与无限之间的辩证关系。因而表示"实在"的范畴群不能不是五行含阴阳、阴阳含太极、太极本无极。

(6)因此,成氏说:"就'五行'思想发展的线索和方式来看,五行之说作为宇宙发生论及变化论(按:统称创化论),仍然是以经验(按:对男女、昼夜、阴晴等对偶现象的直接的观察感受)为基础,提供了一个宇宙现象构成及变化的秩序。"①成氏也因而说:"中国的五行之说所显示的世界观,乃由主客相应、交融、互释、互动而产生的世界观。因此,它所显示的世界观,乃是一种有机论模型,亦即一种主客观相摄、互应的有机论模型。"②总之,与太极、阴阳范畴相结

① 《抉择》,第132页。
② 同上。

合、相统一的五行范畴,作为立体的、系统的、全息性的、动态的思维方式,作为"太极创化论"的重要组成部分,是极有价值的;比那种反辩证法的、唯意志论的、单边主义的、反世界多样性的只讲斗争反和谐的思维方法,不知要好多少倍!

(7)成氏说:阴阳五行思想,"作为一个哲学系统,它更具备了本体论及价值论的指导性。……它代表了中国哲学体验的本体、本质宇宙的变化观,更显示一种形而上的主客观相应的整体需求。……哲学往往是以思想具有开拓性及圆融性为发鹄的,故为思想导向系统。人类一方面取决于知识,另一方面取决于思想。故科学与哲学同等重要,两者也可互相影响;哲学可以促进科学发展的大方向,而科学则可以批评哲学思考的方式与范畴的内涵。总之,阴阳五行思想是哲学的体系,其最终价值,乃是在主客有机的关连上提供一个有机性的世界模式。"①——成氏此论是从科学与哲学的比较中论析阴阳五行思想的价值。科学与哲学的内涵有别,其社会功能也有异。科学向人类提供具体的知识,而哲学则是在不违背科学的基础上向人类提供对宇宙人生的宏观的综合的观念和思想方法。用对科学的要求去判定哲学思想的价值是片面的、错误的。阴阳五行思想所涉及的宇宙的本体结构和发展变化的一般规律,它讲的是"实在"的存有、发展变化以及人类思维的辩证法。任何科学和人类的实践都不能违反这种辩证法。

(8)成氏在论析"中国管理哲学"时,对太极、阴阳、八卦、五行内涵关系的论述,似可视为他对这一论题的总结。他说:"阴阳是八卦的根本,六十四卦实为深入观察宇宙的结果,反映人的思维方式,要对宇宙深入考察、认识、直观才能把宇宙定在八卦中。"②"八卦如何产生?抽象讲,思维方式'一分为二'。从宇宙讲,宇宙展现的历程是从分化展现出空间、时间,每阶段都存在继承,继承不是撇开过去。太极——两仪——四象——八卦。八卦与它们同时存在,太极分为阴阳两仪;两仪又分为太阳、少阴、太阴、少阳四象;四象又分化出八卦;八卦再分化出六十四卦,这是由思维方式决定的。"③"不是思维决定存在,而是存在决定思维,而且是观的问题。卦包含一个内在继承思维方式,每个卦都有它的发展历史。讲卦,讲现象,现象背后有历史。讲人,人背后也有历史,有时间、文化,人性有文化性、时间性。思维应是双向的,从下而上是归纳,从上而下是演绎。天、地、火、水、山、泽、雷、风都对应,这种对应是内在的交应,

① 《抉择》,第133—134页。
② 《成中英文集》第三卷《伦理与管理》,湖北人民出版社2006年版,第317页。
③ 同上,第318页。

作为宇宙看不见的力量。相辅相成,对应也是种平衡,代表一种平衡状态,是内在的平衡,它是整体和谐的对称。秩序在于我们掌握一定的对应性和互补性,不是任意的,是基于对整个宇宙最简易的太极状态的描述。"①

(9)"五行学说是古代中国人长期观察世界的五种状态而得出的。基于它们的相互关系作出对它们的认识,相克相生的关系。从相生眼光看,生长最需要水,水生木,木生火,火生土,土生金,金又可融化为水,金生水,构成互生的循环关系;从相克关系看水克水,火克金,金克木,木克土,土克水。相生理论构成一个宇宙观即后天的经验的八卦。八卦是五行的展开,五行是八卦的简缩。中国人认为自然的趋向是相生的趋向,相生多于相克,宇宙趋向是生生不息的。人的努力也是尽量认识相生关系,造成相互关系。"②"宇宙发展过程与思维方式是相配合的,对宇宙展开过程和思维方式的认识、宇宙论与方法论的结合是《易经》哲学的原点。……中国人认为人是太极,人要对自己的宇宙负责,对自然要有自然伦理,道家有很好的自然伦理,今天可称之为环境伦理,对自然是欣赏,爱护自然并从自然中感到快乐。"③

简短的结论

(1)从中国哲学体系深入研究的需要看五行。从自然物质现象上看,天有春夏秋冬四时,自然万物皆生于土,动植物及人的生长都需要水、木甚至火。《尚书·洪范正义》说:"万物成行,以微著为渐。五行先后,亦以微著为次。水最微为一,火渐著为二,木形实为三,全体因为四,土质大为五也。"看到万物间有相生相胜之实况,并知万物之迭成迭毁的过程。萧吉《五行大义》对五行的作用有以下的解释:"木生火者,木性温暖,伏其中,钻灼而出。火生土者,火热,故能焚木,木焚成灰,灰即土也。金居石,依山津润而生。联土成山,必生石,故生金。金生水者,少阴之气,温润流泽 销金亦为水。水生木者,水润而能生。"《白虎通·五行篇》说:"天地之性:众胜寡,故水胜火也。精胜坚,故火胜金。刚胜柔,故金胜木。专胜散,故木胜土。实胜虚,故土胜水也。"此论于万物之成毁,无不以五行生胜解释。其说在自然科学上虽不足信,然在当时,实能遍释一切现象,颇有条理系统。从哲学思想体系的结构上看,应承认其有道理。宋代周敦颐《太极图说》兼用无极、太极、两仪、五行论宇宙万物的本体

---

①　《成中英文集》第三卷《伦理与管理》,湖北人民出版社 2006 年版,第 318 页。

②　同上。

③　同上。

及变化生成的规律。其立式《太极图》上一白圆圈,即表示太极。太极不能追原其始,故曰"无极而太极"。次图之黑白相间者为阴静阳动。阴居右,阳居左。阳变为阴,阴变为阳。此图下有一白圈,表示太极仍在。其下为水、火、木、金、土。五小圆圈之间有线相联,表示五行"冲气以为和。"五行每一行各有一小圆圈,表示"五行各一其性"。五行图中金与木之间有一小圆圈,表示太极阴阳仍在五行之中。再下图为一大圆圈,表示人和物生于五行。所谓男女,不止于人的男女,包括整个万物中的阴与阳。人亦为万物之一,人与物实不可分作两圈。周子的"太极图"根据古说以说明宇宙整体及其化生规律。阴阳五行二说,合二为一,由一元之太极统一之。一元论、多元论遂为太极一元论。此太极一元论由阴阳五行表示变化之根源。

　　(2)从与太极、阴阳的关系看五行。五行是太极阴阳范畴的具体化的形态。太极、阴阳范畴是比五行范畴更高、更抽象的形态。太极、阴阳、五行思想规定了中国传统哲学范畴概念体系的建构原则。如动静、刚柔、有无、体用范畴,皆为太极、阴阳、五行思想的延续和具体化。(按:更正确地说,太极哲学的范畴体系中各个范畴概念皆可互相诠释,互相补充。)太极实不外乎阴阳二力(二气)的常久统合。(按:太极是阴与阳相异而统一。)阴阳二力在太极中并不是静态的存在。阴阳律动既内在于太极,也内在于彼此之中(如古阴阳鱼太极图所示,阴中有阳,阳中有阴);阴阳律动既不是机械的作用,也不是周期的循环;而是创生(化生)前进的过程。阴阳的创生过程衍生五行(按:指通过多对阴阳活动),不止是宇宙万物变化的历程,也是实有本体结构和关系的范型(按:指宇宙本体是多种阴阳五行构成的动态的整体)。太极被视为实有阴阳二力之有机统一,与阴阳之律动完全同义(按:有机与运动是不可分离的)。太极与阴阳之律动既合而为一,实无异于将太极视为宇宙万物化生性的中枢,借阴阳交替的变化过程,而创化演进成实有的生生之力所具有的原始状态。(按:所以成氏把宇宙万物的创生变化称之为"太极创化论。")"五行从阴阳中演化而成,因而五行也导源于太极。"(成中英语)(按:因而五行思想属于太极创化论。)①

　　(3)从创化功能看五行。所谓五行、五气,追本溯源,也就是阴阳二气,而阴阳二气分中有合、合中有分,也就是太极,而太极范畴的内涵和原理本来就是无极范畴所表示的宇宙万物的无形、无限的存在及其无限发展的潜能与规律。五行之从太极阴阳中生发出来(按:指哲学范畴概念群之间的关系),各有各自的性质(按:指水不同于火、木不同于土……),相互之间有着各种特殊的

---

①　参看《太极哲学》,上海学林出版社 2003 年版,第 8 页。

对立而又统一的生克关系。无极范畴所包含的宇宙万物的真理，阴阳之气和五行所包含的宇宙万物的精华（按：指"实在"的不同因素），奇妙地结合起来，而生成男女有别的人类。从阴阳二气的相生相克、对立统一作用中，又化生出宇宙间的万事万物。万事万物的化生过程是千变万化、丰富多彩的，新事物因而也是无穷无尽的。①

（4）从思维方式看五行。"五行思维"是通过水、火、木、金、土这五个带具体性、形象性、分析性与综合性的哲学范畴的相互制约的网络，借以认识事物本身多种构成因素的球形系统整体，以及各种事物之间的多种关系的整体。"五行思维"看似像小孩玩"石头、剪刀、布"游戏那样原始，如用得好的话，它确实是最好的思维方式。"五行思维"中包含着矛盾观念是不言而喻的。五行中的任何一行，都与其他四行构成对立统一关系。五行的区分，为思维过程中的矛盾分析开辟了广阔的天地，为阴阳对立统一观的引入、为多种两端化的分析，奠定了坚实的基础，在此基础上能够创立多样统一的系统思维或立体思维的具体鲜明的模式。五行思维本身无疑包含着事物变易的观念。五行所构成的网络，肯定世界的整体性、丰富性、复杂性、结构性、有序性、动态性、系统性。世界万事万物在其中都是多样有机统一体；每一事物都有其独特的性质和功能，互相之间既互相异同、互相联系、互相作用、互相补充、互相规定和互相制约。

（5）阴阳思维与五行思维相融合的价值。由于"阴阳思维"与"五行思维"的结合、统一与融合，形成了"二分法"与"多分法"的联合。一方面"阴阳思维"得以向网络、系统、立体方面展开；另一方面，"五行思维"由于各行之间的"两端化"与"一体化"的结合，而使整个思维网络得以有序、富于生机而不会僵化。五行之间由于相生相克、互补互制的复杂而有序的网络，遂成为能够在思维过程中系统地、立体地、完整地从运动中把握对象的最好形式，而各行本身也能在有利于自然和人类的条件下变化、生长、发展和创造。关键在于水、火、木、金、土各行，大家都能在多种互生互克的制衡机制中健康地运行生长。②

---

① 参看《太极哲学》，上海学林出版社 2003 年版，第 145—146 页。
② 参看同上书，第 290—294 页。

第七章
有无相生创化论

　　有与无是成中英哲学思想体系中的一对重要范畴。有无相生是其太极创化论的一个重要命题。此命题与《周易·系辞》的"一阴一阳之谓道"、《老子》的"万物负阴而抱阳,冲气以为和"、先秦儒家的"和实生物"论以及万物"各正性命,保合太和"论,有着内在的联系。对于成氏,"实在"是一个不断变化的动态的多样统一的有机整体。整体的"实在"由"太极"来表示。"太极"中所包含的阴阳对立两极的创造化生运动,则由"道"来表示。有与无的相反相成相生的活动,属于阴阳两极的和谐化生运动。太极、道、阴阳、有无、和谐等等诸范畴,都在成氏的太极创化论的范畴命题体系中井然有序地组合在一起,而为论证宇宙万物的创造化生运动服务。阴阳对偶相成相生,在命题上必然导致有与无的对偶相成相生。

　　有与无作为一对哲学范畴,其内涵分析起来是相当丰富复杂的。有无相生论作为一个哲学命题,其确切的哲学内涵和价值在哲学史上乃至在当代哲学研究中,甚至可以说是众说纷纭的。因此,此一论题的解决,不是单凭在范畴概念上进行推演就可以完成的。成氏在其专著《世纪之交的抉择——论中西哲学的会通与融合》一书中,对此命题已辟有专节作了相当全面深入的论析。本文以此节为基础,再参考成氏其他有关篇章以及有关史料,按照笔者的多年来对此问题的思考,试图较全面地呈现成氏属于太极创化论有无相生论的辩证思想理论。

一、从常识看有无二概念

　　有、无两个词在日常生活中是经常使用的。词典解释说,"有"的含义主要是表示"领有",跟"无"或"没有"相对,如表示存在,表示发生或出现,表示估量或比较等。在词典上,与有相结合而成的词组,有五十个以上。可见,"有"字的用处之大。词典解释说,"无"表示没有,跟"有"相对。在词典上,与"无"相结合而成的词组,竟达一百个以上。可见,"无"似乎比"有"具有更大的用处。在一般人的观念和语言的使用中,有与无相对,因而在哲学上把有、无升为一对哲学范畴,是有现实和常识根据的。哲学之所以要把有、无上升为哲学范畴,可能还有更高一层的理由,是因为在哲学家看来这对范畴以对抽象思维方式认识宇宙万物的本质具有高度的价值。其价值主要在于用以表示宇宙万物的存在和发展变化而在日常生活中又不易觉察和认识的微妙的形式与过程。存在与不存在对于人类的实际生活和对于哲学思维都是相当重要的。有与无作为一般概念和哲学范畴,其内涵也是灵活的,其内涵往往在确定中含有不确定的因素。如"神"或"生命力"这些概念即使从审美的意义上用在花草上和用在石头的形象上,其内涵和意味就有差异。在哲学中,如"无为",可能是指"无所作为",也可能是"顺其自然"。如"无中生有",一般是指凭空捏造,但在中国水墨画的创作中,画雪景,未画的空白处,会给人以"雪"的感觉,便明显地不属于捏造了。如说"有头有脸"、"有头有尾",只不过是打个比方,并不是真的说谁或说什么有无头脸和尾巴。所有这种不绝对确定、确切的用语和说法,对人类也是有认识价值的。有与无这一对概念的哲学含义有时也会有类似的情况,这里指的是:把有、无皆视作宇宙万物存在的两种形态或形式。一般都不会怀疑承认"无"是存在的一种形态是唯心主义。

哲学上有、无二范畴的内涵以及有无相生的命题的运用,不但与事物的存在与不存在有关,而且与宇宙万物的多样性以及其存在形式(形态)的同与异有关,特别是与宇宙万物的本体的有机性、变化性、相互关系、相互作用(互成、互补、互制、互克、互生)有关。从同异方面看,如男性与女性的生理相同又相异。在生理方面,男性有男性之有与无,女性有女性之有与无,因而男女才能在生理活动上发生有无互补互生的事实。天(自然)与人有同与异。人需要天之"有"而存在。但人的需要也有天不能完全满足的情况存在,如果自然风景在审美方面完全满足了人的需要,画家还画风景画干什么? 人也不是对"天"毫无正面帮助的存在物。因此,《周易·系辞》主张人类可以发挥主观能动性,"裁成天地之道,辅相天地之宜","范围天地之化而不过,曲成万物而不遗"。人既要顺应自然,也要适当地改造自然,调整自然,使其符合人类的需要。也因此,在山水画的创作上,既要"外师造化",又要"中得心源",用艺术家的创造性,补充大自然的美的某些方面的不足,这就是鲁迅所说的"美化"。从以上对常识性知识的叙述中,也可看出有、无这对词语和概念对于人类思考问题也是有用处的。

二、宇宙有无始终论的历史反思

考虑到有、无这一对哲学范畴的内涵以及二者的辩证关系问题比较重要而且复杂，不易于理解，而此论题在太极创化论中又相当重要，笔者认为有必要简略地回顾一下哲学史上有关此一问题的一些论辩，使我们后面接着的论析有一个真实具体的历史背景。

在老子以前，似无人注意到宇宙的始终问题，到老子才提出宇宙有始的观点。他的观点和论说并不能令人信服。就以宇宙有始来说，如果承认宇宙有始，那么，人们就会问：宇宙"有始"以前有什么？如果回答说："有始"以前什么也不存在，那就要承认"有始"以前是"无"。既然是"无"，那么，绝对的"无"凭什么会生出"有"来？如果回答：“有始"以前不是"无"，那就否定了"有始"这一观点，那就承认了"有始"以前仍是"有"，即"有"以前还存在着另一种"有"。这样，"有始"就不是真正的"有始"了。同样，宇宙"有终"的观点，也会遇到麻烦。说宇宙"有终"，人们就会问：那"有终"以后还有什么？如果回答说"什么也没有"。人们仍然要问："有终"之时是什么时间？如果对这个问题回答不出，就等于承认不知道宇宙有终还是无终。

与此相连带的问题是：宇宙是时间与空间相结合的不可分割的统一体。宇宙"有始"、"无始"的问题，还牵涉到空间的有无边际的问题。如果空间及其空间中的东西还存在，那就不能说时间"有终"了。空间有无边际的问题是一个更麻烦的问题。如果承认空间有边际，那么人们就会问：有边的空间在什么地方结束？这个问题是无人能够回答的。如果承认空间无边际，那就是承认了空间是无限大的而且永久存在。与此相连，既然空间存在，那就是承认空间有存在的时间。这就反证了时间的无始无终。时间的无始无终，又反证了与时间相连的空间的毫无边际与无始无终。这样就从总体上确证了宇宙的无始无终和没有边际。老子和庄子都遇到了宇宙是否有始有终、有无边际的难题。庄子以否定有始有终解开了这个难题，老子的宇宙"有始"论则暴露出其根据的不足。

老子以"道"为天下母，说是道产生了宇宙万物。老子说："天下有始，以为天下母。"宇宙（天下）的母亲如何产生出了宇宙（天下），老子并未提出有根有据的说明。庄子的观点和论述否定了老子的"天下有始"之论。庄子说：如果天下有始，则当有尚未有始之时，更有尚有这未有始之时，如此推上去，可以无穷，可见天下有始的观念是不妥的。《庄子·外篇》直言宇宙无所谓始、无所谓终。庄子实际认为，一切事物皆在转移迁化之中，过去无穷，将来无止。宇宙是一无限的变化之流,实无从求其始终。具体的事物有始有终,而宇宙大化则无之。

当代的天文学家提出了宇宙大爆炸说,以证明当今的宇宙有开始之时日。这种大爆炸说,并不能证明大爆炸以前宇宙不存在。宇宙大爆炸总有爆炸的时间和处所,因而通过大爆炸产生当今的宇宙的时间与空间的统一体,本身就是存在于比凭大爆炸生成的当今的宇宙更大的无限的宇宙之中。北宋程伊川说:"动静无端,阴阳无始,非知道者,孰能知之?"(《经说》)朱熹说:"太极之前,须有世界来,正如昨日之夜,今日之昼耳。阴阳亦一大阖辟也。"(《语类》九四)朱熹认为,此天地之前仍有天地,推而上去无穷无尽;此天地毁灭之后,仍有新天地出来,推下去无穷无尽。朱子的弟子蔡九峰对此问题说得更加清楚。他说:"数终而复乎,其生生而不穷者也。阴之终,阳之始也;夜之终,昼之始也;岁之终,春之始也;万物之终,万物之始也。是故入乎幽者所以出乎明,极乎静者所以根乎动;前天地终之,其后天地之始乎?"(《洪范皇极内篇》)天地之终,即是天地之始,其间原无间隙。天地相续不绝,宇宙无始无终。王夫之亦主张宇宙无始无终。说:"以理求之,天地始者今日也,天地终者今日也。其始也,人不见其始。其终也,人不见其终。"(《周易外传》卷七)宇宙始终论,从老子开始,到王夫之算是有了个终结。对时间的把握极为困难,过去、现在和未来,简直集中在一起。过去的时间已经过去,现在的时间也把握不住,当正把握住现在时,时间已进入未来。时间在过去、现在都是不停止的,对未来的时间的把握,也是不可想象的。宇宙有始有终论,向来是未曾被证明的。老子所说的宇宙过去的"无"和未来的"有",充其量也不过是现在宇宙的存在的另一种形式,因而都不可能是真正的"无"。

宇宙中的具体的万物万事以及事物之间的关系的既具有类似的情形,也有相异之处。撇开属于"不存在"的"纯无"、"绝无",哲学上所说的有与无实际上是"实在"的两种形态。这在中国哲学史上已有所论析。作为"存在"的不同形态的有与无,哪一个是基础或根本,中国历代哲学是有争论的。有的人认为无是有的根本,有的人认为有是无的根本,有的人认为有与无互为根本。笔者想来想去,只能承认万物皆为有无统一整体,这一有无统一体是在"有"存在的前提下有无相成相生。成中英先生大概亦持此观点。暂且不谈这些,现在先简介中国哲学史的有关论点。老子对此问题有两种不完全一致的说法:一种是"有无相生",是说有生于无,同样无生于有;一种是"天下之物生于有,有生于无"。把"无"拔高到无上的地位。《老子》第一章正确地论证了有与无在万物中实有其统一性。《老子》说:"无,名天地之始;有,名万物之母。故常无,欲以观其妙;常有,欲以观其徼。此两者,同出而异名,同谓之玄,玄之有玄,众妙之门。"按照笔者的理解,撇开原文中的始、母、妙、微、常有、常无、玄之又玄等难用白话文解释的词语,老子实际上认为:无和有二者都出自同一宇宙万物;二者合起来可以揭示宇宙万物的本体(本质)和变化发展的规律。宇宙万物的产生,都是从"含有的无"与"含无的有"的对立统一、相成相生中产生、变化和发展的。"有无相生",当然是说有生于无,无亦生于有,是互生的。拙著《太极哲学》)认为宇宙万物的存在即"实在",这"实在"由"太极"表示,"太极"是阴阳二气的有机动态统一体,在此统一体基础上才有有与无的有机动态统一体。《庄子》最注重有与无的统一,未曾强调有、无统一体以"无"为基础。《老子》第四十一章忽然说出"天下之物生于有,有生于无"之句,与其"有无相生"论自相矛盾。笔者认为,庄子比老子的理论观点更为接近实际,也更超越。老子认为有以无为根本,庄子则认为如无是有之本,则有也是无之本,有、无皆"实在"的存在的不同形态。《庄子·秋水》说:"(万物)因其所有而有之,则万物莫不有;因其所无而无之,则万物莫不无。知东西之相反而不可以相无……"《老子》第二章明确指出"有无相生"。《老子》第十一章"有之以为利,无之以为用"句,同样说明宇宙万物为有无对立统一体。《老子》第四十二章"万物负阴而抱阳,冲气以为和"句,可知有与无的相异统一,实为宇宙万物存有和大化的本质与规律。是说万物皆有有的方面,亦皆有无的方面,而有无在同一事物(或关系)中是统一的。认为万物都是有与无的统一体。此论最符实际。魏晋时期王弼的"以无为本"论以及裴頠的"崇有论"都未能掌握有无相成相生的辩证法。此处略而不论。宋代程明道不赞成用有、无这一对概念,但提出了有、无与动静相同之论,说:"有无与动静同,如冬至之前天地闲,可谓静矣,而日月星辰,亦自运行不息,谓之无动可乎? 但人有无动静尔。"(《语录》十一)程氏自然而然地说冬至之前"天地闲"(静)与"日月星辰"(动)是统一的。如果用"无"代替"天地闲",用"有"代替"日月星辰动",程氏即是承认的事实、关系为"有无相成"的统一。"有无与动静同",实际上承认"动中有静,静中有动",承认"有中有无,无中有有"。明清之际的王夫之虽然反对用"无"这概念代表"有"的另一种形态,却赞同在"有"的基础上的有无相对论、"体用胥有"论和气不灭论。他运用了幽明这对概念,实际上已经掌握了我们所说的有无辩证法和体用辩证法,只是没有用"无"这一概念罢了。王夫之主张气无生灭论,说"气"作为"有"是永远存有,亦永不会化为"无"是对的。他的这些主张不会导致否定"有无相成相生"论。

三、宇宙万物皆为有无统一体

　　上文在简述中国哲学史上的有无关系论时,已不时流露出笔者的某些观点。这里再联系成中英先生的有无相成相生论,着重从方法论方面说明笔者对"有无相成相生"辩证法的一些看法。

　　(1)认为宇宙万物既有统一性又有个性。宇宙万物的统一性之一就是其"实有性"(或"实在性")。这"实有性"、"实在性"可用"有"来表示。但宇宙中的万物在具有统一性的前提下又有多样性。就是说,万物中的不同种类或个体,各自具有独特性或个性。统一性是"有",独特性也是"有"。前者可称为"共有",后者可称为"特有"。万物可以说都是"共有"与"特有"的统一体。总之,要承认宇宙万物的两种"有"。表示"不存在"的"无"是"有"的反面。

　　(2)"无"作为哲学概念,虽然有时也被用在"绝无"("不存在")的意义上,但在最大多数的情况下,其内涵都是表示"有"的另一种形态,如潜在的"有"、极微小的"有"、萌芽状态的"有"、未来有条件可能出现的"有"等等。举例来说:种子是"有",但却无芽、无根、无枝叶、无花。种子种在适合的土壤中,可能生了根、发了芽,但还没有开花。某种植物,其枝叶可能干枯了,但它的根可能仍然健在。可见,存在的形态是多样的,其可能性也是多样的。就植物来说,变化、生长是其创生的本性,其本性可能在有无相成相生的过程中表现出来。因而哲学上的"无",可能是"无中含有";"有"可能是"有中含无"。

　　(3)既然万物具有多样性并各有各的特性,这种特性就表现出万物各具各自的"有",也各具各自的"无"。例如男人具有男人的"有"和"无",女人具有女人的"有"和"无"。又如春天具有春天的"有"和"无",冬天具有冬天的"有"和"无"。因而,以此类推,万物都是"有与无统一体"。

　　(4)万物都处在变化的过程中,因而有、无二概念被运用到变化着的万物中,要反映这种变化性、动态性、发展性、创生性。变化着的"有"必然是"有中含无",变化着的"无"必然是"无中含有"。也就是说,哲学正如要把宇宙万物视为"阴阳冲气的统一体"一样,也要把宇宙万物视为"有无对立的统一体"。

　　(5)如前所述,宇宙由时间与空间的对立统一构成。时间与空间的对立统一,是宇宙万物创造、化生、发展的不可缺少的因素。对于所有事物的存在与发展以及其间的关系,时间、空间的存"有"是具体的、非常宝贵的。古人有"寸金难买寸光阴"之说。空间的价值也是不可估量的。浪费时间、限制空间,就是破坏和限制人的创造性,就是浪费人的生命。

　　(6)笔者非常赞同成中英先生关于时间与宇宙万物的"存在"和"变化"关

系的分析。他说:"存在是时间生长出的存在,时间是存在生长出的时间。这种关系,是时间生成和存在生成的相互拥有之自由、非决定的关系。这意味着,从一整体的角度看终极实在的转化和创造的辩证自我运动,既是存在,也是时间。这种终极实在在《易经》中被称作'太极'。"①又说:"时间一直被认为是生命脉动、创生、繁衍底属性,也是个体变衍的过程。时间在此已和事物底变易转型过程不分彼此。于是,体验时间也就是体验实际的变易事例。观察时间也就是观察世间种种主要的事缘。中国传统对空间的见解也大致如是。""中国形上学主张太极是变化的根源,六合系生生变衍之总会,仅就此而论,脱离时间因而独立存在的向度纯属子虚乌有。(原注:中国形上学认定实在为一变化之过程,强调变化之源与变化之体之一体性,并把时间明显视为变化之象——过程与其成果。……)"②确实如此,在时间的无始无终的流动中发生了极多的事情,有了这许多事情,时间才被感到是客观的、充实的、在流动的。空间和时间与这许多事情是连结在一起的、分不开的。时间中发生的这许多事情,也是在空间中同时发生的,有这许多事情,空间也让人感到是实在的、是无限大的。总之,时间、空间和其中存在的东西发生的事情是分不开的,分开是不堪设想的。

(7)时间与空间看来都是"实在"的,宇宙就是这两个实在的统一。时间与空间是不同的,相同的都是"实在"。承认时间与空间相异。时间之有为空间之无,空间之无为时间之有。时间与空间相统一的宇宙,用有、无二范畴来说,也是有无对立统一整体。宇宙间的万事万物莫不如此,即莫不是有无对立统一整体。宇宙中找不到"全无"的东西,"全无"就是不存在。宇宙中万事万物从关系上看,找不到"全有"的东西,因为任何事物都会有别的事物所有而自己所无的东西。这是宇宙万物的多样性和变化发展性所决定的。

四、有无二范畴哲学内涵的丰富性

要理解和掌握有无创化的辩证法,必须充分理解这一对对偶范畴丰富的哲学内涵。现分述如下:

(一)存在与知觉

从日常生活中的经验看有、无,成氏说:"有即有事物,无即无事物。当有事物存在的时候,我们可以视之、闻之、触之;而当事物不存在的时候,则无此

---

① 《成中英文集》第一卷《论中国哲学精神》,湖北人民出版社 2006 年版,第 119 页。

② 《成中英文集》第四卷《本体诠释学》,湖北人民出版社 2006 年版,第 240 页。

知觉。"①——对成氏对有、无的这一定义，我们要小心对待，因为据笔者体会，成氏这是从一般人在日常生活中的感受和理解看有、无的内涵。从方法论上说，人们的感受是客观存在事物的主观反映，而对有些事物，人们的直观感受是反映不到而用人造的精密仪器才能接收的，因而不能仅仅从主观感受来判断事物是否客观存在。极端的例子是：一个聋子的耳朵听不见声音，我在他旁边讲话，他听不到，不能证明我的讲话不存在声音。事物的客观存在才是人的主观感受和认识的唯一标准。所以，成氏说了上面所出的判断后，接着说了另外两个判断语：一是："（无此知觉）并不意味世界是虚无的，（并不意味着）'实在'是不存在的。对有与无及包含有与无之片语的一般用法详加分析，就可显示出，对中国心灵而言——如果我们可以这样笼统地说——有与无这两个谓语往往有其极为具体的指谓。"②就是说对有、无二词在具体语句中的实际内涵要作具体分析，看其具体所指不要凭自己的有无知觉来判断客观世界对象的有或无。因此，成氏在后文接着说："对'实在'与世界的知觉，既不受认知的决定，也不限于对外物的认知。"这就说明成氏实际上既不否定"实在"、世界与人的知觉的"关系"，也不承认"实在"、世界的存在决定于人的认知。总之，客观世界对象的有、无能引起人的主观有此知觉或无此知觉，但客观世界的有、无并不是由主观知觉决定的。哲学家要求对有、无这一对范畴的内涵的具体所指要认真对待，有、无不只是存在与不存在、有知觉与无知觉的问题。但话又要说回来，客观存在确实是"有"这一哲学范畴的一种内涵，不存在确实是"无"这一哲学范畴的一种内涵。

（二）有、无是"实在"的两种状态

在成氏的有无辩证法思想中，"实在"是两种状态这一判断非常重要。为什么要这样说？回答这个问题，有相当的难度。成氏既然承认"有"是"有事物"，即"存在"；"无"是"无事物"，即"不存在"。那就是"无事物"、"不存在"是"有"的内涵了，怎么又改口说有、无是"实在"的两种状态了呢？我们只有从成氏的有关论述中去找成氏之所以把"无"说成是"实在"的一种状态的理由。我们发现：成氏开头所说的"有事物"、"存在"（"有"）只是"实在"的一种形态，知觉中的"无事物"、"不存在"（"无"）也可能只是"实在"的另一种形态。弄来弄去，有、无在哲学上都主要是表示"存在"的不同形态。其关键或奥妙在于：对于成氏的哲学体系来说，宇宙、"实在"、世界、万物都是时时刻刻、处处都处于"变化"、"变易"、"创生"、"创化"、"生生不息"的过程中。成中英说："从哲学上

① 《抉择》，第222页。

② 同上。

来说,中国心灵对世界抱有一种独特的觉识,把有与无包括在可具体经验的真实事物之中。这种觉识,以及连带对世界与'实在'的概念,具有两个重要的特征:第一,世界与'实在'绝不与人的主体思想的对立而陷入西方近代哲学中的主客对立之境。因此,对'实在'与世界的知觉,既不受认知的决定,也不限于对外物的认知。在更精微的意义上,对'实在'与世界的知觉,就是对人类与'实在'之间交感互摄的知觉。换句话说,对'实在'与世界的知觉概括了对人类存在的知觉、对人类在世界的参与以及对事物变化和生成中的功能的知觉。第二,作为'实在'之两种状态的有与无,并不彼此独立。事实上,它们彼此相关、互为决定。因为,世上诸事物中,有与无既是相反而又是相成的。"①

对于成氏上述第二点如果不充分理解,就很难完全弄清楚有、无二范畴在哲学中的意义和价值以及有无辩证法的许多重要命题。笔者认为成氏此段文章的以下诸点值得注意:

(1)中国哲学与西方哲学有同有异,联系有无辩证法可以看到:西方哲学往往过分强调主客观的对立,包括过分强调人类与自然的对立、人类的认识与所认识的客观对象的对立。也因此,除了黑格尔等西方哲学家比较重视有、无二范畴的价值和有无辩证法外,不少西方哲学家都不注意有与无的辩证关系,特别是有与无跟事物的发生、发展、变化的关系。跟西方哲学家比较,中国不少哲学家都重视运用有、无二范畴来理解和处理宇宙万物发生论和发展变化论。因此,成氏说:"从哲学上说,中国心灵对世界抱有一种独特的觉识,把有与无皆包括在可具体经验的真实事物之中。"②认为宇宙就是一个有与无的对立统一体,其中包括时间与空间的有无、天与地之有无、男与女之有无、科学与艺术的有无,等等。所有的对偶双方都能够"有无相成相生"。这里所讲都牵涉有对偶事物的有与无的联系、互补、互生的问题。

(2)成氏认为在人对于外在世界的认识中不要把外物与外物之间、外物与人类之间看成是孤立的,而应视为既可区别又可联系、可以相互影响的。人的认识应包括对外物与外物相互作用的认识、人与外物相互作用的认识。这就是成氏所说的:"在更精微的意义上,对'实在'与世界的知觉,就是对人类与'实在'之间交感互摄的知觉","对人类在世界中参与以及对事物变化和生成中的功能的知觉"。③人类既会破坏地球上的森林,更可以参与保护和创造地球上的森林。在人类出现之后,大自然在某些方面已经"人化"了。当然,在从

---

① 《抉择》,第 223 页。
② 同上,第 222—223 页。
③ 同上,第 223 页。

科学上研究自然的时候，不必讲"人化"，但从哲学上特别是从美学上讲人与自然、人与社会的关系时，就必须要讲"人化"和"社会化"了。

（3）主观与客观的区别与联合、统一是辩证的，要"具体问题具体分析"，要因时、因地、因对象、因问题而异。成氏所以说："对'实在'与世界的知觉，既不受人知的决定，也不限对于外物的认知。"[①]第一，成氏用词是很精确的。"实在"概念与"世界"概念，其内涵是有同有异的。"实在"指的是宇宙万物的最重要的、最根本的性质和统一。"实在"比"物质"在表示宇宙万物的性质和统一性方面更为准确，人类作为宇宙万物中为一"物"并不是用"物质"一词就可以概括的。"世界"作为一个概念，其内涵更为具体，它指的更多是具体的万物的存在。就"实在"与人的认知的关系来说，人的认知的真理性取决于认识与"实在"的符合程度，从这一层次上说，"实在"决定认知，并不是认知决定"实在"。但对我们所直接接触的世界中的万物万事来说，对"实在"的认知，确实"也不限于对外物的认知"，例如，对社会科学中的"真理"的认知，不完全是作主体的人以外的"外物"所决定的，所以说对'实在'的认知"不限于对外物的认知"（成中英语）。再如，对自然形象和社会形象的美感，就"不限于对外物的认知"。所以我说成氏用语是有分寸的。第二，成氏同时也明确地承认：对'实在'与世界的知觉"不受认知的决定"。这就从总体上摆正了主观认识与客观认识对象的主客观关系。

（三）就宇宙结构时空的互补相成看有与无

哲学公认宇宙的整体是时间与空间的对立统一整体。从"有"的方面看，时间是"有"，空间也是"有"。两个"有"合起来就是宇宙的"实有"。从这一意义上说，宇宙是时空的"有与有"的统一体。那么，为什么说宇宙是时间与空间的"对立统一整体"呢？因为时间与空间是宇宙的两种相异的方面：时间与空间的性质确实有所不同。时间的流动性与空间的相对的稳定性是明摆着的。当然，空间的稳定性是相对的，天体的变化说明了这一点。时间的相对的流动性也不是绝对的，从过去、现在、未来所表示的内涵来看，从一年的春、夏、秋、冬的内涵来看，从人利用时间做工作有成绩来看，人类对时间还是能够在一定程度上有所把握的。《老子》说"万物负阴而抱阳，冲气以为和"，从时间与空间的关系来看，宇宙并未能逃出"负阴而抱阳"这一结构规律，也未能逃出"冲气以为和"这一运动、变化、发展的规律。宇宙至今还不是存在着吗？"实在"还不是宇宙的本质属性吗？虽然我们暂时还不能说时间是阳，空间是阴，但二者

---

① 《抉择》，第223页。

成为对偶是千真万确的。时间与空间虽难以分离,但用哲学范畴分出时间与空间还是没有问题的。时间与空间既相同(同为"实在")又相异也是事实。因此,我们既承认宇宙是时间的"有"与空间的"有"的统一整体,同时也是在此前提下承认宇宙是"有无对立统一体"。这说明,有、无二范畴在承认时间、空间"双有"的前提下,我们完全有理由把有、无二范畴分别用到时间、空间上去。这样,我们就可以不承认时间和空间都是"全有、纯有、绝有"。加上时间的相对流动性、空间的相对变化性,世界上没有"全有"的时间,也没有"全有"的空间。时间、空间却是有中含无或无中含有的对立统一体,关键在于有与无在不同对象上的主次。有、无实在是表示存在的不同状态。

(四)从万物的多样性看有、无的内涵

万物无限多样。万物之间、每一事物的各个构成因素之间,也同样是相同中有相异。相异即包括有、无之异。从众多事物相比较来看,每一事物皆为有与无的对立统一体。如夏日大晴天的田野里,到处有阳光,若某一地头长有一棵枝叶茂密的大树,大树下直射的阳光照射不到,比较阴凉,可以说无阳光照射。这是日常生活中的说法,在科学和哲学上都不能算数。以哲学、科学的观点来看,有树无树的地方实际上都有阳光,只是阳光照射程度的不同,二者都是阳光的表现形态。

(五)从事物的变化看有、无的内涵

成中英说:"'实在'乃是变化、运动的过程,不能只凭有或无,而必须以有与无的相辅相成来描述之;变化、运动不仅是有与无关系的表现,而且世界上生命生成的经验,以及创新、变异的产生,都来自有与无之间微妙的相反相异、相合相成的关系。在这层意义上,有与无乃是一个动态的整体,这个整体使事物得以产生,并通过变化,以形成生命,开创新运。甚至时间亦是事物与生命具体化的过程,而且时间与此过程不可分开。"①——成氏这段文字包含着两方面的意思:一方面是有、无的内涵;另一方面是有与无相反相成的创生功能。这两方面是联系在一起的。对于有、无的内涵和有、无的创化问题,都要从阴阳的辩证法来理解。有与无相互作用以及通过这种相互作用而产生的变化,实完全相同于阴阳的相互作用以及这种相互作用而产生的变化。最明显的,如《周易·系辞》所说的:"男女构精,万物化生。"男女、阴阳、相异、有无互补、互成,达到互生的结果。

成中英的哲学辩证法、太极创化论都富有成效地运用有与无这一对概念。

---

① 《抉择》,第223页。

他认为这对概念与阴阳范畴的对待性、变化性和统一性直接相联系。认为有、无关系是阴阳范畴的"重要的应用"。① 成中英说："有与无范畴除展示了阴阳思想的对待性、变化性以外，也展示了阴阳思想的统一性。老子之道是'有无相生'的根源，也是两者统一的本体。"②——阴阳代表"实在"的两个相对待的方面，如乾坤、天地、刚柔、动静、阴暗、男女、正反、虚实、奇偶等观念，有无也是一对阴阳。概念的运用是灵活的。不能说有无＝男女，也不能说男女＝正反，但有与无相对待，则与男女、正反是有共性的；有与无内涵是有"实在性"也是与男女、正反概念有共性的。例如老子说他的"道"是"有无相生"、"（道）常无为而无不为"，这就说明"有无相生"和"无为而无不为"都既是有对待性、又具有统一性。不论从对待、变化、统一这三者哪一点来看，在结构上，也是无—有、阴—阳、无为—无不为（有为）之类的统一并列的关系。这样，就可以说："万物负阴而抱阳，冲气以为和"，也可以说"万物负无而抱有，冲气以为和"。这样"有无相生"的命题就有了阴阳辩证法的根据，加入了阴阳辩证法的内涵。可以得出三点结论：（一）有与无相对待；（二）有与无的对立统一使事物产生变化；（三）有与无是相对待、相异而统一。有无辩证法必然包括这三点。

五、有无相生论的重要命题

有无相生论是太极创化论下属的一个命题，这个命题由不同层面的分命题构成。哲学家可以从本体论、方法论、认识论、实践论、创化论等不同的角度和层面来使用有无这对范畴并提出内涵不完全相同而又互相密切联系的命题。下面介绍成中英就有无相生论提出的一些重要命题。

（一）"实在"为"有中含无"或"无中含有"

成氏把"实在"视为变化和创造的本体、根源与过程。有、无二范畴被用来揭示创化的过程，因而断定"实在"中不存在"绝对存在"或"绝对虚无"。成氏说："中国哲学的现象学将'实在'看成变化和创造，这种体验自然就和'绝对存有'或'绝对虚无'的观点格格不入。这也说明了中国哲学何以一开始便拒绝

---

① 《抉择》，第 139 页。
② 同上，第 140 页。

以小乘①佛学的方式来了解实在,不把'实在'看成是绝对的空或'涅槃';也说明了何以由印度传入中国的大乘佛学最后发展成思考的形式。这见于天台、华严和禅宗等哲学著的思考,所表现的正是有与无合一的形而上学。"②——(1)对于成中英,宇宙万物的本质是"实在","实在"是不断变化着的,如果承认"绝对存有",就否定了"实在"的"变化性";同时,"实在"的变化是"实在"内部的变化,再变化,"实在"也不会变成"绝对虚无"。"实在"变化的是其"存有"的状态或形式,有、无二范畴所表示的正是"实在"的两种相异的形式和状态。(2)对于成中英,"有"是"含无的有",因为"有"在变化;"无"是"含有的无",因为"无"在创生。

(二)有无相生即理的有限形式与无限的气的统一

成中英还从本体论方面把有无相生论与理气统一论作了比较。他明确断定"理与气乃是一个整体。"③说:理与气"其区别在于理是气的活动结构,也是气的活动之最后产物,而气的活动自然而然地形成了秩序、组织、结构与和谐,因此也就成了理。"④有了这种定义,我们就可以理解成氏如何对有与无同理与气两对范畴作比较。成氏说:"太极乃是气,而非理,变化即气化。因此,理可以说是在气的创造力及其具体表现中所固有的关系和结构。"⑤"可以看出,有是气的创造活动,而无则是气的无尽的根本能量;有是世界模式的秩序(理)的产物,无则是延续世界中的模式、秩序之产生的变化。为了简明起见,我们或许可用无限的气来解释无,用理的有限形式来解释有。但在这种解释中,我们必须留意,从太极的意义上来说,'实在'并不限于相对的理与气或有与无。在终极的完整、和谐和创造之中,理与气是合一的,而不囿于特定产物的特定过程。正是在此意义上,《易经》乃指出,'神无方,易无体。'《系辞》同样,在此意义上,我们乃可了解周敦颐的'无极而太极'之说。此言意味着创造是必然

---

① 小乘,是早期佛教的主要流派。大乘教徒认为它教义繁琐,不能超度很多人,因此贬称它为小乘。大乘是公元一至二世纪流行的佛教流派,自以为可以普度众生,所以自命为大乘。天台宗创始人智顗在教义上,主张一切事相都是法性真如的表现。真如是梵文的意译名词。一般解释为绝对不变的"永恒真理"或本体。《成唯识论》卷九:"真谓真实,显非虚妄;如为如常,表无变易。谓此真实,于一切位,常如其性,故曰真如……此性即唯识实性。"卷二:真如,"是法真理,故名法性",此即以唯识实性为真如,乃一切现象之本质。华严宗是中国佛教的一个宗派,因以《华严经》为主要经典,故名。该经认为世界是毗卢遮那佛的显现,一微尘映世界,一瞬间含永远。

② 《抉择》,第225页。
③ 同上,第215页。
④ 同上。
⑤ 同上,第224页。

的,但却不因化育的过程而穷尽。"①从成氏以上的论析中,我们可以看出有无相生论实质上可以界定为"有(理)中含无(气)"与"无(气)中含有(理)"的和谐统一,因而具有创化能力。

(三)有的界定作用与无的决定作用相统一

至于有、无二范畴在"太极创化论"中各自作用的特点,成氏认为有具有界定作用,无具有决定的作用。成氏指出,在有与无相成相生的过程中,正如阴有助于阳、阳有助于阴一样,二者是互补的,因互补而相成,因相成而相生。成氏说:"神无方,易无体"指出了"具体的器物世界显现了创造的无穷的源泉;有显现无,也就是说有具有界定作用:无←有。而'无极而太极'则创造了无限的'实在';必须显现于生命的变化、创造的过程中;无显现有,也就是说无具有决定作用:无→有。"②——举例来说,如果作正确的理解,老子讲的房屋的实际的墙壁与由墙壁所界定的空间,二者之间的关系是有无相成相生。具体的器物——墙壁(有)对于整个房屋的"实在"具有"界定作用",而墙壁所界定的房屋的空间(无)对于整个房屋的"实在"则起了决定作用:没有空间房屋即不起实际作用。

(四)有、无彼此相关,互相决定

成氏认为,不论从宇宙本体论、宇宙创化论或从认识论方面看,有、无都是"实在"的两种状态和形式,彼此相关,互相决定。他说:"从哲学上来说,中国心灵对世界有一种独特的觉识,把有与无包括在可体验的真实事物之中。这种觉识及连带对世界与实在的概念具有两个重要的特征:第一,世界与'实在'绝不与人的主体思想相对立而陷入西方近代哲学中的主客对立之境。因此,对'实在'与世界的知觉既不受认知的决定,也不限于对外物的认识。在更精微的意义上,对'实在'与世界的知觉,就是对人类与'实在'之间的交感互摄的知觉。换句话说,对'实在'与世界的知觉概括了对人类存在的知觉,对人类在世界中的参与以及对事物变化和生成的功能的知觉。(按:这种本体论和认识论与那种仅仅把世界看成是物质的哲学,不可同日而语。)第二,作为世界之两种状态的有与无,并不彼此孤立。事实上,它们彼此相关,互为决定。因为,世上诸事物中,有与无是既相反而相成的。"③——(1)从宇宙本体论方面上,宇宙万物的统一性除了"实在"外,最重要的就要把它们看成是阴阳对立统一有机动态整体和有无对立统一有机动态整体。用老子的话来说:"万物负阴而抱

---

①　《抉择》,第 224 页。

②　《抉择》,第 224—225 页。

③　同上。

阳,冲气以为和"。宇宙中没有一种事物只有"有"而没有"无"。古代王侯自称为"孤"。《老子·三十九章》:"贵以贱为本,高以下为基,是以侯王自谓孤、寡、不毂。"但最恶劣的皇帝也知道统治者与被统治者是相反相成的。宇宙的结构是"负时间而抱空间",夫妻的结构是"负丈夫而抱妻子",肖像画的结构是"负形而抱神",如此等等。(2)有与无是最大的一对阴阳,从阴与阳的动态的对立统一中去认识事物,是认识论的最重要的一条原理。面对一种事物,不知道其有与无,就等于对它完全不了解。青年的成长是一个有无统一体。他们有了健康的身体的同时,就必须通过学习知识和技能而增进其所无的知识与技能。"文革"时期把城市大部分青年赶到乡下去,就是不知道青年是一种怎样的有无对立统一有机动态整体。这种瞎指挥者,其哲学知识差不多等于零。(3)整个宇宙并不只由石头构成,宇宙中老早出现了生物和作为"万物之灵的人类"。那见物不见人的哲学是极端片面的哲学。人类早就参与宇宙的活动。哲学对宇宙的认识,包括对人类参与宇宙活动的认识。所以成氏说:"对'实在'与世界的知觉概括了对人类存在的知觉,对人类在世界中参与以及对事物变化和生成功能的知觉。"(4)有与无互相决定,是有无辩证法的一个最重要的命题。有需要无,无亦需要有。男女构精,万物化生,是对有与无互补的最恰当的说明。

(五)有与无是"太极"的阴阳力量或状态

从哲学范畴概念体系上看,"太极创化论"的中心范畴是"太极",而从"太极"内在的创化动能来看,最重要的一对范畴是阴与阳,接着就是有与无了。成中英说:"'太极'系对立两极之间的中节律动。"①这"中节律动"实由阴与阳、有与无、时间与空间、气与理的相对相成的活动所发出。所以,成氏说:"'太极'之所以能够延绵不断地创生,创生过程的两极对立的结构,是其一个特殊的原因。"②有与无的对立统一,就是这创生过程的两极对立的结构。成氏下面关于"阴阳的形而上理论"的论述,完全适用于有无相生论。他说:"生生的过程,是通过阴阳的形而上理论来加以理解。阴阳充塞万物,触目所见的事物的性质及种种事缘的潜力,莫不是阴阳的表现。阴阳分别代表实在的两个层面、两端、两个极点,阴阳虽然各为二,但就动的观点而言,两者实为一,两者时而互相吸引,时而互相排斥,视情况不同而有异。其实,阴与阳不应脱离具体的事物和过程来理解。所有个别事物尤无不由阴阳二要素构成,而个别事物的内在结构,以及互相之间的关系,也都取决于阴与阳配赋之多寡之比

---

① 《抉择》,第256页。
② 同上,第267页。

例。不论事物的内在关系或交互关系，都有助于种种变化或变化趋向的发生。万物的总合所构成的格局，就是这类变化发生肇始的场所。"①所以，成氏说："整体的'实在'就是'太极'；有与无的相对位移和运动，就是'太极'的阴阳力量或状态。"②有无互异、互相移位、互补、互制、互成、互生、和谐化的辩证法，这样就自然而然地被包含在太极、阴阳和谐辩证法之中。

（六）天人合一亦为有无相生

天，指整个大自然。大自然无限丰富，人生活在大自然中。人一方面是大自然的最高产物，因而人有能力辅助大自然的存在和发展，另一方面，人同时又依靠大自然的恩赐，主要是物质方面的恩赐，包括部分精神方面的营养品。在人与自然的相依和交往过程中，二者是有无互补互成互生的。天人合一的观念就建立在人与大自然互补互成互生的基础上。当代天人关系的关键问题，是人类对自然的索取太多，造成对自然生态的破坏，而对自然的辅助和补偿不足。人类具有的能力——"有"并没有贡献给大自然，反而扩大了大自然的"无"。全世界的正直的思想家都看到了这一点，唯独有些有权有势的政治家依仗自己手中的权力，继续组织一些人干破坏天人关系的勾当，这是全世界人民要警惕的。

（七）有无相生是"太极创化论"的重要命题

从宇宙本体论的范畴体系来看，"实在"是宇宙万物的第一个统一性的范畴。接下来的一个范畴是"太极"。"太极"是"真实世界的动态统一"（成中英语）。宇宙万物凭什么而成为"动态的统一（体）"？凭的是内含两种相异的因素、力量。这两种因素、力量，即阴阳二气。五行中也有阴阳二气在活动。不管阴阳二气的活动也好，五行的活动也好，其中都包括相异的因素和力量，而有、无就是最明显的、最大的、最需要的一对相异的因素和力量。不论是《周易》的"一阴一阳之谓道"中的"道"的活动也好，还是老子《道德经》所说的"万物负阴而抱阳，冲气以为和"也好，都可以用其他相反相成的对偶范畴概念或由这些对偶概念所构成的命题来顶替。对偶的范畴概念有：动静、刚柔、虚实、隐显、异同、有无等。由对偶范畴概念构成的命题有：动静相成相生、刚柔相反相生、虚实相反相生、异同相反相生、有无相反相生。这些命题所表示的，都是"太极的动态整体"，甚至可以称之为"太极创化"过程所产生的新的"动态整体"——"太和"。从这些范畴概念群或命题群中，便可看出"有无相生"论的结

---

① 《抉择》，第 276—277 页。
② 同上，第 224 页。

构和过程在"太极创化"论中是不可或缺的。

(八)有无相生是"和谐化辩证法"的重要命题

我们之所以把有无相成、有无相生的命题放在成中英的"太极创化论"中来讨论,是由于有、无这对概念所表示的关系属于"太极"和"道"的内涵,由于这一命题属于成氏的"和谐化辩证法",由于这一命题关系到中国哲学的所有的重要范畴、命题和全部理论。中国哲学的思维讲究"对待"、"对偶",有与无正是阴阳对偶范畴系统中的最大的对偶范畴。中国哲学最重视有机的"整体性",有无对立统一最能揭示宇宙万物的对立统一的有机整体结构。中国哲学最重视"化生"、"创造"、"变化",事物有无两方面,事物关系的两方面交融最能促成其变化、化生和创造。有与无的互成、互补、互生,最有利于事物的和谐发展。成中英认为"和谐化辩证法"是中国传统哲学"儒道所共有的辩证法"。[①]成氏的"和谐化辩证法"的原理极丰富,这里我们只联系着对有无相生辩证法的探讨举出以下四条:"(1)万物之存在皆由对偶而生。"(按:我们可以说:万物皆为有无对偶统一体,如宇宙为时间与空间相异相成的对偶统一体,夫妻为相异相成相生的对偶统一体,君民为"舟与水相异相成"的对立统一体,文明为物质文明与精神文明的对立统一体,战争为敌我相反相成的对立统一体,等等。)"(2)对偶同时具有相对、相反、互补、互生等性质。"(按:如天地相对,敌我相反,科学与艺术互补,男女互生等。)"(3)万物间之差异皆生于(亦可解释为)原理上的对偶、力量上的对偶和观点上的对偶。"(按:如艺术创作以形象思维为主、抽象思维为辅,科学研究以抽象思维为主、形象思维为辅,此乃原理的差异。体育竞赛、战争胜负乃力量和技巧的对偶而生。哲学不同流派的差异乃因观点的对偶而生。)"(4)对偶生成了无限的生命创造力"。"(5)……世界的根本乃一整体"。(按:这整体可视阴阳对立统一体,有无对立统一体;事物构成因素的对立统一体,各事物之间的关系的对立统一体。这整体是变化、动态中的整体,即动态的整体。有无对立统一整体也是动态的整体,包括太和的整体。)[②]可以说,因宇宙万物的结构皆为"有无相成",所以"有无相生"。因为"有无相生",其理想的状态是"有无相和"。前边我们已经说过,有无相生的辩证法属于"和谐化辩证法"。

(九)有无相生是宇宙大化的本质

有无相成相生辩证法,在宇宙"大化"中体现出来。一切事事之过程,贯通

---

① 《抉择》,第 183 页。
② 以上各条引文,皆见《抉择》,第 183 页。

一切之物物之始终,则为一无始无终运转变易之大流,谓之大化。大化即是统括一切变化之无外的变化过程。宇宙由存在于时空对立统一体中的各种事物的合成。一切事物皆处于变化的过程之中,皆变而不居。昨天曾经视为新的事物,今天视之已变为旧事物。今日为新者,到明日观之,亦将变为故旧之物。无始无终的宇宙中的任何事物都有始有终。所以说宇宙中的万物皆处在"大化"历程之中。宇宙之中,变是最正常、最平凡、不可违抗的现象,也是最为奇妙的现象。变可从三方面去看:一是变之事实;二是变之规律;三是变之事实即具体事物现象之变。事事相续而先后有异,是最为显著的变化。这"相异"中最重要的就是先后之有与无。规律之变,指万物的有变有常,就是说变中有不变者。如人类进化成为人类之后,长期保持着人类的特性。但从长远的观点看,人类的体态也处在变化之中。艺术随时代不断变化,艺术不会变成反艺术,否则就不是艺术而是他物了。常中有变,变中有常,变有其常。变之常即是变之规律。即是说变是不变的。变之本原,指变之根源。变之根源在于宇宙万物中皆有对偶因素的结构与活动。大的对偶因素,用哲学范畴来表示即阴与阳。老子说:"万物负阴而抱阳,冲气以为和。""负阴抱阳"即宇宙万物的结构,"冲气以为和"即宇宙万物变化和创新的根源。有、无二范畴,即阴阳二范畴的下属范畴。宇宙万物的结构从某一方面看就是有与无的对立统一体,其变化的根源也就是有无"冲气以为和"。如天气的冷空气与热空气的"冲气"而相合产生雨雪;如男与女的"冲气"而相合生出婴儿;如艺术家的形象思维与技艺"冲气"相合而创造出艺术作品。故荀子云:"阴阳接而变化起。"《易传》云:"刚柔推而生变化。"张载云:"两故化。"中国先哲多以对偶相推为变化之本原。对待相推乃一切变化之所本原。所以,成中英说:"实在乃是变化、运动的过程";"创新、变异的产生,都是来自有与无之间微妙的相反相异、相合相成的关系";"有与无乃是一个动态的整体","通过变化,以成生命,开创新运";"时间与此过程不可分开"。[①] 哲学家为什么说变化很奇妙、微妙?奇妙,意谓稀奇巧妙。微妙,意谓深奥玄妙,难以捉摸。笔者认为,用这些词说明宇宙万物变化的根源是哲学家们故弄玄虚和耍花招,以吸引普遍人的注意。其实世界的变化非常普通。《老子》一开头就讲道的玄妙性。指出道是万物变化创生的根源。关键在于无与有、常无与常有都是相成相生,使"道"成为动态的整体,使万物处在变化、运动的无限的历程之中。这就是道推动万物变化的玄妙所在。

---

① 《抉择》,第 223 页。

(十)有无相生论是认识论的基础之一

认识论要以宇宙万物的本体论和客观辩证法为基础,因为认识是对宇宙万物本体、本体的结构以及本体的变化的认识。如果承认宇宙万物都是有无统一体,如果承认宇宙万物的变化取决于本体的有与无的关系的变化,那么,对宇宙万物的认识必须从被认识的宇宙万物的有无对立统一的本体和有无对立统一的动态整体出发。老子《道德经》第二章有云:"天下皆知美之为美,斯恶矣;皆知善之为善,斯不善矣。有无相生,难易相成,长短相行,高下相倾,音声相和,前后相随。"美正因为有丑与之对照,才知道其为美;善正因为有恶与之对比,才知道善之为善。所有的事物都是在相比较中才能确定其性质。有是在和无相比较中才可以说它是有,长与比它短的东西相比较中才可以说它长。认识事物经常是认识事物与事物之间的关系。对同一事物的认识,也包括认识同一事物本身的有与无、长与短之间的关系。老子在《道德经》第十一章中,用车轴和车轮中心车轴穿过的圆木的关系,以器皿的外壳和其中间的空间关系等为例说明"有之以为利,无之以为用",即说明有、无都有用。如果老子不是用现在所说的"偷换概念"的办法,把"虚无"说成是有产生的基础(更进一步证"无"是"道","有"不是"道"),那么,他承认有、无都是存在的不同形式,就是非常智慧的。从有与无的对立统一中认识事物及其关系,当然是极为正确的。老子对于治世提出了一个聪明的决策,就是:"为之于未有,治之于未乱。"要求在事物未发生问题之前就把它处理好;要求在事物还没有乱起来的时候,先把它理顺。"未有"、"未乱",当然是"无"。但世界上的事情,"未有"(无)会变成"已有","未乱"(无)会变成"正乱"(有)。可知,从发展的观点看问题,从哲学范畴上就可以说这是从有与无的变化中认识事物。《道德经》有"祸兮福之所倚,福兮祸之所伏"这一句名言。套用这句名言的结构,就可以说:"无兮有之所倚,有兮无之所伏。"《道德经》还有一个说法:"善之与恶,相去若何?"套用这种句式,我们可以说:"成之与败,相去若何?""有之与无,相去若何?"不懂得有与无的关系和有与无的可能的转化,就很难认识事物。有无相生是老子的一种常有的辩证思维方法。对于老子,事物的两极,如有和无、成和败都既是相对的,又是相联系、甚至可以转化的。因此,对这两个相对应的两极某一极的事物的认识,老子要求找寻与此一极相对应的彼一极。例如,认识成,就要认识败,认识有,就要认识无,当然还包括认识两极事物的变化和转化,当然包括认识两极的相生与相克。

(十一)范畴的阴阳对待性、变化性和统一性是有、无二范畴存在的基础

"有无相生"命题之所以有价值,成氏认为它像阴阳对待统一一样,也有对

待、变化和统一的功能,因而可以充实阴阳对立统一的命题。成氏说:老子肯定"有无相生",标示了有与无的对待与变化。"有与无作为宇宙论的两个基本范畴,正如阴与阳一样,虽差异对待,又相辅相成。基于此,老子引申出宇宙生毁成亡、相应相循的自然过程,叫做反与复。这个阴阳变化性的特点乃为老子特别强调:'万物并作,吾以观复','反者道之动,弱者道之用'。这个道理也正好说明了《大戴礼记·本命》篇所言,'阴穷反阳,阳穷反阴','阴以阳化,阳以阴变,一阴一阳然后成道',并与《易传》所言'原始反终'的思想所合符节。有与无范畴除展示了阴阳思想的对待性、变化性以外,也展示了阴阳思想的统一,老子之道是'有无相生'的根源,也是两者统一的本体。故有'道生一,一生二,二生三,三生万物'的说法。道的本性是自然,正如阴阳合体、天地合德是自然一样。道之为'有无相生'的论据,更可见之于'道常无为而无不为'的说法。'无为'为阴,则'无不为'为阳,'有无相生',阴阳互为其根,故无为而无不为。道的'无为而无不为'不但是阴阳、有无变化的一个延伸,也是对有无统一性的一种说明。道的'生而不有,为而不恃,功成而不居(或长而不宰)'的创生性,也可依此说明。道的包含阴阳对待与变化的统一性,也可成为万物之所以为万物的理由:'万物负阴而抱阳,冲气以为和。'故万物并存及自化,表现了阴阳范畴的统一原理。老子对道的统一性的重视,也可见之于他对一的重视。他说:'天得一以清,地得一以宁,神得一以灵,水得一以盈,万物得一以生,侯王得一以为天下贞。'……《易经》所强调的是阳的创造力以及其在宇宙论中所扮演的角色,故对有的定位和定性特别加以发挥。相反,老子所强调的乃是阴的融合力以及其在宇宙创造中所扮演的角色,因而对无的功能和价值特别加以强调。"[①]

简短的结论

(1)有与无,也像阴与阳一样,也是一对可以用来揭示各种事物及关系的本体论(宇宙论)的范畴。有与无的对立统一的动态体,既是"实在"的内涵,也是"太极"和"道"的内涵,万物莫不是有与无的对立统一的动态整体。有与无二范畴具有最明显的对待性,有与无的对待的相异最为明显。相异有无的相交具有最大的动力,其相交产生的新事物、新关系最有助于创生和创造。有与无对立统一的和谐,往往是最大的和谐,即"太和"。宇宙的时间与空间的互成、融合,就是最大的"和谐"。所以说,有无相成相生是"太极创化论"中的最

---

① 《成中英自选集》,山东教育出版社 2005 年版,第 95—97 页。

重要的命题。

(2)有无相生的命题,既包含有与无两端的对待性、差异性、对立性,又包含两端的动态性、交易性、互补性、融合性、统一性。其中包含着生机论,这些都是宇宙万物创化的动力和根源。缺少这一方面的性质,万物不得安宁,世界得不到和平,人类将遭受苦难,天气将变得恶劣。

(3)有无相生的命题,也可以由"阴阳鱼太极图"来表示。其中,阳鱼代表有,阳鱼有黑眼,说明有中含无;阴鱼代表无,阴鱼有白眼,说明无中含有。宇宙万物没有一种事物是全无或全有的。成中英指出:"周敦颐的《太极图说》即是综合了《易传》阴阳创新思想和五行论,发展出一套天人合德的宇宙哲学。他受道家的影响,标志了'无极而太极',似乎把代表无的'无极'当做变化之源。但就'有无相生'的道理来看,一方面'无极而太极',另一方面也可'太极而无极'。(周敦颐也说:'阴阳一太极也,太极本无极也。')①对成氏此论,也可套用"阴阳鱼太极图"来说明。""无极而太极"就是"无中含有","太极而无极"就是"有中含无"。老子的"无"、周敦颐的"无极",不可能是"全无",而是"含有的无"。可见,有无相生并不是纯有与纯无的相成相生,而是"含无的有"与"含有的无"的相成相生。《道德经》与《易经》在这一点是一致的。成氏所以说:"老庄与《易传》对《易经》阴阳辩证思想的发展虽不相同,却同为对阴阳对待、变化和统一原理的发挥。通过两者,《周易》思想才得以明显化、具体化、推广化及深入化。基于两者,中国哲学的发展乃不能不接受这种阴阳辩证法的影响。"②

---

① 《抉择》,第97页。
② 同上,第97—98页。

第八章
理气统一创化论

　　理与气作为哲学范畴,在先秦各家哲学中已经出现,而在宋明儒家的哲学中才最终发展成为形而上学的范畴。理气相生统一论,在成中英的"太极创化论"中占着一个相当重要地位。本章依据成氏《世纪之交的抉择——论中西哲学的会通与融合》、《成中英自选集》和《易学本体论》等著作中的有关篇章,按照笔者的理解,结合"太极创化论",对理与气范畴的内涵、理与气的相互关系以及理气相异相成相生的命题,加以介绍、梳理和论析。

一、气范畴的内涵

　　对于"气"范畴的确立和主要内涵,成氏有如下的综述。气在现实中本是人所直接经验的现象。因气有起伏节奏,遂自然分为阴阳两态。《周易·系辞下》"天地氤氲,万物化醇"之论,更把气的凝聚、交融的变化视为万物及生命产生的原因。至此,气的宇宙创化论思想已经完成,而气也就成为中国哲学最早的形质与本体兼具的哲学范畴了。把形质的气与本体的气分言,乃是基于气本为经验的形质变化现象的描写词,但逐渐经过综合抽象,成为不一定为感觉所经验的万物成毁变化的动因,即成为一个具有本体论意义的范畴。无疑的,作为本体之气仍然是以宇宙万象的变化状态及性质为其了解的模型。

　　成氏把气范畴的内涵概括为以下五点:

　　(1)"气是以能与质两种状态而存在,同时含有静的性能及动的功能。现代物理学中以光粒子与光波合体为光……似可用来说明气之为气的理解模型,此即进一步说明气可含阴阳两种性能及状态。"[1]

　　(2)"气依不同存在层次而表现为不同的性状,盖形质为气,动能为气,生命力亦为气;而我们可以进而谓意识、思想、精神、心灵均为气。气涵一切,变

---

　　① 《成中英自选集》,山东教育出版社 2005 年版,第 112 页。

化无穷。……气有聚散、屈伸、升降、动静,故气的聚散、屈伸、升降、动静也就可以用来说明一切事物的变化。万物相因并陈的关系也可以用气的属性来说明。"①

(3)"生命及心灵之气不但形成生命及心灵,而且为人的意志所主宰,故有养气之说,……不必把义与道等视为气外之物。"②

(4)"先秦文献中即已有把气视为宇宙生化的根本元素及力量的看法。道家《庄子》、《淮南子》明显地把气视为宇宙的本根,故以气为道,为太始。《淮南子》称道为元气,就是借助气的性能来说明宇宙的化生。道家重'有无相生'并以'无形'为有形的开始,而气的变化正好兼'有、无'或'有形、无形'两种状态,故以气来发挥'有无相生'宇宙观。③ 道家主张"道法自然",而"自然"即气之内在的变化性,而气之内在的变化性则为"自然"。中国哲学自汉以后,以气为宇宙万物根源者层出不穷。我们可以得出结论:气的范畴为中国哲学有关实体的最根本的范畴。"参照科学发现以了解气,且同时参照气以了解或发展科学,这乃是一项饶有趣味的工作"④

(5)"在先秦文献中,阴阳即被视为气的阴阳属性,而五行也被视为气的五种状态与性向。据此,阴阳五行范畴也都是以气范畴为归依,可视为气的性质与状态或过程范畴。这样,阴阳五行的辩证性,自然地也就应用到气的变化上。……张载不但建立了一个完整的气形上学,视气为太和……。他鲜明地指出:'一物两体,气也。一故神(自注:两在故不测),两故化(自注:推行于一)'(《正蒙·参两》),既显示了阴阳范畴所具备的对待、变化、统一原理,也借以说明了气的宇宙及生命现象所必然遵循的普遍法则。"⑤

二、理范畴的内涵

理与气二范畴被明确并举、对待,主要自宋理学开始。理范畴至宋时发展成熟,而足以与气范畴相抗衡。据成中英的研究所得:理范畴的发展可能经过"义之认知"、"以义诠理"、"以理诠义"这三个阶段。⑥ 对这个过程的认识,成氏的思路大致如下:

---

① 《成中英自选集》,山东教育出版社 2005 年版,第 112 页。
② 同上。
③ 同上,第 112—113 页。
④ 同上,第 113 页。
⑤ 同上,第 113—114 页。
⑥ 同上,第 115 页。

(1)理之观念虽然也是渊源于先秦,但只是在先秦晚期才出现,远较气的观念发展为晚。《论语》和《老子》中无"理"的观念。《孟子·告子》篇言:"心之所同然者何也,谓理也,义也。"乃用"理"一词指人心共具之条理,借以说明仁义礼智的普遍性。孟子所谓"理也,义也"之义,不纯属德性范畴,而带有对意义的认识与辨别。如果我们仔细分析儒家之义的观念,当可了解,德性之义以认知辨别事物为基础。故义有分辨认知义,亦即德性之义必以认识之义为基础。孟子与告子的"仁内义外"之辨,即围绕这一问题进行。告子主仁内义外,即代表了认知之义的自觉,而孟子主仁内义亦内,则是坚持义为德性,而无见于义为认识,故其回驳告子之辨并不中肯。

(2)若细加分析,当可发现义有三个层面:一是认知义的对象,如分辨"楚人之长,吾之长";二是基于认知所产生或预设的认知概念,即"楚人之长,吾之长"的概念;三是基于认知与概念所兴起的道德情绪和态度,即"长楚人之长,长吾人之长"的恭敬心理。此三者均为"义"一字所含。如《家人》卦,象曰:"男女正,天地之大义也。""义"字已含有价值、原理的意义。理义并用,似乎显示义之认识意义的独立性,可用理这个字来诠释。故理即义之客观成果和实现,而义乃理之原始和主观心理。①成氏就是凭以上的分析,断定"理之发展经过义之认识、以义诠理、以理论义"这三个阶段。并指出,以认知之义为基础,理作为客观可知之原则、原理、律则的观念,在《易传》就已出现。《系辞上》言:"易简,而天下之理得矣。"《说卦》传云:"穷理尽性,以至于命。"理之一字都具有律则性、原理性和原则性的意义。《系辞》所言"仰以观于天文,俯以察于地理",《韩非子·解老》所言"理者,成物之文也,如方圆短长之分",这些都是就理字的原义而言。②

(3)荀子《解蔽》云:"凡以知,人之性也。可以知,物之理也。"故理之观念包含面兼具具象与抽象,但均以认知为基础。"理之观念范畴化及理的哲学之兴起,表明了人的认知能力及对客观世界之自觉达到了一定的程度;宋明理学从这种自觉中发展出来。"③成氏认为,理之所以能成为一个独立的范畴,是因为"其涵括及解释了其他有关范畴所未涵括和解释的方面。理的范畴显然涵括律则、形式和理由各方面的意义,并为解释事物变化之律则、形式和理由而设,故自然与气的观念相对待。气为变化的过程,物的实质,存在为材料内容;而理则为事物变化的法则、存在的形式、实质的结构、物与物关联的秩序等。

---

① 《成中英自选集》,山东教育出版社2005年版,第114—115页。
② 同上,第115页。
③ 同上。

理范畴已包含了上述诸义,它作为一个笼统解释性范畴提出来了。"①

三、理与太极和道内涵的重叠与比较

在宋明理学中,由于"理"范畴的本体化和规律化,理与早已被运用的太极和道范畴的内涵出现了交叉、重叠的情况。对这种情况不理解,理与气的关系论势必不能畅通。因此,这里先对这三个范畴的内涵作一些梳理工作,很有必要。我们还是要请教成中英先生。成先生哲学的整个范畴概念体系总体上是相对固定、层次分明的,但由于某些范畴(如实在、太极、道、气、理等)内涵的交叉、部分重叠,其范畴概念体系的某些层次似乎也在不断调整的过程中。

(1)从本体论、宇宙论的内涵看本体范畴:成氏指出:"本体论讨论的是宇宙的本质究竟(或本体);宇宙论讨论的则是宇宙的现象过程。② 成氏同时也说:本体和现象、过程不必在本质上分为二橛,但在范畴上则显然可以辨别。"③成氏原把天、道;性、命;理、气;心、性定为本体范畴,认为这些范畴"代表了宇宙和人最终的本体真实体验,其他观念均可视为这种观念之分支和属性"④。不过,成氏又说:"这八个基本观念也有其历史发展的相关性,天、道、性、命为先秦哲学中之主要观念,而理、气、心、性则为宋明哲学及其以后哲学的中心观念,两类观念亦有其明确的相关性,显示出思想形式及思想内涵的一个发展。当然,我们不能说这八个范畴乃竭尽了中国哲学中所有重要范畴。事实上,道家的有、无及宋明儒家的'理'、'无'、'无极'、'太极'等范畴,均是值得分别讨论的范畴。……我们更可指出有、无、'无极'、'太极'等观念是与天、道、理、气等观念交互影响和诠释的。有、无二者的功能一样,'太极'当可与道相并提论。"⑤从以上的论述中可以看出,成氏显然已经极为明确地把理、气定为本体范畴。

(2)从太极的内涵去思考理、气的内涵:成氏说:宇宙的"创造性有无穷无尽的源泉,这个源泉是'一'且不可分割,但是,这个源泉又准备分化为具体而个别的事物。'太极'这个概念就表达了对事物实在的动态统一有反思的洞悉:它把统一与多样化的因素及其动态的联系结合为一个发展和进化的过程。关于'太极',最重要的是,永恒而固定的源泉就存在于所有事物之中,并且为

---

① 《成中英自选集》,山东教育出版社 2005 年版,第 115—116 页。

② 同上,第 102 页。

③ 同上。

④ 同上。

⑤ 同上,第 103 页。

任何类型或个别的标志提供了整合的、有目的的统一,而它也可以为不同类型或标志的事物的任何分化提供动力。换句话说,这个源泉既是事物的起点,也是事物的终点,它总是持着扎根于所有事物的联系。这样,我们就可以把'太极'看做是起始的固有力量,它导致完成与完善的固有力量,这种力量给它所包含或创造的东西提供'实在'与价值。此外,也可以把'太极'看做在事物有任何联系之前或之后的非分化的状态。因此,它作为所有事物存在的终极水平而存在着。除了作为创造性的源泉之外,'太极'还是事物之中和谐的源泉在存在或事物的任何水平,为所有事物之间分化的和谐提供了基础。此处的和谐或和谐化意味着所有的事物相互支持并且完善其他事物,这就有助于培育一个更新的创造性及其发展。就这个方面,可以说'太极'就是'道','太极'与'道'一起表明了事物整体的过程与世界,在事物的整体中,任何时候都存在着一开始就有深刻平衡以及所有事物之间普遍的一致或和谐。像任何其他事物一样,人类建立于这个深刻的平衡基础之上并包括在这种普遍的和谐之中。但是,不像任何其它事物,人类有能力和潜能产生任何体现'太极'和'道'的东西,即通过文化与艺术,创造更高的平衡与和谐的秩序。"[1]从成氏对太极内涵的论析中不难设想,如果太极不含阴阳二气及其动能,不含事物变化的法则、形式和秩序,其(太极)内涵就极为抽象而空洞了。

(3)从道的内涵去设想理、气的内涵:成氏说:"①道是一切现象的根源和最后的归宿;②道是自然化生的过程;③道是全体宇宙的本质;④道包含并遵守'有无相生'、'负阴抱阳'、'无为而不为'、反、复、一的辩证法则;⑤道无所不包,而且可为人用来处世治国,故道不远人,人能弘道。"[2]"故道作为一种宇宙论和本体论的范畴,乃奠定了牢不可破的基础。……《易传》讲:'一阴一阳之谓道',更明显地把阴阳变化归之于道之本了。"[3]从成氏对道的内涵的论析来看,道不含气与理,是不可想象的。

可以断言,如果要真正理解理气的内涵,非把它们与太极和道的内涵作比较不可。因此,笔者先把成氏有关理气对范畴的内涵和在范畴体系中的地位的论述文字找一段,接着作出比较。

(4)宋明理学的理气论。成氏说:"对宋明理学而言,理气对偶乃是一宇宙论上的对偶,用以解释万物的生成、变化的历程,以及世界根本真实的性

---

① 《成中英自选集》,山东教育出版社 2005 年版,第 174—175 页。

② 同上,第 106—107 页。

③ 同上,第 107 页。

质。"①——应当这样说："太极"、"道"中包含二气、五行、理气的对偶的结构与活动,但不在同一层次上。

(5)周敦颐的理气论。成氏说:"……在周敦颐的思想里,……谈到无极与太极、太极与阴阳、阴阳与五行之间形成了整体时,也隐隐约约地露出理气乃是真实世界两个相反但相成的本质之看法。"②——这样说,理气的相异相成是从一个层面上,哪怕是从很重要的层面上说明宇宙的本质及化生动力;但这样的内涵实际上属于"太极"和"道"范畴的内涵。

(6)张载理气论。成氏说:"至于张载,他的宇宙开创哲学环绕于气(生命力)的观念(展开)。气既是'太和'(终极的和谐),也是'太虚'(终极虚无),即相当于《易经》中的'太极'。他说:'太虚无形,气之本体。'(《正蒙·太和》)在张载看来,世上万物,如天、地和人类的心性等特质,皆是出自气化(同上)。甚至理也只不过是气化过程中由气所自然产生出来的内在的固有的秩序和模式。因此,理既非离物独存,具有自然的本体地位,亦非如气一般,赋有生成、创造的作用。我们将会看到,这一点对理解《易经》哲学中无的意义和地位相当重要。我们认为,在宋代儒家中,唯张载保存了《易经》哲学中形而上的洞见,并且在儒家和佛道二者对最初实在本体概念之间作了最清楚的区分。"③——说明成氏最看重的是张载最重视"太极"、"太和"和"气"的范畴,未把"理"视为本体范畴,这一点与朱熹的观念不同。成氏说过"太极亦为气"这样的话,可知"太极"范畴包含理气范畴。

(7)朱熹的理范畴内涵。成氏说:"只有朱熹使得理成为宇宙论和本体论的实在原理,而不只是知识认识和知识原理。……在朱熹看来,理的原理不仅和构成万物的气原理相关,而且更占有至高无上的地位,成为支持一切实在、理法、秩序、人类和价值的终极原理。朱熹不是用《易经》来解释理的概念,反而用理来解释《易经》中一些基本实体和过程的概念,诸如'太极'、'道'、'会通'等。"④又说:"朱熹认为理本身不需解释,却能用它解释其他的概念。这一点意味着,理较之任何其他形而上范畴更为根本。因此他说:'太极只是个极好至善的道理',……'太极是至理'(《朱子全书》)。"⑤成氏接着介绍朱熹对理所持的观点。说:"他认为,理代表了事物的本体基础和终极构成。物之所以为物,以及物之存在所遵循的都是理。他说:'彻上彻下,精粗本末,只是一

---

① 《抉择》,第 198 页。
② 同上。
③ 同上,第 204 页。
④ 同上,第 205 页。
⑤ 同上。

理。''大而天地万物,小而起居食息,皆太极阴阳之理也。'《大学或问》在朱熹著述中,理占有独立的本体地位,这可从他认为的理先于一切事物而存在这个观念中显示出来。他认为,理本身就自成一个观点,即使万物不存在,也有该物之理(见《文集》卷四十六)。我们如果翻开朱熹的《语类》,将会看到他非常果断地主张理先于气而独立存在——后者乃是其哲学中另一形而上的构形原理。"①——成氏对朱熹理概念的地位的介绍,完全符合实际。朱熹实际上让理"占有'太极'的形而上的地位","把理、太极、道视为一"。这样,他就实质上削弱了"太极"和"道"在中国古代传统主流哲学中的地位,在范畴体系上造成了混乱。

从以上的比较可知,从层次上看,理气创化作用再重要,也仍被包含在太极创化论之中;甚至"道"的创化作用也不会在太极创化论之外。

四、对朱熹理气论的评析

理论的全面与片面、正与误、清晰与混乱相比较而存在,相比较而发展。成中英用了较多的篇幅梳理和批评朱熹的理气论,正是为了更正确、较全面地阐发理气相异相生论的创化本质和规律。

成氏认为,理与气的对待性在宋明理学中虽有重要的发展,但对其对待后的统一问题却未得到解决。朱子提出了"理气不离不杂"的宇宙论命题,说:"天下未有无理之气,亦未有无气之理"(《语录·卷一》)。但朱子基本上未根据具体事物来立论。他以形而上者为理、为道,以形而下为气、为器(见《答黄道夫》)。(寅按:显然贬低了气的地位和作用。)故言:"在物上看二物(理气)浑沦,不可分开各在一处"。(《答刘叔文》)。但他却又坚持理气"决是二物"(同上)的观点,并抽象地肯定"理先气后"、"未有天地之先,毕竟也只是有理"(《语类·卷九十五》)。但他又说:"有理便有气"(同上),似乎以理为万物之惟一根源了。成氏指出:"朱子这种说法,一方面是认识了理与气的对待性,另一方面却未能正确地把握理与气的真实的对待、统一关系,而陷入二元论的立场。"②

成中英对朱子的理气论的片面和错误作了以下六点分析:

(一)理先气后论的错误

成氏说:"朱子之困难或错误,在于不知理气虽可为二物(寅按:指两个概念),但却只是在观念上(寅按:在思维的头脑中)分,而在实际事物上决不可

① 《抉择》,第205页。
② 《成中英自选集》,山东教育出版社2005年版,第117页。

分；理必然有气与之相应，而气也必然含相应之理，两者不必强分前后，正如动静、阴阳不必强分先后一样。程伊川言：'动静无端，阴阳无始，非知道者，孰能识之'（《近思录·卷一》），就已提供了一个阴阳辩证性关系及模型。依此模型，理气也是一动静无端、阴阳无始的整体和太极了。"①

（二）片面化了"太极"范畴

成氏指出，依据阴阳辩证性的模型，"太极也不应只看做理，性也不应只看做理，而应兼含气的存在才是。"②朱子多次把"太极"的内涵与"理"的内涵等同起来，单以"理"解释"太极"，不管有意无意，就是把"太极"范畴中的气的因素排除了，甚至把"实在"的内涵排除了。

（三）混淆了认识论范畴与客观规律的范畴

成氏指出：朱子"以理为先"的论据是："未有这事，先有这理"，"如未有君臣，已先有君臣之理，未有父子，已先有父子之理"（《语类·卷九十五》），故肯定"若在理上看，则虽未有物而已有物之理"（《答刘叔文》）。成氏指出："这是由于他把通过心的认识之所谓理，与事物中律则性之理视为同一范畴所造成的混乱所致。（寅按：前一种理是主观认识，后一种理是客观规律。客观规律有待于人的认识，但认识不能代替和等同于客观规律。）从认识论看（即对理的认识看），我们可以有对理的认识，不必有特殊之事物与之相应。如未造飞机可先识飞机之理，但飞机之理已存在于一般事物之中。故未有飞机，却仍有相应的飞机之理和飞机之物存在。故理终不得离气而存在。万物之理、君臣之理亦然。作为此等事物关系之理也是相应地存在于事物之中，不然，连认识也不可能了。若仔细分析，当可明白，一切认知之理，均可析为先于事物和气之理，而不必独立先存。朱子的理气二元论实是他混淆认识论范畴与本体论范畴之理所致。"③

（四）朱子未能开拓理的逻辑结构系统

成氏认为：宋明诸家在理气范畴论之最大的缺陷，在于他们未能在经验上对气作细致的探究，也未能在理论上对理作分析性的思考，也未能开拓出气的经验科学以及理的逻辑科学。这反映出，宋明哲学家对具体事物的变化的注意力并不充分，对理论概念及思想的反省批评建造也不专一。他们的重点只放在一般性的大体系的语言论述及直觉上。成氏说："理除与气相对待外，其

---

① 《成中英自选集》，山东教育出版社 2005 年版，第 117 页。
② 同上。
③ 同上，第 117—118 页。

自身也有对待性。不仅是因为太极涵动、静之理,故有动静之理对待,而且其他气的往来、屈伸的变化也无一不有对待含摄其中,也因之无不有对待之理含摄其中。故程明道曰:'天地万物之理,无独必有对,皆自然而然,非有安排也。'(《近思录·卷一》,并参考《遗书·卷十一》与《遗书·卷十五》)这种理的对待性自然是气的辩证性所决定的。但在理的范畴中却可以表现为逻辑的结构。程伊川及朱子重视理的独立性,应有开拓理的逻辑结构的能力,但却陷于一般性的对理的玄思中,而未能开拓出这样一个系统。"①

(五)朱熹理气论在范畴体系上的混乱

成氏指出,在朱熹看来,理甚至占有"太极"的形而上的地位,是产生并构成事物的本体性的基本原理;而气则是产生事物形体的原理。这样,理是否确实拥有创造的原动力,就成了问题。因此,成氏说:"我们至少可以说,由于朱熹把理、太极、道视为一,而并未为理设计出一个理想的角色、地位、作用和意义;这样,在理气的关系上,二者的角色、地位、作用和意义也就没有得到充分的说明。事实上,他对理与气先后问题的见解,以及把理当作存在和阐释的终极范畴的处理,不可避免地招致二元论的责难。"②

(六)朱熹的二元论本体观

朱熹把事物之性二分为理与气,使理与气成为独立的本体性原理,以致使两者关系难于理解。成氏指出:此二元论的一个后果,在他解释人类存在时,就可以看得出来。朱熹说,人具有"义理之性"和"气质之性";前者形成德性之根本,而后者则形成欲望、习性之本质。这又使他分成"道心"和"人心"两种。这种对人类存在与心智的见解,自然使他贬低了人类欲望的价值。在他看来,人唯有通过精进天理、削弱气质的工夫,才能够克服欲望。这显然是对人类真实道德形象的歪曲。③　成氏说:"理气二元论,以及天理与气质之间,带有贬抑意味的区分,乃是朱熹哲学的根本困难所在。这些困难或许是因为对《易经》哲学的理解不够充分与解释未得要旨所致。《易经》所要解决的,是有关创造、物性的演化,以及道德本质等问题。朱熹并未真正了解《易经》的本意,以致他对理气二原理及其关系的铺陈,缺乏坚实一致的架构。"④

---

① 《成中英自选集》,山东教育出版社 2005 年版,第 118 页。
② 《抉择》,第 206 页。
③ 同上,第 206—207 页。
④ 同上。

五、作为理气论背景的《易经》

　　成中英把《易经》哲学视为他所要构建的有中国特色的哲学的原始出发点,他对理气相异相生创化论的论析也首先依据潜藏着理气论的《易经》的象征系统,这是必然的。他认为我们能够根据《易经》的本意来重新调整对理与气的理解,目的是达到以下两点:"第一,正确地建构并重新定义理气概念及其关系,使其能在一个形而上学、知识论和人性论的体系中,成为更恰当的存在范畴与解释范畴。第二,前述朱熹哲学中关于理、气关系上的困难,当对《易经》有了更深刻的理解之后,都可一一迎刃而解。"[①]他认为揭举理气二者作为中国哲学中主要的范畴概念——它们具有在诠释上、描述上、甚至评估上的重大意义。他认为这既是一种分析、注释的工作,也是一种基于深刻经验和思维的哲学整合工作。因此,它所具有的形而上学意义是非常广泛的,其中之一即是有关哲学或中国哲学中有、无范畴及其关系的问题。[②]

　　按照成氏的研究结果,理气二概念在《易经》中表现为三个主要层次——象征、卦爻辞和哲学性的注解。由于《周易》本经采用了"幽赞于神明而生蓍,参天两地而倚数,观变于阴阳而立卦,发挥于刚柔而生爻"的方式揭示万物的规律及所有的哲理,因而从原典中去发现理气论,对于一般人实在困难。成中英先生对《易经》极有研究,对易学本体论已写了专著,在《世纪之交的抉择——论中西哲学的会通与融合》一书中也至少有一半以上是阐发《易经》的哲理。但要完全读通成氏的这类著作亦非易事。因此此节对成氏所论《易经》对理气的解释也只能述其大略。

　　《易经》的三个层次:成氏指出理气二概念在《易经》中具有三个主要层次:一个是象征,一个是卦爻,一个是哲学性的注解。[③] 成氏指出:"象征、卦爻辞和哲学性的注解这三者均在历史的时序下开展出来,并遵循着本身内在的逻辑——一种在时间中推移发展的逻辑。"[④]成氏又指出:"《易经》的形成,展现在时间的整体及其推移中,反映出自然与人性结合为一体所含藏的深意。我们可以将象征视为提供了一个归纳性的与经验性的形而上学;在一个动态的象征系统中,此归纳——经验的形而上学,乃通过表象而显示出有宇宙论意义

---

①　《抉择》,第 207 页。
②　同上。
③　同上,第 208 页。
④　同上。

的主要相关事件和现象。卦辞和爻辞可以说是提供了一套价值形而上学。为了正确地指导实际的决断和行动，它乃用一系列可以推究去从、描写环境的现实语句，来为人决疑。……《易经》并且假定了一个评估诸种人生价值范畴的完备体系，此可见诸于吉、凶、悔、吝、咎、厉、用等用语。……《易经》具有高度统摄性的诠释形而上学，乃从前二者（寅按：指象征系统和卦爻辞系统）发展出来……。《易经》的诠释形而上学，显然的对生命作了深入的观察和体验，必定会自然而然地产生了一个以深省为基础的诠释方略。"①

《易经》的奥妙与价值：接着，成氏就以上三个层面来讨论理气的意义、内容和指谓。他认为《易经》的整个象征系统满足了以下六个条件："(1)它列举出记载自然界主要历程与现象完整表象——在人类对自然的观察所及的范畴内求其完整。(2)这个象征系统显示了演绎上的可还原性——还原到纯一性和一体性。(3)这个系统显示出朝向分殊无限演绎的能力。(4)这个系统在其所有的符号之间，体现出密切相关的结构。(5)这个系统显示出了相反、相成、对称、归属、次序和平衡等关系。(6)这个系统在经验和概念的暗示性中，把分殊的具体性和普遍的抽象性杂糅在一起。"②成氏概括出以上六点后，并对这个概括作了以下的解释或说明："由于满足了上述条件（这是对此系统本身加以分析的结果），这种象征系统就最适合于展示我们观察和体验所面对的万千的、捉摸不定的变化和运动。它确实是一个智慧的途径，（这个途径能够）展示出变化和运动的整个面目及内在的结构。虽然这个系统基本上是形式主义的，但毕竟通过其符号的外在和内在，归纳和演绎的关系，产生出了动态的特性。"③

笔者认为，成氏的以上论析固然相当精彩，但如果不作解释，有些读者可能会嫌其简略或复杂，而在思想上对之不够重视而让其滑过，这是很可惜的。所以，笔者还要不厌其烦地写出自己的一些看法和观念，以引其读者的注意。

识货人：就像商店中所摆的众多的令人目不暇接的商品一样，有了货物还要有识货人，否则有价值的商品，不一定有人买走。世界各民族都有自己最高智慧表现的载体。中华民族的最高智慧首先在《易经》上表现出来。《易经》表现智慧的这种象征形式，在世界历史上是独一无二的。对于中国古代文化中的精品——《易经》，我认为成中英是真正的"识货人"之一。是他，最为理解《易经》的文化和哲学价值，也是他最能用语言文字阐明《易经》的奥秘和价值。

---

① 《抉择》，第208页。
② 同上，第209页。
③ 同上。

上述六条，就是成氏对《易经》的智慧和价值的简洁的概括。

观察：包括思想家在内的人的智慧，首先就表现在他善于"观察"，只有在全面观察的基础上，思维才能发展起抽象、概括和提炼的作用。成氏在上述第一点，指出了《易经》对自然和人类生活的观察的全面性和完整性。

还原性：成氏第二点指出《易经》象征系统所显示的"演绎上的可还原性"或"纯一性和一体性"。不知可否把"可还原性"理解为形象和形式的"原汁原味"，其反面是虚假、夸大其词、不着边际、歪曲事实。《易经》中提到的人和事都是历史上实有的，其评价都是能反映当时人心的实际的，而且所记的人或事在当时都是相当重要的、对人有启示作用的，因而能够让人理解所发生的时代的。因而成氏又用了"纯一性"和"一体性"的词语。

一多：《易经》所涉的大都是带本体性和根源性的事实和思想，但又并不脱离时代、脱离群众，其事实和思想都是概括中见丰富，一般中见特殊，统一中见个性，因而如成氏所言，这个系统具有"朝向分殊无限演绎的能力"。它既是宏观的又是微观的，既是本体的又是现象的，既是统一的又是多样的。可以说是"一体多元"。

严谨：《易经》的带"形式主义"的象征系统，各构成因素之间的关系和结构极为有序、系统而严谨，可以说是"密不透风"或"滴水不漏"。因而被称之为"宇宙时代数学"。成氏上述的第四点，说的就是这个。

对偶：《易经》的象征系统中的符号、事实、观念、哲学性的注解，到处贯穿着宇宙万物一体中所包涵的对偶、平衡与和谐的关系。相反而相成，总体对称和有序中包含着局部、少量的不对称和无序，总体平衡与和谐中包含着过渡性的不平衡与不和谐。因而《易经》的系统是宇宙万物和人类社会的最好的概括和总结。成氏所说第五点，说的就是这一方面。

具体与抽象：《易经》的象征系统和哲学性的注解词语，包含着"多样统一"、"统一多样"的思想观念。这是宇宙万物的统一性与多样性、单纯性与复杂性、具体性与抽象性、普遍性与特殊的对立统一的本质和规律的真实的反映和"形式主义"的概括。

以上对成氏六点的解说和分析不一定完全贴切，但大意如此。成氏说明，这六点是他作为一个哲学家对《易经》的系统加以分析的结果。这种分析特别指明大千世界作为一个有机整体的变易性和运动性及其内在结构。笔者体会，成氏是把上述分析作为理气相反相成命题的思想背景来介绍的。

六、《易传》中的太极、易、阴阳与气、理的定义

根据成中英对《易传》的研究所得，可以从太极、易、阴阳与理、气的范畴关系中，来理解理、气二范畴的内涵或定义。

《易传》中的"太极"范畴的内涵：从"一本万殊"看"太极"，即从整个象征系统看"太极"，成氏说："从八卦到六十四卦扩及的范围，即可看出（宇宙万物）变化、运动之潜在动态秩序，也可看出在我们的经验、观察和概念表象所对之下的'实在'的'一本万殊'的程度。事实上，此'实在'朝向分殊的扩张是渺无止境的（寅按：六十四卦只是举例，思维不限于六十四方面和层次），因为它具有无限的万能性。因此，相对于其分殊的程度，此象征系统还原为一个单一的统合体，这个统合体被还原为'四象'、'两仪'之后，就是所谓'太极'。"①——"太极"表示"一本"，而六十四卦即可表示"万殊"，都是"实在"在象征系统中的反映。

还可从《易传》所指宇宙万物整个"生生不息"这一命题看"太极"。"太极"就是"易"，包括不易和简易。成氏说："显然，易是变化过程中生生不息的创造。此生生不息的创造具有传统所谓的易、不易和简易等三个变化特征。由于易是一个统合的整体，也是创造的根源，所以称之为'太极'或道；又由于易是一个涵括无数个体的集合，又是一个过程，因此它是阴阳的活动，也是万物的殊相。其动态和单纯的性质，即表现在这一个体性、众多性、根源性和历程性的合一之中。"②这样，太极、易、阴阳这三个范畴就在"实在"、"变易"、"根源"、"生生不息的创造"、"一本"、"万殊"等等范畴、命题中结合、统一在一起了。它们又全部属于《易经》整个象征系统的内涵，也是这个象征系统所反映的宇宙万物统一性和多样性的内涵。

从《易经》象征系统所显示的动态本体看气与理的内涵和作用：成氏说："在上文对八卦象征的理解之中我们可以很清楚地看到，此象征系统所显示的动态本体可以谓之气，而本体的模式和结构则可谓之理。（寅按：显然，这样来说，气与理的统一，即可视为"太极"或"道"）。理气如实地展现出发展（变化、运动）臻于极致的本体。换言之，我们可以把象征系统中相生相随的两组性质（一组是变化、运动，另一组是模式、形式、秩序）视为一体之两面，也就是'易'的整个统一终极根源。我们可以定义气为第一组的本体，而理为第二组性质

① 《抉择》，第 209 页。
② 同上，第 210 页。

的本体。显然,这两个本体其实为一,因为这两组性质是不可分的。然而,若变化及其动力更近乎一般对气的理解,那么,变化的极致以及变化的过程,显然就更适于称为气,或气化了。不过,气化显然也离不开形式,所以,作为形相的理,也可说是变化过程中显现来的气的固有性质。这二者之所以不可分割与互为一体,可以从象征系统中明白地看出。因此,我们可以借上述的讨论做出下列结论:气即易(或化),而理即象;或者更谨慎地说,易即气,而象即理。通过对于'卦'之象征结构、作用与能动的理解,理与气及其关系,就将变得更为清楚。"①

七、理气相生是太极创化论的重要命题

上面,我们从不同的层面上借助于相关的思想背景、范畴概念,特别是《易经》的象征系统,梳理和论析了成中英对理、气二范畴内涵与定义的理论,下面,我们将介绍和解说成氏有关理气相生创化论的重要命题,反过来进一步充实对理气范畴内涵的理解。

(一)理气统一整体论

成氏说:"理与气乃是一个整体,其区别在于理是气的活动结构,也是气的活动的产物;而气的活动自然而然地形成了秩序、组织、结构与和谐;因而也就是形成了理。由于气变化能力是无限的,因此,任何一种特定的形式和秩序都是构成下一个新形式和新秩序的阶段或媒介。无穷的创造与变化能力乃是气的特征,其善就在于其统合性及朝向丰富秩序的分化,因为创造和变化就是善。"②

(二)气的活动为单一整体论

终极原始的实在就是易(变化)的创造力;此创造力即显现于形成秩序和结构的阴阳活动中。成氏说:"阴阳乃是气活动的两个基本状态或方面,对于此二状态或二方面的理解,必须基于广泛的经验。阴阳的活动造成了其他种种相反相成的活动或属性,这些活动或属性对于事物的构成,以及万物层次分明的划分,是不可或缺的。阴阳活动,实际上也就是创造世界的活动。但是对气的创造力的最重要的认识在于:不论万物的层次和分化是如何的繁复,气的活动始终自成单一的整体——它起源于以无形创造力为内容的整体,归结于

---

① 《抉择》,第212—213页。
② 同上,第215页。

以秩序与和谐为内容的整体。然而其始终又构成了一整体,造成了更多的秩序与和谐,并隐藏着带动进一步变的力量。"①

(三)"太极"统帅阴阳、理气论

成氏指出:《系辞》称阴阳所构成的整体为道,亦称之为"太极"。从《系辞》中摘出的以下的文句,"可以清楚说明气的创造力——而此创造力又表现出形成秩序与结构之理的活动。"②所说的文句是:"一阴一阳之谓道。继之者善也,成之者性也。""生生之谓易。成象之谓乾,效法之谓坤。""是故阖户谓之坤,辟户谓之乾,一阖一辟谓之变,往来不穷谓之通,见乃谓之象,形乃谓之器,……是故易有太极,是生两仪,两仪生四象,四象生八卦。"(《系辞》上传)成氏说:"阴阳之交替就是气或气的活动;气的创造之善与性,使事物得以变化、形成,故可谓之理。然而,理仅是使气形成为秩序之创造性的力量以及它的活动;'太极'亦为气,气借助于其本性和本身的发展过程,造成了事物的分殊。八卦之形成,可谓具体而微地描绘出气的创造力的过程和性能。"③"在此,易再度展现出其气的创造力,并以阴阳、刚柔、仁义的交替作用来描述之。这里所谓的理,亦即为万物与人类本性的模式或理序;理是天、地、人之理序,并且唯有在气的创造过程中理得以展现,而为我们所掌握。"④

(四)理为客观中阴阳变化之理序论

成氏说:"要透彻地了解理,就得观照阴阳之变,运用并发挥刚柔之关系,也就是要通过使人类与万物和谐一体的道德规范去协调万物,用促成群伦理序的义理规范,去开物成务,其目的与最后的结果,是穷尽个体之本性,实现其命运。因此,可以推知理就是客观世界中阴阳变化之原理,刚柔并济之关系,以及人类行为中仁、义之德性。这里绝未暗示理的'本体'地位或具有本体的独立性,因为理乃是气的固有理序,也是气之构成秩序的种种活动,这种活动体现于阴阳、刚柔及群己之和谐的关系中。"⑤

(五)气为理的来源论

成氏指出:从《系辞》看来,可把"太极"视为气,而不是理。郑玄就曾说:"太极,淳和未分之气。"(《周易注》)孔颖达也说:"太极为天地未分之前,元气混为一,即是太初,大一也。"(《周易正义》)朱熹由于过分热衷于"理气之分",

---

① 《抉择》,第215—216页。
② 同上,第216页。
③ 同上,第217页。
④ 同上。
⑤ 同上。

故未能看到气作为理的来源,乃具有本体上的最初实在性。从形而上方面言之,气是创造来源与本体,而理则是具有创造力之气的条理化和分殊化的活动;气的活动在具体事物中显露出,就是理。从逻辑方面言之,气是主词,理则是气的述词或属性。无一理可缺主词,正如无一理可缺属性一样。① 成氏明确地说:"'太极'乃是气,而非理,变化即气化。因此理可说是在气化的创造力及其具体表现中所固有的关系和结构。"②

(六)气为"太和"论

总而言之,一方面,可以把气视为变化和运动,也可视为变化和运动的过程中之生之德和万物。另一方面,也可以把理视为所有变化和运动的特定形式。理是气形成秩序、分殊、平衡、和谐、统一、分类、关系和组织的活动,而理是无限的。那是因为,气具有无限的可能性。倘若理有任何终极意义可言的话,它便是整个气的活动中不断涌现出来的秩序与和谐。在这层意义上,张载把气称为"太和",可谓恰当。③

(七)气为"无极"论

成氏说:从气永远无形这个理的终极意义上去看,气又可称为"无极"。"(周敦颐)无极而太极这句话,指出了气是变化、秩序的未定无形的来源,正因为如此,气造成了一切形式、事物和特定的活动。这就是创造形式的极致——气的创造力。"④

(八)气为"太简"、"太易"论

"事物的繁多、差异和秩序,是从频繁发生的至简活动中出现的。此即气的活动之一属性。循是观之,我们可称气为'太简'或'太易'。"⑤ "此气化之简易性,也可说是'气之理'。当我们从气来观察万物时,就可看出,事物如何在自然的简易法则中生灭(寅按:这简易法即对偶相生相灭),也可看出事物无不能以气的活动来理解。也就是说,无不以阴阳、刚柔、动静等活动来理解。所以,《系辞》说:'乾以易知,坤以简能,易则易知,简则易从,易则知则有亲,易从则有功;有亲则可久,有功则可大;可久则贤人之德,可大则贤人之业。易简而天下之理得矣,天下之理得,而成位乎其中矣。'"⑥ 从实际上看,知道易简是很

---

① 《抉择》,第 218 页。
② 同上,第 224 页。
③ 同上,第 219 页。
④ 同上,第 219、220 页。
⑤ 同上,第 220 页。
⑥ 同上。

不容易的。比方说,在上世纪 50 至 70 年代,在一分为二与合二为一的争论中,有些人物就似乎不知道鸡蛋是一个动态的有机的整体:鸡蛋由蛋黄与蛋白所构成(一分为二又合二为一)。因而两次大反"合而为一"论,不知"一分为二"正是以"合二为一"为基础。如果没有"合二为一"的有机整体,你如何去进行"一分为二"的思维活动?

(九)气为万物的本原论

就整体而言,五行系阴阳过程的展现,而阴阳过程本身也是太极的展现。因此,太极与阴阳五行实为一体。促使太极导向阴阳的形态,从而分化为五行的质与力,系属于气的本性。宋明儒家主张,气内在于太极,甚或构成太极的本质。此看法可有力地支持以下的结论:创生性与演变中的事件所形成之具象整体,实在不分彼此,事实上外延等同,时序又一致。至于气,其古义系指未定的质体,宇宙中所有的个别事物都从气中产生、成形。由此可知其有相当丰富的意涵。气不具形相,却为所有形相之根。气乃万物之本源,又是已成形之物必将化解成的终极所在。气非固著静止,而永处变动之境。气可理解为生成的流动状态,透过自然物与自然事件的实现来彰显自己。不过,按照成氏的说法,"气的最佳解释,当为不定、无限制的'生成中质料',经由阴阳交替反复、交错杂糅的过程所触发的内在动力,五行遂生;再经由五行的交合与相互作用,万物遂生。"①

(十)气内含动力论

关于气,有下列若干重要事项需要注意:第一,气起初以纯粹同质、无定形的姿态出现,而逐渐分化、异化。第二,气中转形与变化的动力是气所固有,而非得自外来的来源,毕竟气之外实已无他物可言。第三,"气——创生性"导向分化与异化的过程与结果,并不足以穷尽或取代"气——创生性"原本无形未定、同质浑化的自然状态。就第一项特质而言,气与"太极"就动力而言,实为一物。就第二特质而言,气既有阴阳二态,又可借五行彰显,仅此而论,气实乃创生性之本质。就第三项特质而言,气的无定性与同质无所不在,充塞于具体实在中,使得绵延不断的创生变化得以维系、持养。②

(十一)理气统一创生论

世界既是一大结构,同时也是一大过程。变化的过程不曾一刻脱离结构,结构也不曾一刻脱离过程而独立存在。因此,理气并不是二元对立的关系,而

---

① 《抉择》,第 259 页。
② 同上。

只有于创生的统一中,方可见两者之分际,变化之始与终皆在于此。[①] 张载对理气之原初的创生统一的体认,或较朱熹更为贴切。他明确主张,气乃实在之终极,而以阴阳消长之变化显现创生性的二模态。张载的宇宙论主张中,"理"不是先于气。因为他以太极为太虚。他说:"游气纷扰,合而成质者,生人物之万殊,其阴阳两端,循环不已者,立天地之大义。"(《正蒙·太和》)事物的创生并不是理加之于气的结果。事物乃自然地体现,而具有可为人作理性的了解与分析的地位。因此,理充其量是内存于气之中,作为牵制、规范、塑型的力量。不过,就"太极"被理解为透过气的自然律动而取得健动的性格而论,"太极"的概念乃具有深远的意涵。[②]

(十二)理气统一于太极论

对于被统一于"太极"中的理气,如何引入并孳生已潜在此统一中的繁多各异的可感觉性质,亦即"太极"如何从其极简易的初萌状态而导出世间极其丰富的类型与特殊的分化状态这一问题,成氏作了如下的回答:"太极"意外地开展成各式各样不同的真正存在体,新旧杂然。气汲取了多样性,而可于适当的场合衍生某类特定的多样组合。为了宇宙万物之生,我们必须了解"太极"涵有万物初生之机,借阴阳消长的创生过程而得以不断演化。但这既不表示万物之多样性在"太极"中已完全确立;也不表示"太极"的存在或动静中包含了确定性的所有形式。恰好相反,"太极"的"无极",意味着物之始生时无确定可言,唯有通过"太极"的刚健运行,方得以渐次确定完成。从未定推进至确定,这就是"创生性"的本义。"实际存在体"的确定,也并不足以动摇或穷尽"太极"的原初、自然的未定,而此未定实为"太极"中"无极"的永久本性。仅此而论,在万物的创生变化中,必将永不乏新事相的出现。事物之每一段确定与形成的例子,都是"太极"创生性的一种完整的证据,也是生动的解说。因此,朱熹说道:"物物一太极。"我们不妨将支配确定与未定之间关系的原理,称为"终极的或者普遍的创生性原理"。[③]

(十三)"理"是万物整体恰如其分论

《易经》对于创生的过程与结构(和结果)同样重视。不过,直至宋明理学兴起,显示变化过程的内在结构和外在理则的大系统才相继展开。譬如,邵雍就曾推出一套此类精微繁复、精辟独到的系统。其合乎真理的程度仍需研究。我们须留意的重点是,"太极"、阴阳的"创生性",有其遵从合理性的内在结构

---

① 《抉择》,第 261 页。
② 同上。
③ 同上,第 262 页。

和外在理则,同时也可为人类知性所理解。说得精确些,具体存在体及其生成结果本身,即具有某种形式和结构,足以决定自身为何物。在宋明理学中,理的概念之所以居关键的地位,是认为"理"是万物整体中一物之如其份。使一物恰如其分的,正是该物之结构或形式。但理仍不与气分隔,而应在"太极"中与气形成有机的统一。因此成氏说:虽然"理可视为具体事物的形式与结构的赋予者,但理不可与万物所由生的气相隔。……理作为原理看,其要求物物皆有理。也就是说,物物在可予以理性解悟的实在体系中,皆各如其分。换成本体论的提法,这无异于说,万物都在太极中有其根源,太极即含万物之运动。此外,物物皆可探本溯源至气之整合与分化的种种模态。"①

(十四)"太极创生万物"的过程论

成氏按照宋明儒者心目中创生变化的过程,并画了下面一幅图表。

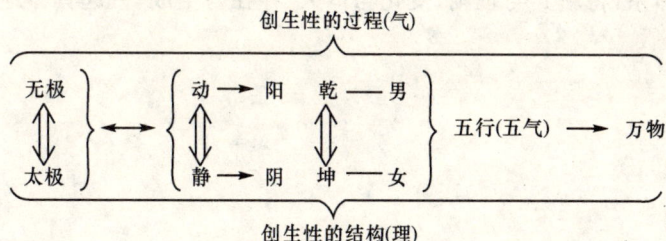

创生性的过程(气)

无极　⇕　太极　↔　{ 动 → 阳　乾 — 男 / 静 → 阴　坤 — 女 }　五行(五气) → 万物

创生性的结构(理)

成氏解释说:"表中双箭头表示相互内存和交互的可转化性。单箭头则一方面表示趋向殊化与分化的创生进展,另一方面代表普遍化与整合的过程。分化与整合两者都是创生性所不可或缺的要素。同时两者涵盖面一致,时序也完全吻合。创生性所有这些内在的断面片刻的统一,可从理与之无所不包的大一统中见其端倪。其中,理与气通过条理井然的解悟和终极的生命体验所组成的兼容并包的层级体系,将新异与理则、变化与恒久、存在与生成,一起具体地展现。"②

看来笔者还须要对成氏的解释作一些粗浅的解释:

(1)"气"范畴在这里表示万物统一的"实在",创生的过程是实在的气创生的过程。气分阴阳、动静、隐显。五行中贯穿着阴阳二气的对待、变化。无极、太极统一、贯穿于阴阳、五行等一切相对待因素的运动中。无极与太极、动与静、乾与坤是在"气"中潜再地促使各种对偶因素活动变化的。因而表中双箭头表示相互内存和交互的可转化性。即无极而太极,太极而无极;动而静,静

---

① 《抉择》,第264页。
② 同上,第265—266页。

而动;乾而坤,坤而乾,乾坤并建并进。

(2)从创生性的总的过程来说,作为宇宙万物统一整体的太极(无极),必然要特殊化,即分化为较为具体特殊的对偶;同时又要把"太极阴阳和谐辩证法"普及到一切又分又整合的过程中,促使万物的变化发展和创生。因而单箭一方面表示趋向殊化与分化的创生进展,另一方面代表普遍化与整合的过程。分化与整合两者都是创生性所可或缺的要素。同时两者(按指分化与整合同时进行)涵盖面一致,时序也完全一致。

(3)联系到"理"与"气"范畴来说,在万物创生的总过程中,理与气始终是对待统一的,是辩证和谐的,有条有理的,井然有序的,无所不在的。因而才认为创生性的结构(理)与创生性的过程(气),具有总体的内在多种对偶的辩证统一性。因而理与气通过条理井然的解悟和终极的生命体验所组成的兼容并包的层级体系,将新异与理则、变化与恒久、存在与生成,一起具体地层现。

第九章
和谐化辩证法

2007 年 7 月，作者与成中英先生在南京金陵饭店作题为《从易学看中国当代哲学发展问题》的对谈时，曾建议成氏用极简要的词语概括他的哲学的中心命题，成氏说："生生不息。"我又问成氏："为什么用这四个字概括自己的哲学主张。"回答说："宇宙的本体就是生生不息的。"我又追问："人类如何发挥自己的能力以助长宇宙，特别是人类的世界'生生不息'？"成氏回答说："从哲学上说就是要运用和谐化辩证法追求生生不息。"

可见"和谐化辩证法"在成氏哲学体系中的重要地位。笔者还体会到，成氏之所以重视"和谐化辩证法"，还与他自己对中国传统思维方式的特征和优势的认识有关。成氏说："如果说，西方思维方式倾向于形式的、机械的、冲突的，那么，中国传统思维方式则倾向于整体的、辩证的、和谐的。故而我们将中国传统思维方式的特征概括为'和谐化辩证法'。"[①]而成氏的"和谐化辩证法"，按笔者的理解，还植根于他对宇宙的本体和变化规律的理解。以下成氏对整体动态宇宙论的通俗易懂的解说有助于我们理解他所提出的"和谐化辩证法"的哲学本体论的基础和哲学思维论的基础。成氏说："《易经》哲学把宇宙看作是一个动态的整体，（因而）提出阴阳对立、两极一体的宇宙模型，创造性的辩证思维、'观'的认识论……""从哲学的观点看，整个宇宙自然是一个最真实的、复杂的、具有生命力和发展性的动态的存在系统。……自然宇宙生生不息，不断更新，就像有一个内在的力量在推动着它的变化；同时它的新陈代谢也代表着一种深层的内在平衡，时间上的循环和空间上的对称，以及所包含的动态的和谐。"[②]"在这样的形象宇宙中，每样事物之间都有一种多元的相对、相应、对立、互补、互成的关系，同时也表现出冲突、紧张相互抵消、相互平衡的作用。从整个生命宇宙的发展来看，对立、紧张、冲突都是达到更高层次

---

① 《抉择》，第 173 页。
② 《成中英文集》第三卷《伦理与管理》，湖北人民出版社 2006 年版，第 132 页。

和谐的过程和方式。"①成氏说,由于中国哲学各大系统在不同阶段均受《易经》观念的影响,故中国哲学一般均具有辩证性。要了解形上学与辩证法如何在中国哲学中密不可分的问题,就必须进一步对中国哲学的知行一致、体用不分的有机思想方式作一了解。这亦与中国哲学肯定一根本统合的本体思想有关。② 成氏说:"(阴阳)对待并非对立,而变化也非征服。统一是对待中的统一,也是变化中的统一,故统一也非静止状态,而是代表了一生生不息的全体性。这样的辩证性,称之谓和谐化的辩证法。而这种辩证的过程,是以达到相反相成、阴阳合德的统一为目标;而这个统一的目标也就是生化不已的创造过程。这不仅说明天地万物之所以生的实际,也显示了万物生生不息的潜能。"③由此可见,成氏的"和谐化辩证法"既有宇宙本体论的基础,也有中国传统哲学辩证思维论的基础。

一、和谐化辩证法的当代现实根据

"和谐化辩证法"的重要性,在当代社会实践上表现为全世界广大人民都在追求幸福,热爱和谐,渴望和平。可是,当今世界并不太平。一些头脑不怎么冷静的有权势的政治家和战争贩子还在到处活动,引发各种局部的战争,残害人民。在这种情况下,一方面需要用硬的手段对他们进行实际的批判,同时更重要的是在进步人类中发展和宣扬正确的和平共处的思想和理论,特别要宣扬"和谐化辩证法"。正是因为有冲突、有战争、有恶人恶事,才更需要"和谐化辩证法",用以克制、化解各种不应有的冲突,制止对人民有害的战争。不少正值的、头脑清醒的、负责任的理论家,都一致地感到"和谐化辩证法"是当代世界和平发展的需要。全世界有识之士似乎已经有了以下几点共识:

(一)科技进步的两面性

科技的快速发展,虽然给人类已经带来了重大的物质利益,但科技在当代在一定程度上更成了人类用以破坏自然、伤害甚至毁灭人类的重要工具。1992年,世界1575名科学家曾发表一份名为《世界科学家对人类的警告》的宣言。此宣言鲜明地指出:人类和自然正在走上一条相互抵触的道路。对自然界的过量开发,资源的浪费,臭氧层变薄,海洋被毒化,整个环境被污染,许多贫困地区人口暴涨,这一切不仅造成了对大自然和谐状态的破坏,而且也严

---

① 《成中英文集》第三卷《伦理与管理》,湖北人民出版社2006年版,第135页。
② 《抉择》,第135页。
③ 同上,第138页。

重地造成了人与自然和谐状态的破坏,这一切在实际上已经严重地威胁着人类自身的生存条件。

(二)危害人类的局部战争正在加剧

由于某一部分大权在握的政治骗子和战争贩子,片面地追求物质利益,无休止地争夺自然资料,占有别人的财富,造成了国与国、民族与民族、地域与地域之间的对立和战争。同时,某一部分人过分注重金钱和物质享受,造成了人与人之间关系的紧张和冷漠,缺乏健康丰富的精神生活,人类的各个阶层、群体,各有各的严重问题,特别是道德的沦丧。在当前,社会上种种丑陋现象有些甚至已经超过封建社会和资本主义社会。报刊和视听媒体某些"莺歌燕舞"的宣传,掩盖不住残酷的现实。人与人之间的和谐已经濒临崩溃的边缘,但那些战争贩子和政治骗子却熟视无睹。

(三)个人身心失调已是普遍现象

也是由于人们无止境地追求感官享受,致使人们的肉体与精神失调,人格分裂。由心理不平衡所引起的精神失常、酗酒杀人、自杀等等,造成了不少人自我身心的扭曲,这已成为一种社会通病,严重地影响了社会的安宁。归根到底,个人身心的分裂,是由于私欲对物质过度追求的必然结果。

(四)和平发展是当前世界当务之急

人类社会在当代如果要走出人类自我的困境,一方面必须接受科学技术片面运用的惨痛教训,同时必须确立一种对人类发展有积极指导意义的哲学。在我国,要从中国传统儒道哲学中吸收和发展其中的和合思想。中国道德哲学是和合哲学。要抛弃长期对某些鼓励人们互相对立和相互斗争的哲学的迷信,在此基础上构建新的有民族特色并适应我国社会健康发展的哲学思想体系。在笔者看来,成中英先生的建立在太极创化哲学基础上的"和谐化辩证法"思想理论,是当代最有价值的哲学体系。成氏"和谐化辩证法"主要吸收了《周易》和《道德经》的宇宙本体和谐及天人和谐合一与生生不息的观念。成氏认为整个宇宙从总体上看基本上是和谐的,而且是生生不息的,宇宙发展的整个过程就是从整体基本的和谐走向新的整体的基本的和谐。拿人来说,由肉体与精神相统一的人体是一个中等的宇宙,这个中等的宇宙,从出生到死也基本是整体和谐的。生理和精神上的不平衡、不和谐当然是一种病态,死亡才是和谐生命的结束。但从广义上说,一个人正常的死亡,对宇宙整体也是一种贡献,否则世界就会人满为患了。人的生与死都是整个宇宙生生不息、继往开来的过程的构成因素。动物界之间的弱肉强食,就局部来说好像是冲突,但宇宙万物从总体来看,基本上是平衡与和谐的。因此,在时间和空间上看无限大、无限久的宇宙,是一个多样统一的、有机的和谐整体。不平衡、不和谐是局部的、暂时的现象和暂时的过程。因而人类应当自觉主动地重视和谐、追求和谐,这对人类的发展,对宇宙的发展最为有益。因此"和谐化辩证法"是古往今来特别是在当代最有根据、最有价值的哲学。

人类在 20 世纪曾经发生两次世界大战,使数千万人丧失了生命,使人们多少年来创造的物质文明和精神文明遭受了难以估计的损失。当今,虽无世界大战,但局部战争不断,一些自作聪明而实际上愚蠢的人,仍然不断地到伊拉克、阿富汗或其他有局部战争地区去"送死"。今后的历史将证明,这些局部战争是一些要被钉到耻辱柱上的战争贩子和政治骗子的罪恶。现在最需要解决的,因而是"和谐与发展"的问题,其中特别要解决好人与人之间的关系、国家与国家的关系、民族与民族的关系、地域与地域的关系。还要同时解决"人与自然的关系"。要树立"普遍和谐的观念",包含人与自然的和谐、人与人的和谐,个人自我身心内外的和谐。"普遍和谐"作为一种世界观、一种哲学,特别强调宇宙的和谐与人的和谐统一。

二、和谐化辩证法的历史和理论根据

反观中国古代哲学史,儒家的哲学和道家的哲学,都强调和谐与太和的观念。《周易·乾卦·彖辞》在解释乾卦时就指出:"乾道变化,各正性命,保合太和乃利贞。"是说由于天道的大化流行,万物各得其正,才能保持完满的和谐,万物才能顺利发展。在肯定万物的多样性和统一性的前提下,同时肯定万物的和谐性和发展性。老子《道德经》提出一个重要命题:"万物负阴而抱阳,冲气以为和。"指出阴阳相异统一是宇宙万物的结构,阴阳冲气是万物变化的根源和动力,太和则是万物变化的归宿与继续存在和变化发展的新的开始。

(一)和谐化辩证法的基础是相异因素的和谐结合

和异的事实其实无处不在。中国技术史上很早就产生了一条重要的指导思想——"和异论"。这是建立在辨异同和异同的方法论基础上的非常优异的理论。"和异"原则,肇自上古,迄于今世,若能发挥之,则妙用无穷。《国语·郑语》录有史伯之言。他主张由和异而生物:"先王以土与金木水火杂以成百物,是以和五味以调口,刚四肢以卫体,和六律以聪耳……声一无听,色一无文,味一无果,物一不讲(构)。""讲"为媾之通假字,育种之义也。这大概是最早的"和异论"。至列子则有偃师机器人的比喻。(见《列子·汤问篇》)说的是,偃师造了个机器人,献给周穆王。那机器人能歌善舞。穆王根本不相信它不是真人。这个机器人能与王的姬妾眉目传情,惹王大怒,要杀偃师。偃师吓坏了,急忙把机器人拆开给王看。一看,"皆傅会革木胶漆白黑丹青之所为。王谛料之,内则肝胆心肺脾肾肠胃,外则筋骨支节皮毛齿发,皆假物也。而无不毕具者。合会复如初见。王试废其心,则口不能言;废其肝,则目不能视;废其肾;则足不能步。穆王始悦而叹曰:'人之巧乃可与造化者同功乎?'"这个故事包含以下两个基本理论观点:(1)结构材料都是现实物质。"假物"指都是代用品模拟人的功能。(2)各部件互相关联,如心与口,肝与目,肾与足……等等。这个观点显然与当时医学理论有关。至今中医还说"养肝明目"之类的话。偃师的故事,是说明一种道理,并非真的造了一个机器人。这两条原则无疑是永恒真理。在西方思想史上,唯心主义者不承认第一条,机械唯物主义者不承认第二条。中国古人不是从"唯心"、"唯物"的方面去讨论思考。从哲学原理上看,列子所说故事也属于"和异论"。能和谐巧妙地"傅会"众异,就是技术。在现实技术实践中,和异乃是常理。典型事例,如用木材造车,冶炼青铜技术的"六齐"(是讲把铜锡两种异质原料变化调和生成各种性能不同的合金),中医的方剂等。治国安邦与烹饪相似。以上的事例中包含有统一的原则,这就是"和异论"。《老子》说"治大国如烹小鲜"之语也应如是解。《老子》所说"万物负阴而抱阳,冲气以为和",看来也是"和异论"。阴阳之异包含矛盾,但太极阴阳说不完全是矛盾论。矛盾论强调对立物的斗争,而太极阴阳说强调和合为化生万物的正途就是"合异为一"。单有物自身的阴阳还不够,多异而和才促成进化。谁见过没有公马而母马自己就能生小马的?进一步讲,媾以多物,马和驴媾和才生骡子,多一个物种。当然,"和合"的事实不完全是"和异",包括"和同异"。一切科学研究无不以辨同异为起点。"和谐化辩证法"的现实基础,就在于"和同异"的广泛经验。违反此经验是要吃大亏的,不管你是多么大的学问家和领袖人物。

(二)《中庸》对和谐本质的论述

我国古代许多典籍都强调"中和"。《中庸》中有一段文字论"中和",特别有理论价值。从大体上说,"中和"即"和谐";"和谐"亦可简称"和"。《中庸》的这段文字是:"喜、怒、哀、乐之未发,谓之中;发而皆中节,谓之和。中也者,天下之大本也;和也者,天下之达道也。致中和,天地位焉,万物育焉。"[①]成中英曾指出:"说明'和'的本质和要旨的最著名的一段文字当归之于《中庸》。"[②]成氏既然这样说,那么要了解成氏所认同的"和谐"的内涵(其"本质与要旨"),就必须把上引《中庸》这一段文字的主张弄清楚。

---

① 见《大学纂疏·中庸纂疏》,华东师范大学出版社1992年版,第139页。
② 《成中英文集》第四卷《本体诠释学》第234页。

朱熹等人对《中庸》这一段文字的解说非常多,以下只举其要者:

(1)关于"性与情"。朱熹说:"喜、怒、哀、乐,情也。其未发,则性也。"可知,《中庸》文中之"性"的涵义是人的内在的本性。人的内在的本性当然有正有偏,有善有恶,有和有不和。

(2)关于"中"。朱熹说:"无所偏倚,故谓之中。"可知"性"之"中"是指正常的性、善性及和谐的性。

(3)关于"中节"。朱熹说:"发皆中节,情之正也。"是说人的内在的"性"表现于外,而且"皆中节",那就是正常的、理想的、和谐的"性"。或者说,个人的行为对与相关的人群的物质生活及精神生活无害有益,可视为"中节"。

这里有三个观念值得注意:第一,"和谐"表现于"关系"。第二,"和谐"有关于满足人的生活"需要"。第三,"和谐"主要表现于人的"行为"。这里当然仅仅是从人与人之间的关系这一层次讲"和谐"。

(4)关于"中也者,天下之大本也;和也者,天下之达道也"句,朱熹的解释是:"大本者,天命之性,天下之理,皆由此出,道之体也。"朱熹显然认为人的"性"、"理"以"本体"为基础,而"本体"也就是"道体"。可以得出这样一个结论:"和谐以本体和道体为基础。有什么样的本体和道体,就有什么样的和谐"。

(5)关于"致中和,天地位焉,万物育焉。"原文本身就已说得很清楚,"中和"(和谐)与"功能"有关。天与地的和谐,人与自然的和谐,人与人的和谐,在功能上有利于"万物"(包括人)的"发育"。

于是,我们就可以从《中庸》关于"和"的论中得出两点结论:

第一,研究"和谐"的内涵、定义,要运用"关系"、"需要"、"本体"这些概念。

第二,以"和谐"的本体为基础,以对象之间的"关系"、"需要"的满足为原则。

第三,"和谐"有利于"本体"的正面价值。

成中英之所以说"说明'和'的本质与要旨的最著名的一段文字归之于《中庸》",笔者以为就是因为此段文字以举例的方式全面说明了和谐与本体关系,与需要、价值及功能这些概念间的关系。

(三)和谐化辩证法的本体论和价值观基础

从以下成大段摘录的成氏原著《知识与价值》的《自序》的有关论述中,可以看出成氏是多么强调从哲学本体论和价值观为基础来构建他的"和谐化辩证法"的。成氏说:(1)生命包含了理性的动向和意志的动向,意志的动向分化为情感的活动和欲望的活动,分别实现为知识、价值与行为。(2)中国哲学本质上是价值哲学,是对宇宙价值、人生价值、人类价值、社会价值深沉的肯定与体验。人类的思考、知识、决定、行为，都要在这个价值宇宙中安排。(3)用价值来规范知识、人生或人的行为，足以显示价值之为本，知识之为末；价值之为先，知识之为后。《大学》云："知所先后，则近道矣。"近道就是先立本，先立其大，再看小的、细微的层次。这是先认识价值的宇宙，先把宇宙看成是和谐的本体，先把人生、人性看成善。如孟子的主张，都在使宇宙和谐的本体更能显示其和谐，更能实现其和谐，也相应地使人的一切目标更能趋向和谐，也就是更能努力以达到和谐。此乃因人能依循宇宙的和谐原理来达到和谐的价值境界。(4)继价值的理想的揭示，我们可以看出价值是本体、根源与原则。我们也可以看出，既然价值是意志的一种投现与创造，就此而言，中国哲学是以肯定、实现生命的意志为中心，是以《易经》有言"生生之为易"。又云："天地之大德曰生。"对生命的体验最为深刻，也最为执着。(5)对价值的本体性的研究与对知识的价值的研究，对和谐化的本体论和形上学都极具重要性，因为和谐化的本体论与形上学在生命本体上肯定知识与价值最原始的和谐及最终的和谐。在探索价值及评鉴知识的过程中，我们可以从"和谐"此一根本价值观念，来了解中国哲学的本体论、宇宙论、时间思想及自然哲学。以此了解为背景，迈向"和谐化辩证法"的建立。(6)和谐不应只当作价值的理想来追求，同时也应是价值实现的过程；所以名之为"和谐化"。依此义，价值乃一和谐化的过程，而和谐化当为价值实现的过程。和谐化是活动，旨在基于对整体生命的反省，以促进和谐价值的实现。生命本体的发挥，不论在任何层次——自然宇宙、生命个体、人伦社会、天地精神等层次，都可以有和谐。(7)"和谐化辩证法"即和谐化的方法论，其内涵在阐明如何化解生命不同层次所遭遇到的矛盾与困难，实现生命整体与本体的和谐。故和谐化也涵摄了"和谐化的本体论"及"和谐的宇宙论"。(8)"和谐化辩证法"的建立，乃是基于生命整体、理性整体及意志整体所做的试探。因而和谐化不仅是一套价值哲学，同时也可发挥一套本体论，一套宇宙论。①

(四)从"数量"看和谐的内涵

以音乐为例。音乐的"和谐"主要包括两方面的内容：一是音高要适度；二是音乐的所有构成因素必须具有有机的整体结构，而且必须适应人的感受和精神需要。结构的有机性制约着艺术的生命力；适应人的审美需要则更多地体现着艺术对人的价值。《国语·周语下》有《单穆公谏铸大钟》一文，此文介绍周景王二十三年(公元前522年)，国王要铸造能发出无射之律音的大钟，向

---

① 皆见《成中英文集》第四卷《本体诠释学》，第 211、216、219、220 页。

单穆公咨询。单穆公认为铸那么大的钟不妥当：一则劳民伤财，二则尺寸过大，发出的声音不能适应人的感官精神的需要。单穆公原话说："不可。……夫目之察度也，不过步武尺寸之间。其察色也，不过墨丈寻常之间。耳之察和也，在清浊之间；其查清浊也，不过一人之所胜。是故先王之制钟也，大不出钧，重不过石，律度量衡，于是乎生，大小器用于是乎出，故圣人慎之。今王作钟也，听之弗及，比之不度，钟声不可以知和，制度不可以出节（大意：从钟声听不出音乐的和谐，从制度看不出度量的节度），无益于乐，而鲜民财，将焉用之？夫乐不过以听耳，而美不过以观目，若听乐而震，观美而眩，患莫甚焉！"（《国语·周语下》）单穆公讲的就是乐器的大小要适中，乐器发出的音响必须在轻重、清浊上能够引起人的听觉的快感，如果声音超过这个阈限，就不恰当，就不合乎"和谐"的原则。从文中可以看出，当时的乐理和乐器的规格在广大的区域已经非常成熟而具体。单穆公所论对"和谐"内涵的理解对当代人亦应有所启示。"和谐"也包括建立在数量适度的基础之上的。自然现象、人的衣食住行的"和谐"，都要以让人感到"适度"为基础。从单穆公的论析中可以对音乐艺术的"和谐"下如下的定义：和谐的对象由不同的、甚至截然相反的元素结合而成，应当是适应于人的感官和精神的有价值的有机统一整体。"和谐"就是诸多元素组成的对人有价值的有机统一，其中包括对人的"适宜"。

（五）从音乐的律吕看和谐的内涵

大多数音乐史和音乐美学研究者认为：天籁、地籁与人籁的交响和鸣，就是律吕的和谐亦即音乐艺术美的根源。《吕氏春秋·大乐》篇有云："音乐之所由来者远矣，生于度量，本于太一。太一出两仪，两仪出阴阳。阴阳变化，一上一下，合而成章。"这"章"就是天、地、人三"籁"的和谐。认为和谐与"度量"有关。风调雨顺，对于人和对于自然，都是和谐。水灾、旱灾、冰雪灾、风灾都是雨、雪、风的度量太大或大小。运动有益于人的健康，运动量太大或太小都不利于健康。音乐中的音高、音低，如不适度，就不和谐，就不美。因此也要从"度量"上研究"和谐"的内涵。"度量"对人、对自然的"适宜"，应当是"和谐"的一个条件或原则。音乐律吕之美的根据，是自然宇宙与社会人的和谐。古人认为，人们创造的律吕乐章既要能象征和表现天地阴阳，同时又要能影响和调节天地阴阳之气的运行。所以古人心目中音乐艺术要达到的天人合一的境界：一方面认为整个宇宙就是一篇美妙和谐的乐章，而人据以在音乐创作中采天地、阴阳之气而得以滋养；另一方面又认为人创造的美好音乐可以惊天地、泣鬼神，能够推动和调节天地中阴阳两气的运行变易，从而使自然宇宙与社会人生变得更加美好。这样，音乐的和谐就以自然宇宙的和谐为基础；同时，音乐的和谐反过来又能正面地反作用于自然宇宙和社会人生。因此，宇宙"本体"应是"和谐"的基础;"和谐"对宇宙"本体"又有"化生的功能"。要从"本体"和"功能"两个概念的关系探讨"和谐"的内涵。

《周易》中的八卦是宇宙万物运行的时空模式,中国古代音乐艺术中的所谓"八音",则被认为是八卦在艺术中的一种特殊表现。"八音"指八大类乐器及其所发奏的音响。

古人又从《周易》大传所蕴涵的阴阳五行学说中受到启迪而创造"五声",即宫、商、角、徵、羽,其中包含"多样统一"而生和谐的原则。《汉书·律历志》说:"五声","商之为言章也,物成熟可章度也。角,触也,物触地而出戴芒角也。宫,中也,居中央,畅四方,唱始施生,为四声纲也。徵,祉也,物感大而繁祉也。羽,宇也,物聚藏宇复之也。"这"五声"受始于物之客观属性及方位,可与水、火、木、金、土这五行相对应。即宫——土、商——金、角——木、徵——火、羽——水。又可与"五行"观念相关联,即宫——中、商——西、角——东、徵——南、羽——北。还可与四时节气互应。即角为春气木声;徵为夏气火声;金为秋气金声;羽为冬气水声;宫为四时四方之气土声。可见,这启示我们探讨"和谐"的内涵,要用"分"、"合"对立统一的"太极"思维。"和谐"的对象为一"太极",此对象也分为阴阳、五行、八卦、多样等元素,这些元素和合而成为"和谐的整体"——"太极"。

八音、五声不仅发于物,也发于人。五声发之人,便成"五音"。《史记·乐书》说:"凡音者,生人心者也。情动于中,故形于声,声成文谓之音。"音是由人的心灵、情思美化过的"声"。"音"也是"天人合一"的产物。《尚书》中记载有当时关于律吕音乐艺术和谐的观念。假借舜的口吻说:音乐艺术要求"直而温,宽而栗,刚而无虐,简而无傲。诗言志,歌永言。声依永,律和声。八音克谐,无相夺伦,神人以和。"文中的要点从概念上说有:"和声"、"谐"、"和",都是要求"和谐"。从"直而温,宽而栗,刚而无虐,简而无傲"字句中,可以看出当时的人已经认识到"和谐"的艺术必然是"相异元素的统一"。"直而温"是要"刚正坦率而又温润典雅";"宽而栗"是要求"舒缓而又饱满";"刚而无虐"要求"刚劲而不粗野";"简而无傲"要求"简略而不古板"。要求音乐的两种元素相对、相异而又相补、相成而不相害。从中可以体会到"和谐"对象关系的"冲气以为和"的结构和整体。

音乐的和谐包含"多样统一"的内涵。六律、六吕的制定来自十二支长度有序的律管,可以吹出十二种音高变化有序的标准音。十二律依次排列为:黄钟、大吕、太簇、夹钟、姑洗、仲吕、蕤宾、林钟、夷则、南吕、无射、应钟。其中奇数为阳类,称六律;偶数为阴类,称六吕。以奇偶相对,构成六律、六吕相异而和谐的态势。

六律、六吕与天地阴阳之气具有十分密切的关系。它们与阴阳二气相应感,还与日月时辰、星次和节气相对应。就是说六律、六吕的声音奏鸣,不仅具有"天人合一"的和谐,而且成了沟通天人阴阳二气的要素和中介,在天人、阴阳二气之间起到调节作用。从律吕音乐艺术的产生和结构来看,其中乐音与乐音、天与人、阴阳之间,都要形成相对、相感、相成、相生的关系。其中,也存在着整体与局部、局部与局部的合与分的有机关系和有机结构。

从以上对六律、六吕的解说中,可以体会到,在古人看来,"和谐"的基础从哲学上说是阴阳二气互相协调构成一和谐的太极整体。在两种对偶的元素中,阴阳是有主次的:阳主阴辅,阳健阴顺。因而,乐音与乐音相连接成为旋律或相和声成为和弦,也要有主有从,主从相异、和谐统一。因此,探讨"和谐"的内涵,不但要用阴与阳的概念和观念,也要用主与从的概念和观念。但阴与阳、主与从的结合必须构成一个有机的、有序的和谐的整体即太极、太和。

三、关于"和谐"和"冲突"的内涵

讲"和谐化辩证法",当然首先要把"和谐"这一范畴的基本内涵讲清楚,并要对"和谐"下一个定义。现代文中的"和"字的一种意义就是"和谐"。古文中常用"和"字代替"和谐"。《古代汉语词典》在解释"和"字的哲学意义时说:"和"与"同"相对,有相反相成之意,即在矛盾诸差异因素的作用下实现真正的和谐和统一。举的古文例句有:《论语·子路》:"君子和而不同,小人同而不和。"《左传·昭公二十年》:"晏子对曰:'据亦为同也,焉得为和?'公曰:'和与同异乎?'对曰'异'。和如羹焉,水火醯醢盐梅以烹鱼肉……君臣亦然,君所谓可而有否焉,臣献其否,以成其可;君所谓否而有可焉,臣献其可,以去其否。"此以水火相反而成羹,比喻可否与相反相成以为和。词典以相反相成解释"和"("和谐"),大致不差。严格来说,以"相异相成相生"解释"和",可能更确切一些。或者以"多对对偶相生"解释"和谐"可能更加贴切。

成中英对"和谐"概念的内涵下了如下的定义:"任何两个相区分,但仍然有伴存或继存关系的力量、过程或抽象思考的对象,如果它们各自的耐力、具体性、能产力及价值有赖于对方的支助,则我们可以说,这二力形成了一个和谐的整体,或一种有机的统一。"①

笔者对成氏"和谐"的定义略作如下的分析:

(1)成氏此定义确实属于哲学的定义。

---

① 《抉择》,第176页。

（2）成氏把构成"一个和谐的整体"（或"一种有机整体"）的构成的对象，限于一个对偶是可以的，这样简练明确一些。而实际上，任何对象、关系，差不多都是"多样对偶因素的有机统一体"。

（3）"两个可区分……的对象"一语，前面加上"任何"这一定语，表明成氏思维的严密性。下面，成氏举出的"任何可区分的对象"有"力量"、"过程"、"抽象思考的对象"。力量、过程二词容易理解，"抽象思考对象"初看不知何指，再想想就知道是指"抽象的概念、命题、原理、观念、思想等等"。概念的运用也有不"和谐"之时，笔者可以举的例子是：有的理论家（如哲学家、美学家）在使用较抽象的概念时，偶尔或往往会发生"偷换概念"或"自相矛盾"等情况。"偷换概念"不论自觉不自觉，都会造成思维的混乱。被用的这种概念，就可说是"抽象思维的对象"。

（4）成氏定义中，用来表示可发生"关系"的词语，有"耐力"、"具体性"、"能产力"三词，笔者对之暂作如下的解释：人和动植物的生命活动其耐力是有限的。如2008春，中国大陆东南方一带发生了"雪灾"，许多房屋、高压电架倒塌，不少地方断水、断电，火车、汽车受阻，农民工、学生无法回家过春节，人和社会失去了部分"耐力"，造成了不和谐。再如，我国在教育改革和发展中，一方面提倡"素质教育"，一方面作业过重，使少年儿童失去了部分"耐力"，造成学生学习与生长中的不和谐。又如，一般、特殊、个别这些抽象概念，其内涵有共性又有区别。过去在某个时期内，理论上的"本本主义"就把"一般"当"特殊"或"个别"了，否定了事物的个性和特殊性，不利于人和物的功能的发挥，造成了相当大的不和谐。这就忽视了人和物的"具体性"。"能产力"想必较容易理解。"耐力"和"能产力"是从两个相对的方面看对象的"能力"的。

（5）成氏定义中的"可区分"，意为"相异"。"相异"的内涵是广泛的、灵活的，有"完全对立的相异"，有"同中之异"，"大同小异"，有"微妙的差异"等等。古代的"和实生物论"，"同则不继"论，不是绝对地否定"同与同"之间的相成相生的可能性。特别是人类生活中绝对的"同"也是少有甚至不存在的。

（6）"有赖于对方的支助"，意谓"互补"，在互补的基础上互成互生，而成为"一种有机的统一"、"和谐的整体"。

（7）从思维和变化发展两方面来看，从"关系"上看，"分"、"合"两个概念的对偶统一相当重要。有利于健康发展、生机、创造、创新的相分而又相合，才是"和谐"的真义。太极思维的实质应是动态的有的分合相统一的思维。

（8）"可区分"、"差异"，是指真实的差异，而不是假造的差异。假造的差异仍然是"同"而不是异。假造的差异只是表面的、名称上的差异。这种"假造的差异"，在我们的社会中，还是有所显现的，其作用是不利于社会的真正的和谐发展。其事例不便举例,由读者去观察。

和谐与冲突是相比较而存在的,了解冲突的内涵,也更有助于了解和谐的内涵。成中英对冲突概念下了如下的定义:"如果两个可区分的力量、过程或抽象思考对象之间缺乏和谐,乃至相互抵触伤害,甚至摧毁对方的状态,那便是冲突。"①成氏在下了这个定义后未举例子,我们可从成氏论著的其他地方找到一些能说明冲突的例子。

(1)人文主义与科学的冲突。

关于自然科学对人类精神活动的压抑,成中英说:"近几十年来,我们看到一般人文主义者对科学的发展抱很大的疑惧。这种疑惧当然不是没有道理的。科学要求客观性,对主观性的人的存在不能完全把握,一定要把人化解为可以用法则解释的资料。这种科学对客观性的要求产生了自然科学的消除主义:要把任何复杂的现象纳入简单的自然科学法则。人的心灵活动与精神活动的意义及自主性被自然科学的消除主义取消与否认了。即使科学尚未完全能从一个简单地、客观地对自然事物的认识来解释或预测主观的及复杂的人文与心灵现象,科学家却可以认识科学在原则上可以做到这一点。当科学真的做到这一步时,人文现象及心灵现象也就像自然现象一样,可以预测和利用,因而人类也可以被科学所控制,所有基本的价值如'善'、'创造性'与'自由'也就空具其名。"②成氏把科学对人类的威胁分为两重:第一重威胁是科学可能消除人类心灵的主观性以及解释心灵现象的自主性,使人类心灵直接受到一种窒息。第二重威胁是由科学的实际应用造成的。"一类是科学应用于战争,将使人类灭亡;另一类是科学应用于工业,将使人类的生活陷入机械文明,使人类变成机械的附属品或奴隶,减少了人对自然的直接接触,造成人与自然间的隔阂,使人类在心理上感受孤独渺小,并使人类生命力挫伤,感觉生活无聊和空虚。"③

(2)政治野心家与人民群众的冲突。

关于政治野心家的活动对人类的伤害,成氏说:"有野心的政治家更可以利用科学作为控制人类的伎俩,甚至利用科学来尝试改变人类,使人类成为可以予取予夺的木偶。这种科学应用的威胁是对人类实际活动和存在的直接压迫。"④

---

① 《抉择》,第 176 页。
② 《成中英文集》卷一《论中西哲学精神》,湖北人民出版社 2006 年版,第 23—24 页。
③ 同上,第 24 页。
④ 同上。

(3)关于潜在的和谐、冲突存在的可能性。

据成氏的观察和分析,会有这种情况:"可以设想两个既不相冲突,又不和谐,但又可区别的东西,这是一种中立于和谐与冲突的无关、无涉、无偏的境界。但我们必须知道,在真实的人类经验过程中,一种无偏、无涉、无关的境界是不会永远纯然地保持中立的,它不是较易流入和谐,就是较易导致冲突。因此,我们可以认定,有一种与已实现的和谐与冲突相对的潜在和谐与潜在冲突(存在)。由此假设,任何两个可区分的事物,它们不是有相互和谐的倾向,便是有相和冲突的倾向。"①

对成氏的"倾向和谐"和"倾向冲突"论,我们可以作以下几点解释或分析:

(1)成氏之所以提出"倾向"论,笔者以为是因为他考虑到世界万物万事的复杂性和多样性以及多种关系。对有些"可区分的事物",我们可以明确地判定它们是互相和谐的或互相冲突的,而对另一些"可区分的事物之间的关系",就不宜作出如此明确的判断。例如,在旧社会中恶霸地主与贫雇农这两种"可区分的力量",我们可以断言他们是互相冲突的。对于旧社会官僚资本家与被剥削的工人这两个"可区分的力量"之间的关系也有同样的情况。而对旧社会中广大的知识分子与地主、资本家之间这些"可区分的力量"之间的关系,就不可断然作出和谐或冲突的结论。中国大陆四九年之后,各阶级或阶层掌握的物质权力被从新分配了。各种"可区分的力量"之间的关系完全变了。可是,当时有些执政者,却仍然按照解放前的各种"可区分的力量"去观察和判断和谐与冲突,并在这种没有根据的判断的基础去处理人和事,因而造成长时间的失误。从思想方法看,他们把人与人之间的关系,都首先看成是冲突,认为和谐在当时是根本不存在的。其"斗争哲学"就是这样建立起来的。这种执政者在思维时完全不考虑客观的人与事的多样性。在冲突与和谐中,他们只承认"冲突"的大量存在,完全不知道在当时的情况下,和谐与冲突两种现实性和潜在的可能性可能是同时存在的。

(2)成中英指出:"在自然和人类生存的不同层次中,有不同的类型的和谐与冲突。"②为什么和谐与冲突在质与量上会表现出复杂性?据成氏的理解,"是因为其(指和谐与冲突)所代表的,乃是多元的关系(事物需要界定,正是因为处于这种多元的关系间);所以没有一个公式可以勾勒出所有类型的和谐与冲突。从客观实际来讲,脱离了和谐与冲突所由生的关系脉络,我们甚至无法

① 《抉择》,第 176 页。
② 同上。

谈论和谐与冲突的产生的原因和条件。"①这里的关键词语是"和谐与冲突所由生的条件"、"关系脉络"、"原因和条件"。中国当代近 60 年哲学对冲突与和谐所产生的原因和条件的研究,可以用"一塌糊涂"成语来形容,人们的行动有时更是"莫名其妙"。多次政治运动都建立在对人与人、阶级与阶级、行业与行业的物质利益和精神利益相冲突的基础上,对和谐几乎达到一无所知的地步。只凭少数领导的主观意志(即主观唯心主义)发动各种政治思想运动。他们看不顺眼时就反这反那,高兴时就"摆好评功",奖罚毫无标准。实行的是与和谐化辩证法相反的"斗争辩证法"。

四、儒家和谐化辩证法的基本思想

成中英和谐化辩证法思想的哲学史的来源是儒家,特别是《易经》的"太和"观念。

(一)儒家的宇宙本体论

万物创化论是儒家和谐化辩证法的基础。成氏的总的解释是:"对儒家来讲,和谐乃是实在界的基本状态和构成;而冲突则不属于实在界,它不过是一种不自然的秩序与失衡,是没有永久意义的。在儒家的眼光里,这个世界是一个变化和发展的过程。不错,世界上的确有相异、相对、不合、敌视等现象,但儒家坚持整个宇宙、人类社会、个人生活的大方向基本上是趋于和谐与统一。"②——对成氏的这种思想可以从以下几个方面或层面来理解:(1)从思维方法上看,对于整个宇宙和宇宙万物的存在和变化发展要从整体与局部、一般与特殊(或个别)、主要与次要、自然与人类、社会与个人、物质与精神的辩证关系,包括异同、利害关系等方面去理解。否则就会见木不见林。成氏哲学是从整体上看和谐与冲突的。(2)最明显的事实是:整个自然界从整体上看都基本上是和谐的。绝大多数的人有健康的身体,其生理和心理、精神方面也都是和谐的。住在医院的病人毕竟是少数。拿自然界与人类社会相比较而言,自然界和谐成分更多一些,而且这种和谐不是人为的,是自然而然的,这种整体的和谐不是那一种动物(包括人类)可以决定、可以破坏的。(3)主张斗争哲学的极少数哲学家以人类社会频繁发生的战争或一般阶级斗争为借口来为整个宇宙或整个大自然的和谐与冲突下定义,那是以特殊代替一般,以少数代替多数,以局部代替整体,以社会代替自然,那种定义是不确切的,不符实际的。即

① 《抉择》,第 176 页。
② 同上,第 177 页。

使从社会历史来看,战争和阶级斗争同和平及和谐相比,也并不居于首要位置,仍然是暂时的、局部的现象。(4)人类并不是消极的、无所作为的群体。人类是有理想、有追求、有主观能动性的群体。人类应当在客观条件许可的情况下追求和平、平衡、和谐与幸福。智慧的人类当然必须起来以实际行动制止战争、化解冲突、消灭各种灾害,但这种行动不等于否定和谐化辩证法的价值,恰恰相反,制止战争和化解冲突正是和谐化辩证的目的和所要采取的实际行动。

　　本书在修改的过程中,正遇到中国四川汶川发生大地震,数万人死亡致残,大量财物毁于一旦。从本体论、宇宙论的眼光看,这并不能证明整个宇宙、整个大自然是不和谐的,而且恰可以向"斗争哲学家"们证明,自然规律是客观的,整体上是只能顺从而不可单凭主观意志违抗的;对于自然的局部的不适应于人之处,可以局部地加以培育或改造,但那种"战天斗地"、"与天斗,其乐无穷"的观念,绝对是错误的。这次大地震使国人认识到"人的生命最为宝贵",而被无限扩大的"斗争哲学"恰恰是残害人的生命的元凶,并不比无情的大地震好多少。这次大地震还显示了中华民族潜在的无穷的力量,英雄人物有责任有义务去组织这种力量得到更大的发挥,而无权阻碍和残害这种力量。"和谐化辩证法"正是我国当代振兴中华最可依赖、最宝贵的思想武器。

(二)《易经》的和谐化辩证法思想

　　成中英对《易经》的辩证法思想作了以下九点分析,成氏说:"试观儒家《易经》的基本原则:(一)包容天、地、人及万物的道(即实在界),既是变化的过程,又是有秩序的结构;(二)生命之创化力量乃变化之根本,道的创生能力是无限的;(三)变化过程中永远有阴阳两种相反相成的动能;(四)道乃一;所有变化的动能皆出于道。所以,道是一切对偶现象之源。在这个意义上,道称作'太极','太极'即一;(五)事物之分化乃阴阳互动的表现,因此事物与道不异质;(六)万物化生乃由道之性,凡是能跟随或发展道之性的东西,皆有善于其中;(七)人有能力了解变化之动迹,以自己的行为来配合这动迹,乃能成就至善于世界;(八)人一旦了解变化,便能参与变化,知悉本身与世界之间的和谐;(九)人世间的失调、不幸与缺陷,起源于人不能够了解变化的真相,以及未能与世界和谐。"①

　　此段关于《易经》哲理文字亦可视为成氏和谐化辩证法的理论基础和纲领。接着成氏对以上九条又用以下九点来加以解释和补充:

　　(1)《易经》视事物的创生与统合为和谐的基本要素之一。亦即,在《易经》

---

　　① 《抉择》,第177页。

作者的心目中,世界是一个不断生化的统合体;在这个世界中,虽然充满着不同的事物,但众多不同的事物间,却有和谐的发展,这便是变化;世间的事物有始而有终;以和谐始,亦期终于和谐。

(2)其次,虽然物理世界亦有随时而进的现象,但只有生命的随时而进,才是无限的。因此,所有事物都生于变化过程及生命过程,而人可经由意识的努力而合于道,以达到生命的最终目的。

(3)在相反相成的事物中,存在着对偶现象,《易经》便视变化过程为种种对偶现象的不断生化和统合。这样,不但变化本身得到了解释,而且万物何以如此繁复,亦得到了解释。

(4)值得称道的是,宇宙与人生经验中的冲突、缺陷、矛盾、不符,均可视为对偶互动中的过渡现象,不得认为世界的真相。

(5)对偶现象的抽象总名是阴和阳。以具体概念来表示,便是明晦、刚柔、动静、虚实、有无等等;只要这些对偶能够溯源于道,它们就不是真正的相反或敌对,而只不过是相成意义下的相反罢了。

(6)更进一步说,它们的存在使世界有意义,而世界也因它们的存在而完备。阴与阳之间并无紧张和敌意,只要让它们依照本性中的自然及简易去运行。按此观点,任何对偶的互动形式,不论其复杂程度如何,都不过是和谐的表征罢了。这种和谐是一种动态的过程,而不是静态的结构。换句话说,对偶的互动所表征的,乃是事物间同属一体的和谐状态。

(7)在《易经》中,实在、完整、统合、自然等性质,都是和谐状态的基本性质。人的本性令人一方面不自觉地趋向和谐,另一方面也督促自己通过修养来达到和谐。人的最大问题便是如何与自然,或与某一事态,或与变化之历程相和谐。而儒家确信,人可以通过修养来达到这种与自然和谐的境界。这种思想就表现在诸如"仁者浑然与物同体"(程颢:《语录》)、"大人者以天地万物为一体"(王阳明:《大学问》)一类的话里。

(8)汉以来,这种思想被称为"天人合一"或"天人合德"。因此《易·系辞上传》第十一章曰:"是故天生神物,圣人则之;天地变化,圣人效之。"成圣之道就是人与世界和谐之道,在于不断地追求道德上的完美并修养自身。这种成圣的修养过程,《易传》表现于下列文词中:"与天地相似,故不违;知周乎万物而道济天下,故不过;旁行而不流,乐天知命,故不忧;安土敦乎仁,故能爱。"(《系辞上》第十四章)这段话足以表明,为什么儒家如此看重人的道德修养;修养的最终目的是希望人能够与世界中的万物和谐。

(9)如果和谐与善是一致的,如果冲突就是恶,那么在冲突时,我们就需要和谐。对于冲突,《易经》中两点非常重要:第一,冲突乃人未能与实在相合的表现。因此,冲突所显示的基本上是一个人或一个社会的软弱,因为它无法体会变化的微妙,因此无法主宰自身与自然间的和谐。第二,只要尽自己所能地去理解变化,以及在适当的时机下调整我们的行为,便能与自然相合,因而避开冲突。只有在这两点的基础上,我们才能了解《易经》是对人世间之恶与不幸所作的判断和告诫。冲突基本上是由于个人与环境、与时代、与众人缺少和谐之故,这种状态必须由个人或团体的理性力来改善,以最终达到和谐。①

有了以上九条的解释和补充,我们大致可以了解成氏对《易经》所代表的儒家和谐化辩证法思想的基本内容和原则。

五、道家和谐化辩证法的基本思想

(一)从道家哲学的元命题看道家的和谐化辩证法思想

《老子》第四十二章说:"万物负阴而抱阳,冲气以为和"②。此句可视为道家哲学的元命题,即中心命题,道家哲学的一切范畴、一切命题都从此命题为起点和最后的归宿。为什么这样说?笔者以为:(1)此命题视宇宙及其中的万物的结构都是阴与阳的对立(相异)统一体。(2)"冲气"指阴气与阳气的相应相异、互制互补、互生互成的运动变化的统一过程和规律。(3)"冲气以为和",表示阴阳的运动变化最后必然结果是"相对的统一、和谐"。(4)其实,宇宙万物的存在本身在进一步运动变化之前就是相对的统一、和谐的,否则不可能存在。《老子》所谓"道生一"的"一"本身就表示它是一个"负阴而抱阳,冲气以为和"的有机统一体。(5)道家所说"负阴而抱阳,冲气以为和"的有机统一,就是"道"本身,儒家称之为"太极"。(6)因此,对于道家,宇宙万物的存在结构以及运动过程可以概括为从阴阳对立统一的和谐开始,经过"阴阳的冲气",最后到达新的"阴阳对立统一的和。"(7)可知,和谐化辩证思想是贯彻于《道德经》的本体论和创化论的始终的。

---

① 《抉择》,第 177—179 页。
② 对于此句的解释,历代学者见解不一,注释亦不相同。笔者认为以下见解与注释可取。《淮南子·精神篇》、《文子上德篇》均作"万物背阴而抱阳。"蒋锡昌云:"按《说文》:'冲,涌摇也。'此字老子用以形容牝牡相合时,摇动精气之状,甚为确切。'气'指阴阳之精气言。'和'者,阴阳精气互相调和也。《庄子·田子方》:'至阴肃肃,至阳赫赫……两者交通成和而物生焉。'《荀子·天论篇》:'万物各得其和以生'。《贾子·道术篇》:'刚柔得道调之和。'并与此谊相同。'冲气以为和',言摇动精气以为调和也。'万物负阴而抱阳,冲气以为和',即万物生育之理,乃所以释上文生生之义者也。"(摘自高明《帛书老子校注》,中华书局 1996 年版,第 30 页)

(二)从对"道"的理性重建看道家哲学的和谐化辩证法思想

对"道"的理性重建,内涵是按照发展了的现代哲学对老子《道德经》的"道"范畴作出新的、符合宇宙万物变化发展本质规律的解释和分析。成中英按照自己对《道德经》、《易经》的研究及对宇宙万物的体验作了如下的解释:"首先,很明显,'道'是永不枯竭的力量源泉以及万物存在的终极根源,它是维持万物形成和转变的经久不衰的能量和活力。在这种意义上它是万物生命之根。'道'为'一'的观念也强调了'道'的产生'阴''阳'二者的唯一性,而阴阳生三,三生万物。'道'是万物存在的唯一终极源头,也是生生观念的理论基础。因此很明显,'道'是生生万物的唯一创生力。就像创生涉及到'二'的产生过程,我们看清男性和女性之力(也就是'阳'与'阴'的象征物)在万物世界形成中起到了产生和转变的作用。我们看清了'道'的功能是作为一个两极分化的创化过程。但在这种分化过程中,'道'是'一'的单一个体性原则也在万物中多样化地表明和持存。'道'的唯一性也产生了'和'的观念,'和'表明在差异者和对立物之中相互协调的状态。"①成氏对"道"的解释完全与《老子》中所说"万物负阴而抱阳,冲气以为和"的元命题相符合。(1)成氏之所以说"道是(万物)永不枯竭的力量源泉以及万物存在的终极根",就因"道"范畴的第一个内涵就是指宇宙万物皆为一阴阳对立统一的有机的和谐整体。这个有机整体,在《老子》中用"一"来表示,在儒家哲学中用"太极"来表示。正因为一中含二或太极含阴阳,所以宇宙万物的内部才蕴含有运动、变化、创生的力量与源泉。(2)道家的"道",儒家的"一阴一阳之谓道"的"道",在这方面并无根本的不同。(3)男与女、阴与阳、两端(二),在哲学内涵上是同一的。(4)"道"或"太极"的创生、创化力量,都与阴阳的分与合、相异与相成、单一与多样的相互转化密不可分。(5)"和"(和谐)的观念也与"道"或"太极"的阴阳相分相合活动密不可分。阴与阳的相分相合的互相转化,皆属于二者的"冲气"。因而对于道家或儒家,宇宙万物本体的"和",以及由"冲气"而导致宇宙万物运动变化的终极产物的"和"是必然的。

(三)"道法自然"是和谐化辩证法的根据之一

成中英和谐化辩证法的根据之一,是道家"道法自然"思想。《老子》第七十章说:"天之道,其犹张弓与! 高者抑之,下者举之;有余者损之,不足者补之。"严遵解释说:"夫弓人之为弓也,既煞既生,既翕既张,制以规矩,督以准绳。弦高急者,宽而缓之;弦弛下者摄而上之;其有余者,削而损之;其不足者,

---

① 《成中英文集》第四卷《本体诠释学》,湖北人民出版社 2006 年版,第 191 页。

补而益之。"吕吉甫说:"天之道无为而已矣。无为则无私,无私则均。犹之张弓也,高者抑之,下者举之,有余者损之,不足者补之,适于均而已矣。"老子接着比较说:"故天之道,损有余而补不足。人之道则不然,损不足以奉有余。"言"天之道"与"人之道"的差异。易佩绅解释说:"道在天下均而已,均而后适于用。此有余则彼不足,此不足而彼有余,皆不可用矣。抑其高者,损有余也;举其下者,补不足也。天之道如是,故其用不穷也。"沈一贯也说:"人之道则不然,哀聚穷贱之财,以媚尊贵之心。下则垂楚流血,取之尽锱铢;上则多藏而不尽用,或用之如泥沙,损不足以奉有余,与天道异矣。"[①]这些思想都是主张人类法天之道,目的是引导社会各群体走向财富的相对的均衡。而财富相对的均衡,必然有助于社会关系的和谐。联系当代社会,明智的领导亦应承认老子"人法天"哲理的真理性,在构建新的社会关系的指导思想上,亦应实行"共同富裕"的原则,否则必然导致穷富差距过大,而加剧社会关系的不和谐,人为地造成人与人的冲突。纵观中国古代历史和近代社会,总体上说,未曾有资本家和地主富起来之后能主动帮助工人和穷苦农民后富起来的事实。"让一部分人先富起来"的主张,一则违反《道德经》第七十章的命题,二则未能用社会历史来证明其正确,三则当代贫富差距过大已严重影响我国社会的和谐发展,这是目前构建和谐社会不应忽视的古人的经验教训和理论。

六、和谐化辩证法的客观基础、本质和价值

成中英的"和谐化辩证法"不是主观任意的设想和虚构,而是以他对整个宇宙万物的本体实在与创生、变化和发展的总趋势、总目标的深刻理解为坚实基础的。

(一)儒道哲学的和谐观是和谐化辩证法的理论根据

从哲学史的经验看,成氏在提出"和谐化辩证法",主要奠基于我国古代儒家的《易经》哲学和道家老子的《道德经》中有关宇宙本体与其变化的基本相同的思想观念。他说:"虽然儒、道两家在对真实的形上观念,以及人在世界中的地位这两个问题上,有态度上与方法上的明显不同,但……我们可以察觉到儒家的《易经》与道家的老庄有几点共同的形上学的看法:第一,二者皆体认世界本身便是一和谐或和谐历程,其中所有事物之间的差异与冲突均无本体上的真实性。它们(指差异与冲突)之所以存在,正是为了要完成生命的和谐,以及

---

① 参看高明《帛书老子校注》,中华书局1996年版,第202—207页。

从变化世界的创造动能下,创化继起的生命;第二,二者皆承认,人在生活中会经验到冲突,并遭遇到逆境,但是,人可以通过发挥理性和调整行为来克服这些情况。因此,冲突与对立可经过修养和配合自然来化解,这两者都是在人本身的能力之内的。"①成氏又说:"形上学决定了人类观察世界的方式,也提供了人类解决困难,进行研究的方向。此外,形上学还能开拓我们分析、评价、指导生活中各种问题的途径。在这个意义上,我们可以说,和谐与冲突的辩证法是建立在和谐与冲突的形而上学之上的。既然儒家与道家的和谐与冲突形上学均包容整个世界,那么,我们便可设想出一个儒、道家所共有,借以运思、分析人生和世界各种和谐与冲突问题的辩证法。这一儒、道所有的辩证法,我们称之为'和谐化辩证法'。"②以上是成氏提出"和谐化辩证法"的主要根据和理由。在以往和当代的哲学论著中,在论及对立与统一、冲突与和谐以及异同关系问题时,也有哲学家强调和重视统一、和谐、平衡的,但都没有从哲学体系方面提出"和谐化辩证法"这一关系到对宇宙本体及其变化的中心命题,更没有对之运用成氏所说的"诠释圆环"的方法作出全面的论证,因而,在全世界哲学界,对"和谐化辩证法体系"的最全面、最深入的论证,就由成中英先生首次完成了。这是成氏对当代中国哲学和世界哲学发展的一大重要贡献。由于这一辩证法体系第一次提出,难免在某些论证上不够完整,有待进一步丰富和严密化。

(二)形上学本体思维是和谐化辩证法的方法论根据

成氏指出,对于"和谐化辩证法"应当用"形上观念"去理解,不能仅从局部的、常识的、微观的方面去理解。形而上与形而下相比较而言。成氏的"形(而)上观念",是指"形而上学"的第一种解释:哲学史上指哲学中探究宇宙根本原理的部分。哲学上的本体论、本根论、创化论皆属哲学中"形而上学"。在提到"本体思维"时,成氏表明:"我发现本体思想不全同于西方传统的形上学思想。中文翻译中'本体'的概念为西方的'形上学'的概念所掩盖,变为本质的存在或个体存有的代名词,这是错误的倒置。'本体'不必排除内在性与超越性,但却是主客的关系的根源与主客世界发展与建构的整体。有此本体的思维方能彰显中国哲学的根源与整体智慧,也才能进一步地弥补及解决西方现代性的主客二元分化的种种疑难。"③其中的关键词语是"中国哲学的根源与整体智慧"及"主客发展与建构的整体"。不从宇宙整体、宇宙万物之间的联

---

① 《抉择》,第182—183页。
② 同上。
③ 《成中英文集》卷一《论中西哲学精神·自序》。

系,人与自然的联系、宇宙万物的总的生成、发展历程去看世界,仅仅从自然界的个别现象和人类社会中的局部暂时现象来看世界,就不可能理解和把握整个宇宙、整个大自然、整个人类社会历史发展变化的客观辩证法,当然也不能建构"和谐化辩证法"。成中英先生以其本体诠释哲学宏观的眼光,看到宇宙万物生生不已,万物之间在变化发展中,从整体上看,从主导方面上看,是互补、互制、互生、相平衡、相对和谐的,因而提出了"和谐化辩证法"的理论体系,而不像某些哲学家那样,一看到人与人、阶级与阶级利益的某种冲突,就以为万物之间和人类之间的关系主要是相互对立的、不和谐的,因而把"斗争哲学"推到最重要的地位。

研究者们已经指出,《周易》的一个闪光点,即是承认在阴阳对峙中,既能有"非此即彼",也有"亦此亦彼"。看到在阴阳双方互争胜负的过程中,发生着阴阳相互转化、互相参合的情况。使人们既看到事物显现的一面,也看到它潜伏的一面;使人认识到"变易"的基本规律:变易是宇宙万物的本性;事物具体的内容、形式、构架可以随着时代的变迁而变迁,但"变易"本义的均衡性、协调性、对称性、感通性,却始终贯穿在易学的不变义易之中。《周易》的精髓,一种智慧的灼见,是一种恒定性的东西,它超越时代与地域,体现着"易"的内在本质:一种有凝聚的、永存不息的生命力。《周易》内在本质所体现的均衡、协调、对称、感通等诸项原则,也是天体预测中不可少的要素或根据。事实也是如此。

(三)天体对偶的事实与和谐化辩证法

把易学万物皆有对偶论运用于现代天文学而有重大发现者,有四川简阳刘子华教授。他早年就读于法国巴黎大学。1940 年,他以《八卦宇宙论与现代天文——一颗新行星的预测》为题的论文,获巴黎大学博士学位。刘子华向世界宣称:在太阳系中,还存在第十颗行星,并把它命名为木王星。[①] 此后,经过多年反复运算,预报此星将在 1982 年出现。1989 年,由四川科学技术出版社出版了刘子华的著作《八卦宇宙论与现代天文》一书。1981 年,美国海军天文台发现了太阳系中第十颗行星。证明了刘子华运用八卦宇宙学理论进行预测的精确性。刘子华的预测起先受到过非议,但经过时间的考验,终于得到验证,说明《周易》的均衡、对称、协调等原理,是内蕴智慧光辉的体现。刘子华根据八卦宇宙学说的基本原理来推测太阳系构架的序列模式,将太阳系的行星体系与八卦模式相参合,求得它们之间的对应关系。在星、卦参合的基础上,

---

① 见刘子华:《八卦宇宙论与现代天文》,四川科学技术出版社 1989 年版。

首先把《周易》中八种卦象与日、月、地以及金、木、水、火、土五星合定。其次，将八卦及四双卦与整个太阳系中主要的星卦合定。在此前提下，自然而然应有一未被发现的行星存在。其三，以八卦宇宙的模式与现代天文学的数据相印证，既求出太阳系各行星的速度，又求出各行星的密度。从各行星的速度、密度的比值中，推算出新行星的性状。

刘子华根据八卦的卦名把"坤、艮、坎、巽、遁、姤"划归"阴部六星球"，把"乾、兑、离、震、临、复"划归"阳部六星球"。如果没有他预测中的"木王星"，则阴阳两部的比值不相等（注：阴部六星球的速度和密度两和数的比值为 $\frac{125.46}{32.25}=5.638$；不加木王星，阳部星球的速度和密度两和数的比值为 $\frac{70.003}{12.29}=5.695$；加上木王星，比值则为 $\frac{70.003+1.684}{12.29+0.424}=\frac{71.692}{12.714}=5.638$）。刘子华就是从阴阳两部星球的比值不相等，推定在阳部中尚缺少一颗新的行星。因为阴部有六颗行星，而阳部只有五颗，这样，在阴、阳两部间，必然会产生速度和密度比值的差额。而当阳部加入测想的木王星之后，再计算速度和密度时，新的比值与阳部则相等。反之，从阴阳两部比值的差额中，也可推究出新行星的速度和密度。《周易》中内蕴的均衡对称原理，为推测新行星的性状、规模得到令人信服的数据。当然，要不是德国天文家盖勒对太阳系第八颗行星海王星的证实，美国天文学家汤保对第九颗行星冥王星的证实，刘子华是不能跨越前人科学研究的基础，提出对第十颗行星木王星的预测。而且，预测还要借助现代科学的手段，如对太阳系行星速度与密度的测定，离开这些预测将会失去科学的精确性与现实意义。[①] 以上所论，说明天文现象之间客观上也存在着相互均衡、协调、对称的事实。

由《周易》首先揭示的，老子《道德经》也肯定的"万物有对"论、万物总体和谐化论，能够经受众多事实的检验。前年在布拉格曾举行过一次世界天文学家讨论会，按照众天文学家一致同意的标准，投票决定太阳系行星的数量。投票的结果为"八大行星"，否定了冥王星的行星地位。在此天文学未投票前，笔者曾与数位来访的朋友言及自己根据"太极哲学"观念对世界天文学大会应当作出的判断：太阳系的行星应当而且必然是成对的；要么八大行星，要么十大行星，要么十二大行星，不可能是九大行星，也不可能是十三大行星，笔者的根据很简单："万物都是成对的，行星是大东西，若不是成对，行星间的活动就会失去平衡，会造成混乱。而这种大混乱在天文现象中是不可能出现的。"朋

---

① 参看顾文炳：《易道新论》，上海社会科学出版社 1996 年版，第 9—13 页。并参考邹学熹主编：《易学精要》，四川科学技术出版社 1995 年版，第 155—167 页。

友们听了笔者的预言，多数认为是狂言，但狂言不久就成了正确的预言。从行星的成双成对可知，对偶平衡、和谐是宇宙万物的不可更改的规律，在细微具部现象上可以不遵守此种规律，如梅花五瓣，少数男女可以因心理失常而不结婚，但宇宙中的宏观现象、多数现象，特别如人体结构，是不可能违反"万物有对"而且"对偶和谐"这种规律的。否则老子就不敢说"万物负阴而抱阳，冲气以为和"了。有些大哲学家，不知此理，从而堕入"斗争哲学"和"唯意志论"的深渊。

（四）"道"的和谐内涵与和谐化辩证法

对于老子，"道"本身就包含着阴与阳两个相对待的方面或因素。阴阳交和而生万物。宇宙万物从总体上看，从主导方面看，从根源、变化发展过程上看，从变化发展的总的结果上看，不可能违反"冲气以为和"的规律。这也是成中英先生提出"和谐化辩证法"的主要根据。

成氏为他的"和谐化辩证法"提出以下八条根据：（1）万物之间皆由"对偶"而生。（2）"对偶"同时具有相对、相反、互补、互生等性质。（3）万物之间的差异皆生于（亦可解释为）原理上的对偶、力量上的对偶和观点上的对偶。（4）对偶生成了无限的"生命创造力"（对《易经》而言），"复"的历程（对《老子》而言），以及事物与事物之间的"互化性"（对《庄子》而言），还有"反"的过程（《易经》、《老子》、《庄子》之共同）。（5）如果我们能描述出各种对偶之间互生关系的架构，并且在这架构中，我们能无碍地宣称世界的根本乃一整体，以及万物有本体上的齐一性，那么冲突便可在此架构中化解。（6）人可经过对自我以及实在的了解，以发现化解原因，并且"道"（实在界）就是这些差异的和谐化及其对偶的统合化，那么，我们便可以下的方式应用"和谐化的辩证法"来化解决对立和冲突。首先，我们察觉并发掘冲突与对立中蕴涵有的对偶性及相对性。然后，我们再察觉并发掘冲突与对立中蕴含的互补性和互生性。因此，冲突与对立本身即可视为参与和谐化的过程，并且为此做出贡献。在这种认识下，我们能把冲突、对立的双方视为在本体上是平等的，且长远看来皆合于"道"。同时，我们便可经过全面的自我调整，以及对自我、对世界的关系的调整，将自我与世界投射到一种没有冲突、没有对立的境界中。这种调整的便可称作和谐的过程。（8）由于相对性和对偶性的内在动作原理的作用，当冲突与对立产生的时候，我们必须依循和谐化的辩证法，一方面做道德行为上（现实上）的转化，另一方面做本体认识上（思想上）的转化（意指对世界的认识而言）。这样才可化解冲突。①

如果我们能够认真、仔细地阅读和理解成氏以上的八点根据,我们便会承认成氏的"和谐化辩证法"确实有一套体系,其中包括客观现实的根据,理论上的论证及实践的具体办法。

(五)宇宙万物的整体性与和谐化辩证法

从其理论体系来看,关键的词语主要有世界(宇宙的)整体性、齐一性;宇宙万物结构上的对偶性、关系上差异性的互化性;宇宙中相互联系着的万物本身包含的创生性(创造性、互化性、互依性、互补性、互生性)转化与化解。

宇宙、世界、万物的整体性、齐一性的观点,对理解"和谐化辩证法"的理论最为重要。假如宇宙万物之间只有互相冲突与不和,相互攻击,那么世界就谈不上整体性、齐一性、互补性与和谐性。宇宙万物中少量的冲突甚至互相残害,当然是存在的,但其存在并不会导致宇宙总体上的整体性和齐一性消失。人类历史上的发生战争是够多的了,试问宇宙、人类的整体性、齐一性被消失了吗? 对宇宙万物有益的整体性、齐一性的永恒存在,是"和谐化辩证法"的不可否定的客观的实在的根据。

阴阳对偶是宇宙万物的基本结构,也是宇宙万物的关系结构。事物的构成因素再多,诸事物之间的关系,都不可能缺少结构、关系的对偶性。对偶性结构和对偶性关系,是事物产生、变化、发展、灭亡、转化的动能赖以产生的基础,对于这种规律,《周易》由"一阴一阳之谓道"来表示,老子的《道德经》由"负阴抱阳,冲气以为和"和有无相生相成的命题来说明。古代儒家的"和实生物,同则不继"的创生原理极其明确地说明阴阳相异和交是产生新事物和新事相的最为原始的基础。对偶相异也会产生对立、冲突,但阴阳相异导致的冲突,在宇宙万物中从数量上说是少数,具有暂时性,并无持久性。对偶必然导致分与合的对立统一。如成氏的对偶论与《易经》的分合观相联系,正如《易经》中所包含的基本理论走向:"一分为二,合二而一;一不离二,二中含一;寓无限于有限,以有限显无限;能分能合,能大能小;主客互摄,物我交感;舒者弥漫六合,收之者退藏于密室。"②分是对偶的分,合是对偶的合,整个宇宙万物这对偶分合上具有整体性和齐一性。

由各种对偶产生的冲突,大部分可由人的主观能动性加以化解。在论辩"价值的知识论"和"知识的价值论"时,成氏站在宇宙论和本体论的立场上指出:"和谐化的本体论与形上学在生命本体上肯定知识与价值(是)最原始的和

---

① 见《抉择》,第 183—184 页。

② 《成中英文集》第一卷《论中西哲学精神》,湖北人民出版社 2006 年版,第 150 页。

谐及最终的和谐。"在探索价值及评鉴知识的过程中,成中英说可以从"和谐"此一根本价值观念来了解中国哲学的本体论、宇宙论、时间思想及自然哲学。以此了解为背景,成氏曾撰写多篇论文,其中涉及建立"和谐化辩证法"的主张,尤其为其中一贯思想的中心。成氏说:"我以为,和谐不应只当作价值的理想来追求。同时也应是价值实现的过程;所以名之为'和谐化'。依此义,价值乃一和谐化的过程,而和谐化当为价值实现的过程。和谐化是活动,存在基于对整体生命的反省,以促进和谐价值的实现,生命本体的发挥,不论在任何层次——自然宇宙、生命个体、人伦社会、天地精神等层次,都可以有和谐。'和谐化的辩证法'即和谐化的方法论,其内涵在阐明如何化解生命不同层次所遭遇的矛盾与困难,实现生命的整体与本体的和谐。故和谐化也涵摄了和谐化本体论及和谐化的宇宙论。"[①]整个宇宙、宇宙万物的本体,撇开变化发展道路上的曲折和阻力,自始至终是和谐的。一个人刚生下来就是一个和谐的有机统一体,死后又加入到和谐宇宙的变化发展的大的和谐历程中去。"从中国先秦哲学的儒家与道家,阐明和谐为相对性范畴的相辅相成,以及自其引申出来的统一性的本体及其实际应用的思想。"[②]因此,"'和谐化辩证法'的建立,乃是基于生命整体、理性整体所做的试探。因而'和谐化'本身具有本体的意义,代表对本体的认知。是以和谐化不仅是一套价值哲学,同时也可发挥一套本体论、一套宇宙论。"[③]

(六)和谐化辩证法对自然和人类的价值

"和谐化辩证法"对自然界,对人类具有莫大的价值和益处,因而人类应当用实际行动去贯彻和实现。人类不同于任何生物,他在"和谐化辩证法"的实现中理应发挥其主观能动作用。成中英在杭州的题为《中国人的文明精神》的讲演中指出:中国人的精神文明在过去长远的历史过程中所体现出来的不仅有"合一"的精神,也有"分明"的精神。"分"是分别差别的事物,"明"是把事情搞清楚,因为和谐不是静止的状态,而是人对事物差异认识后进行的一种融合,一种包含,一种整体化。从这种意义上讲,和谐的精神是建立在五个分明和五个合一的精神上面。五个分明,指公私分明、义利分明、人我分明、是非分明、责权分明。五个分明是"五个合一"的基础。"五个合一",指天人合一,知行合一,性情合一,理气合一,道德合一。天人合一的意思是人和自然、人和他生命中原始的起点,有一个发生的关系,有一个生生不息的关系。知行合一,

---

① 《成中英文集》第四卷《本体诠释学》,湖北人民出版社 2006 年版,第 219、220 页。
② 同上,第 220 页。
③ 同上。

指言和行的一致。这也是一种和谐。性情合一,指人的天人的多元的性与人的推己及人的性情和谐融洽。理气较难说明。理是事之所以然,气是事之自然。气是中国人在与自然交流中体验到的自然的本质状态。有两种气很重要:一是生气,气是生出来的,是万物的基础;二是和气,气和了就会产生更多的气,就是生生不息之气。生生不息之道,是气实行生生的一种过程。中国人非常重视形式与内涵的统一,方法与真理的统一,功夫与本体的统一,这里所表现的是人类思维上的内在和谐。人与自然之间的和谐,也是人与环境的和谐。道是包括人群、社会、宇宙万物化生创造过程与规律。德是人能掌握这种规律而在认识与行动上付诸实践而获得有益于人类社会与自然发展的过程。道是自然的力量,也是人对自然力量的掌握。一个有道德的人,作为一个有能力发展的人,能顾全自然的环境,顾全大众的目的和共同的意志,进行共同的事业。这是一种和谐。五个分明是五个合一的基础,有了五个分明的基础,五个合一才形成真实的和谐。和谐也是一种理想,是人类创造精神文明过程中追求的最高境界。在这一追求的过程中,人们需要的是自我的认知,是认识他人,是实践道德,是掌握各种机制来分明体现分别的价值,最终来实现整体的价值。①

成中英"和谐化辩证法"体系的一种重要的思想,是认为"冲突与对立本身即可视为参与和谐化的过程"。对这一种思想,从一般人的实际生活的经验和观点看来,是难以接受的。笔者认为,对这一种思想要用整体的宏观的眼光去理解。先从认识上看,不同的人对于同一事物的认识是会有同有异的。认识上的同与异对于真理的把握都有价值。"错误是正确的先导"、"百家争鸣"在发展科学上的价值,都可说明认识上的差异的重大价值。差异可能包括对立。而承认学术上的对立,对于发展真理在多数情况下都极有价值。人们行动上的差异、对立,对于人类的认识和实践活动,亦应如是观。先秦的"和实生物,同则不继"的命题,就是以承认思想和行动上的差异、对立为基础的。正如成中英所说:"冲突与对立中含有对偶性及相对性"。②阴阳的对偶性和相对性的交易、磨荡,才能使事物内部及事物之间的关系产生变化发展创造的动能。关键在于冲突与对立中蕴含有互补性和互生性。完全同一的表面的和谐从长远的观点看也不是真正的好事情。据一篇文章介绍当代哲学家冯友兰解放后的处境说:"冯先生在 49 年以后所处的岁月,是政府控制了所有的资源的时候,政府是唯一的地主和唯一的雇主,你要想有口饭吃,要有条命活,就只有完

---

① 成中英:《中国人的文明精神》,载杭州《钱江晚报》2007 年 4 月 8 日。
② 《抉择》,第 183 页。

全服从领导,完全依赖政府。除此之外,别无生路。"①在这种"岁月"中,从大的方面看,确实没有政府与群众的对立,更不要说冲突了。但这种表面上无对立、无冲突的"岁月",却恰恰是产生"反右"、"人民公社"、"文革"这种把中国经济的发展导向"崩溃边缘"的时期。由此可见,与冲突、对立相异的表面的被迫的"同"可能产生不良的后果。

冲突和对立并不一定有益于自然和社会。"和谐化辩证法"并不否认自然和人类社会中无益冲突和对立的存在,正是承认其存在,所以才要用"和谐化辩证法"去化解无益的冲突对立。成氏在论著中多次提出运用"和谐化辩证法"化解无益冲突和对立的必要性和具体途径。

成中英十分肯定"和谐化辩证法"对处理中国当代社会发展中所遇到的各种重大问题的理论价值和实践价值。成氏认为"和谐化辩证法"及其中包含的对偶互补互生的原理,乃是中国历代各大思想家通过对宇宙、历史、社会、生命现象,从各种角度对"根本实在"问题进行思索、体验后所获得的积极的思想成果。中国人用它来评价、理解人类社会、历史与前途,是一件极自然、极合乎人情的事。虽然"和谐化辩证法"并未能也不必要构作出一种足以将一切冲突化解的范型,但这并不表明这种辩证法的无能为力。成氏断言:"就对人类经验的意义及思想上的一贯性的要求来看,或以人类的需要人类的理性而言,儒、道和谐化辩证法与其他类型的辩证法相比较,实是有更大的相关性与更大的包容性。因此,在与历史上其他辩证法的未来竞争方面,儒、道的和谐化辩证法还是一个非常有力的体系。"②

七、和谐化辩证法的十大命题

"和谐化辩证法",是成中英先生哲学思想体系的核心部分之一,因而成氏在讲述许多其他哲学论题时,都经常把宇宙万物之间的平衡与和谐视作本体属性、创生创化的根源、动力以及最重要的价值目标来论析。下面摘编成氏各种论著中有关"和谐化辩证法"的各种重要命题和原理,为了醒目好记,名之曰十大命题,用以彰显成氏"和谐化辩证法"理论体系的丰富性、深刻性和全面性。

(一)万物和谐相成论

成中英认为《周易》的哲学思维是中国哲学思维的源头活水。这个"源头

---

① 王仁宇:《与何兆武先生论冯友兰书》,见《冯学研究通讯》2006年第四期。
② 《抉择》,第200、201页。

活水"最讲变易与生生不已。而要"生生不已",关键在于"变易"要达到"和谐"的境地。他认为达到"和谐"的境地,有赖于人类要能主动发挥人的主观能动性。成氏在论"易之五义"时,把"和易"作为第五义来论述,而且视易的第五易为"易的核心意义",可知他对"和谐"的重视。他认为"易的和易性"就是"易的和谐相成义":易的交易性的最终目的,在于实现天地万物的条理组织以及人类世界的和谐繁荣。此即易的"和易性"的终极价值。易之为易,显然是一个创造天地万物的过程,既是创造的动源,又是创造的动力,更是创造的动能,从无到有,从有到"大有",从"大有"到"既济而未济",进行另一层次或更高层次的创造发展。……人为万物之灵,既是创造力的成果,又是创造力的载体,是否也具有创造的使命与创造的潜能呢? 成中英的回答是:"如果不能意识到不易之易的终极目的是天地的和谐生态,如果不认识到人的存在之意义也在于实现一已存在的和谐充实,以及更进一步彰显天地万物的和谐繁荣,如果不认识到人的生命可贵及所包含的无穷尽的价值内涵,易的变化就是过眼云烟,镜花水月,徒增人的空虚失落、迷惑沮丧而已。故真正知易者,不能不正视易的和谐化的价值。由此也进而认识到人所以为人的行为意涵。……和易性是同时存在于宇宙存在与人的存在之中的:所谓和易性即是变化、变异、简约(返博于简)、交接互换所趋向的一个生命和谐的美好价值宇宙。……但和谐是要由创造实现的,而且是要由持续创造来实现与维持的。和谐并非可以对象化或永恒固定化的状态,它永远是动态的,永远是创造的活动,也是由持续的创造与修持才能维护与修补的。没有此一和谐的目的论价值观,变化只是偶然的发生事件。没有此一和谐目的论价值观,创造只是盲目的动能。故易的第五义可说是易的核心意义,提供了易的哲学发展的价值。"①

成氏此论值得注意的有以下几点:第一,要把宇宙万物的变化、创造与人类所追求的人类世界的和谐繁荣这一总的目的联系起来进行认识。即要把"和谐"视为变易的最后的目的和归宿。第二,提出"和易性"或"和谐"这种范畴概念,并不是哲学家毫无客观根据的主观妄想,而是以宇宙本身和人类社会生活为根据的:宇宙从整体上看就是一个有机的和谐统一整体,不和谐的因素在整个宇宙中的存在和发展中从数量上看是少量的;"和谐"在人类社会生活的各个方面中是占主导地位的。老子《道德经》所说"万物负阴而抱阳,冲气以为和",就是对宇宙万物整体的概括。第三,人既为万物之灵,人类有责任发挥主观能动性去追求和谐,否则人与一般动物有何重大区别? 第四,提出"和谐化"的辩证法,不是否定"不和谐"因素的存在,而是为了尽最大的可能化"不和

---

① 《易学本体论》,北京大学出版社 2006 年版,第 12 页。

谐"为"和谐"。

(二)创生与统合为和谐的基本要素论

这一命题来自《易经》。成中英解释说:在《易经》作者的心目中,世界是一个不断生化的统合体;在这个世界中,虽然充满着不同事物,但众多不同事物之间,却有一个和谐的发展,这便是变化;世间的事物有始有终;以和谐始,亦期终于和谐。(按:请注意"以期"二字)其次,虽然物理世界亦有随时而进的现象,但只有生命的随时而进,才是无限的。因此,所有事物都生于变化过程及生命过程而人可以经由意识而合于道,以达到生命的最终目的。最后,在相反相成的事物中,存在着对偶现象,《易经》便视变化过程为种种对偶现象的不断生化和统合。这样,不但变化本身得到了解释,而且万物何以如此繁复,亦得到了解释。值得称道的是,宇宙与人生经验中的冲突、缺陷、矛盾、不符,均可视为对偶互动过程中的过渡现象,不得错认为世界的真相。对偶现象的抽象总名是阴和阳。以具体概念来表示,便是明暗、刚柔、动静、虚实、有无等等。只要这些对偶能够溯源于道(按:"道"指和谐化的辩证法,即《道德经》所说的'万物负阴而抱阳,冲气以为和'),它们就不是真正相反和敌对,而只不过是相成意义下的相反罢了。更进一步说,它们的存在使世界有意义,而世界也因为它们的存在而完备。(按:指事物的差异能使世界丰富多样。)阴与阳之间并无紧张和敌意,只要我们让它们依照本性中的自然及简易去运行。(按:如男与女、老人与小孩、科学与艺术、声乐与器乐……各有特点和优势,可以互相凭优势而互补。)按此观点,任何对偶的互动形式,不论复杂程度如何,都不过是和谐的表征罢了。这种和谐是一种动态过程,而不是静态的结构。换句话说,对偶的互动所表征的,乃是事物间同展一体的和谐状态。①

(三)万物各正性命,保合太和论

成中英认为《周易本经》的《乾卦》的《象传》中就明显地包含有和能生物、保合太和的思想和精神。成氏认为,在本体宇宙论的层次上,对易所包含的和谐发展价值的描述莫过于《乾卦》的《象传》:其中有曰:"乾道变化,各正性命,保合太和"这些关键词语。其基本内涵是,乾道是创造万物之道,在其创造中各类生物都秉承了其本身的特质与其所以成就的条件,自然形成原始的和谐,也可以说是易之内在的和谐化的力量所致。所谓"保合太和"是指品物所成之性仍具有原初的本质,这也说明了物之为物虽具有性的特殊性,却仍保有物的根源性,是不离本真的。如用海德格尔的语言表达,物即个别存有,有其个别

---

①　《成中英文集》第一卷《论中西哲学精神》,湖北美术出版社 2006 年版,第 249 页。

性能与限制,但却源自包含一切存有的和谐大有。品物之能"各正性命",也正是大有的创生不已。所谓"乾道变化"即是指此。(寅按,大有即太和)太和因之即是兼含不易之易与易之不易的终极存在者。因此具有能动性,故是"和能生物"的和,而非静止的无执无限。因此,太和之世界具有生成不断的根源,而非一个理性的价值而已。太和也因之兼具太极与无极,也涵盖太虚与太有或大有之义,俱为易的本体性能。①

成氏又说:"这一太和之义在宋代张载(1020—1077)所著《正蒙》一书中虽未有发挥,却有所指陈。和能生物,有而致和,就是易的本质上的和易义。依于此,阴阳刚柔与动静均是易之和的功能的表征。同理,人性趋向道德,使道德伦理成为可能,也正是由于此一乾道变化的易之和的实现。《说卦》说:'观变于阴阳而立卦,发挥于刚柔而生爻,和顺于道德而理于义',即已表明道德所要求的人格与社会是与之和顺的。因为道德的仁义也就是导向与建立和谐的基本因子,也均植根于易之和能生物的基础上。《乾·文言》甚至以义之和为利,有以利物足以和义,此都可以从和能生物这一性能理解。《系辞》又以《履》卦为德之基,何以故?盖由于履能致和、履以和行之故。(寅按,《系辞》原文中有"是故履,德之基也","履,和而致","履以和行"等语句,所以成氏有此发挥。)显然和易最简单地说,就是事物与人与人之间的一种互相顺应的感应。因而《咸》之《象传》说:'天地感而万物化生,圣人感而天下和平',感因和而生,圣人有所感应也就带动社会大众而趋向和平与和谐。这就表明了变化内涵的和能生物、保合太和的精神了。"②

成氏对此命题的解释和论析,内容丰富,有必要按照成释"诠释圆环"的方法论从不同层面上作些注释、说明和发挥。

(1)和谐论或"和谐化辩证法"之所以不是一种虚构的理想,是因为它在宇宙本体论层面上有其牢固的根基。宇宙本体是"实在"。这个"实在"处在无限的变化发展之中,所以可称"实在"为"易"。易的变化体系最基本的结构是"阴阳偶合"(包括有无相生)。易的变化的过程和规律是"一阴一阳之谓道"。所以成氏说,"道"就是易的变化过程与律则言。"一阴一阳"则就是易的对偶性的创造力而言。"太极"则是就易的整体而言。

(2)确实,本体宇宙论在《象传》中得到了进一步发展。成氏认为《象传》将"乾"、"坤"视为两种创生力量,从而"乾"、"坤"具有本体宇宙论的意义。乾卦代表乾元,坤卦代表坤元。从而乾坤作为两股原动力(即阴与阳)创生万象,创

---

① 参看《易学本体论》,第12页。
② 参看同上书,第12—13页。

生万物。乾坤无疑被预设地构成了太极这一统一体。[①]《系辞下》第一章言："天地之大德曰生。"天之德为创生万物是为乾元；地之德为滋生万物，是为坤元。创生是从无生有，而滋生是从有到成。天地是一整体，可称为太极。太极之动，静而动，动而静，形成了一阴一阳之道，然后具化（气化）为天地分化而合一的宇宙。所谓宇宙动态的表现为变化之道，也就是一阴一阳之道，或简称易道。易道是生生不已的，其创造力是源源不绝的。其所以如此，是因为宇宙万物内涵着一动一静、一阴一阳、一翕一辟的功能，此一功能就是易道的本性，是变化之道的常数，所谓动静有常，阴阳生物翕辟成变。《系辞传》第六章有言："夫乾，其静也专，其动也直。是以大生焉。夫坤，其静也翕，其动也辟，是以广生焉。"但易道之所以长久持续是因为易道具有涵蕴万物、亲和万物、实现万物的能力，而不会因为创造了万物就疏离了万物。[②]

（3）"各正性命"的要义在于重视世界万物的各自的相对独立性、多样性、多种功能。实际上是在重视宇宙万物的"统一性"和"整体性"的基础上重视万物的"异"。相异之物、相异之因素的相补相成，有利于创生，有利于走向和谐。"和实生物，同则不继"的命题既看到了"和"的价值，也看到了"异"的价值。"各正性命"以异同对立统一辩证法为根据。如成氏所言，"和是结合众多资源创造出新的事物，可说合是生的格式与基础，所以张载说：'一故神，两故化。'化则是多的基础上化生万物。因和而能合，因合而能化。这就是和谐的创造。和谐的重要性也于此可见。和之根源来自于太极的一体多元的精神，此即是太和。而物之能和就在于太和的引力，故和是与一密切结合在一起的，但却又是与分的求变联系在一起的。"[③]

（4）成氏用了"原始的和谐"、"易之内在的和谐化的力量"、"原初的本真"、"物的根源性"、"大有"等词语和概念，如果不对成氏的"易学本体论"有全面贯通的理解，是很难弄通其义的。据高亨《〈周易〉古今注》，"大有"乃卦名，下"大有"二字乃卦辞。古者谓丰年曰有，谓大丰年曰大有。《公羊传》："彼其曰大有年何？大丰年也。"按：万物、万人、万事，如果"各正性命"，各自发挥其才性、智慧、能力，整个人类世界就会繁荣昌盛。如果像"阿斗"那样无能之辈占据重要位置，而有智慧有能力的人被弃之不用，社会的经济文化焉能发展？农业焉能五谷丰登？"百花齐放，百家争鸣"之所以是繁荣文化艺术、发展科学的方针，就是因为这方针能够"各正性命"，"各正性命"才能达到"大有"的境地。至于

---

① 参看《易学本体论》，第 153 页。
② 参看同上书，第 252 页。
③ 参看同上书，第 255 页。

"原初的本真"、"根源性"等词语,指的都是宇宙万物本身内部所包含的创造性、化生力及和谐化的潜能。用这些词语,成氏是要提醒大家要重视本体宇宙论和太极创化论的内在关系,提醒大家要从本体、本根、根源和宇宙万物的始终本来具有的和谐方面来理解和谐化的辩证法。

(5)和谐包括整个宇宙的和谐、生态的和谐、人际关系的和谐、世界和平以及个人身心的和谐。其中包括伦理的和谐。对人类来说,和谐包括全人类物质生活与精神生活的共同满足。成氏引用《说卦》所说的"和顺与道德而理于义",指出"道德的仁义也就是导向与建立和谐的基本因子"。又引《乾·文言》的义之和为利的原理,说明成氏所主张的"和谐化辩证法"是全面的。隐含建议社会各组织的领导都应主导当"圣人",都要从物质和精神文化方面全方位地去关心人民的需要,不要在其位而不谋其政。(孙中山曾说过:"政治是众人之事。")构建和谐社会是全方位的,不止于"政权的巩固"和政治上的"平安无事"。

(四)用《易经》的和谐智慧平天下论

成中英认为《易经》的研究和应用在当代中国乃至整个世界都能发挥重大作用。"和平发展"是当代人类活动的主题。其中首先是"世界和平",有"和平"才有"发展"。成氏提醒大家,理解了《易经》的哲学体系的智慧和价值之后,就要行动,"就要去做,就要去行,要去表现和参与,也就是自己要投身其中,发挥一种创造性的力量,来转化改变这个社会,来影响时代,使它走向一个更好的未来,这就是人可做的贡献。……这样做能为这个社会、为这个世界带来和平、和谐,所以叫做平天下。平天下并非以武力去征服天下的意思,而是以'德行'去转化天下。平天下是以个人影响力、个人的德行风范、修养、品质提高社会品质,提高生活品质,怎样以个人的德行、个人的事业、个人的言行来表现及提升品质?《周易》讲'言行君子之枢机',言跟行是一个人的表现,表现在哪个地方?就是你的说话,就是你的行为。你透过合理的说话,合理的行为,你就可以影响这个世界。不管影响大小,不管名利,只要用实言实行来实现自己,这个就是平天下。每个人都可以平天下,所以我们归纳说,《周易》它已有这样的功能。"[①]

(五)本体"和谐"论

成氏之所以有根据建立"和谐化辩证法",是因为他认为宇宙万物的本体就是和谐的,人类的行为应当依据这本体的和谐追求和谐的本体。关于"和

---

① 《易学本体论》,第316—317页。

谐"的本体含义,成氏有以下的论述:"易者,变化也,创化也,分化也,对立也,互动也,流通也,推陈出新也,合内外上下最后为一体之道也。总而言之,在人类经验与体验的基础上,也就是在'观'的基础上,易者呈现为分合、隐显、进退、虚实、有无、动静、刚柔、阴阳之道。可表之为河图、洛书,也可发之为太极八卦(两者的关系可顺带说明)。此一表现发在物象上为美感之和,在根源上为本体之和。析言之,即是本之和、体之和。人因感于和,而动于心,又深省而知人性之和。结合外观与内省,遂知天地本体之和,是为太和,从这个角度切入,可知乾卦《象传》之作并非偶然。《乾卦》《象传》曰:'乾道变化,各正性命,保合太和,乃利贞。'万物如不能保合太和,其性命之正或延续就成了问题。自然不利于贞守与发展了。'太和'即'大和'是变化之基,性命之本。"[①]

成氏以上对"和"的本体论的论述,笔者认为只是一个提纲,为了深入全面解释《易经》的"和谐"的本体论,试作如下的诠释:

(1)成氏对宇宙万物的本体提出了一体二元和多元有机统一整体论。成氏认为:从哲学上看,《易经》的思想体系是依据一阴一阳之道的整体性原理而建立起来的。宇宙是一个有机的整体,是一动态、多元、平衡(和谐)的整体。这个整体处处都体现了阴阳相反相成、对立统一的表象和性质。阴阳是世界的本质和内在意义,两者对立、互涵、渗透、交成、互补的关系所表达的宇宙本体和创化程序是生成性的、发展性的。宇宙本体和创化程序具有时空互摄的动态结构。时间是宇宙的显露,空间则是宇宙的展开,或者可以说,时间是宇宙的展开,空间是宇宙的显露。透过一分为二,合二为一的无穷往复、生生创化的过程,宇宙本体敞开了它的无尽奥妙。时间与空间就是一对阴阳。二者不可分离。时间的前进带着空间,空间的展开也带着时间。时间与空间相反相成、有无相生,其中包含着宇宙本体的和谐。正因为二者和谐,所以能相成相生。任何事物的存在和变化,莫不有负阴抱阳的结构和"冲气"的活动与过程,否则它们就不能延续和存在了。成氏说"和"具有本体性,和具有创生性和创化性,皆以同样的原理为基础。宇宙本体的尢尽奥妙亦不过如此。所以说表发在物象上为美感之和,在根源上为本体之和。

(2)对于成氏,"和"的本性又植根于一体二元性和一体多元性。是说,任何事物,其本体都是"一体二元"的结构。这一体由"太极"表示之,二元则由阴阳(一阴一阳之道)表示之。但这是一种简易的说法,在实际上(实质上),万物都是一体多元的统一体,即"多样统一体"。宇宙的二元——时间与空间,是与多样变化发展着的万物万事万态联系在一起的。所以说"宇宙是多元化统一

---

① 《易学本体论》,第 373 页。

体"。所以,成氏在论易道时,除阴阳外,又列举了"分合、隐显、进退、虚实、有无、动静、刚柔",还列举了"创化、分化、对立、互动、流通、推陈出新、内外、上下、前后"等过程与方位,还列举了"心性"等属于人类生理和精神的因素。但最后用"一本之道"来统一之。

(3)成氏在另一处说:"宇宙间所有的事物、事件、过程,兼有一体性和二元性。所谓一体性是指宇宙创化的潜力、生成的根源、整合的动力和基础;二元性则可以说是事物演化和发展过程中由于分化而具体构成的关系在结构或形式上显露的特征,诸如隐显、刚柔、强弱、开合、大小、体用等等。"①平衡、和谐就是多种二元对偶因素之间的有利于生生、创化的状态,也是变化最后的价值取向。所以说,"和谐"的基础、根源植根于宇宙万物本体的结构与变化发展的过程规律本身。"和"的本体性就是指这一点。

(六)万物一体统合生机平衡论

笔者是从成中英先生的《中国哲学中的因果(律)模型——一个比较的研究》这一长篇论文中挑选出这一有关"和谐化辩证法"的命题的。由于这一命题比较重要,因而对这一命题的论析要用较大的篇幅。仔细研读成氏的长篇论文之后,得知成氏为了解释这一命题及相关的思想,分别论述了儒道两个世界观、五个有关的具体的命题,其中皆贯串着"和谐化辩证法"的思想。而在论析过程中,成氏皆与西方的主流哲学的原子论、机械论和单纯物质科学存有论相比较。

(1)儒家的世界观

成氏在论析儒家的世界观时使用了以下几个范畴或术语:天,生命存有学,生命典范,生机主义,生机论哲学,变化之思理范型。成氏指出,儒家世界观的重要观念,首先是认为天为万物之本源,亦即天化生万物,天本身内在充满生机并引生万物。天,不但是所有生命形式的根源,同时是万物创生与发展的过程中所遵循的秩序及范型。天为万物之道,出于天之万物莫不与天维系某种关系,同时万物彼此间也交互相关。也就是说,天之内在秩序贯通万物,联系万物,所以一旦万物自天得其存在,就莫不在天地间有其定所。天持续不断地将其能量与生命注入万物,万物背后就有一个恒久笼罩充塞的终极实在,此终极实在就是天。因此,天不只是万物之本源,而且是万物绵延不绝之生存所赖以成立的根据。总而言之,天内在于万物,同时形成万物之本性。人类本性之形成亦不例外。《易大传》说:"天地氤氲,万物化醇。男女构精,万物化

① 《易学本体论》,第263页。

生。"就显示出天内在地形成人之本性。

成氏把万物同出一源以及万物间交互相关的主张称为"生命存有学"。这个名称与物理学、化学有重大的区别。"生命存有学"把宇宙及其内在结构以及所有变化历程，莫不以生命历程为其典范。生命并非自一整体分割出去的各个孤立的段落，而系统合各部分的整体。生命不是孤立的现象或成分要素，不仅与整体之间存在有内在的关联，而且其与整体中的其余成分要素之间莫不存有内在的关联。依此义，成分与原子并不一致，因为原子的本质不取决于与他物之间的关系。

"生命存有学"所说的"生命典范"并不仅仅适用于个别事物，更适用于万物全体。在此，万物全体系视为同出一源，这一源即天。以此说来，世界乃一庞大的有机整体，不论在时间向度或空间向度都由赋予内在关系的架构或交互关系的架构所组成。因此，对实在界的形而上主张时常被称为生机主义或生机哲学。

儒家的生机论哲学或生命存有论（或生命本体学），其最具代表性的论点可于《易经》的形上学中见之。儒家对天的原始概念在此让位给"变易"的概念。所谓变易，也就是生生的历程。生生的历程系透过阴阳的形而上理论来理解。阴阳充塞万物，触目所见之事物的性质及种种事缘的潜力，莫不是阴与阳的表现。阴阳分别代表实在的两个层面、两端、两个极点。阴阳虽然名为二，就动态的观点而言，两者实为一。此义即：两者时而互相吸引，时而互相排斥，视情形不同而有异。其实，对阴与阳不应脱离具体的事物及过程来理解。所有个别事物莫不由阴阳二力构成，而个别事物的内在结构，以及相互之间的关系，都取决于阴与阳配赋之多寡比例而定。不论事物的内在关系或交互关系，都有助于种种变化形式或变化趋向的发生。万物的总合所构成的格局，就是此类变化发生肇始的场所。[①]

（2）道家的世界观

道家极力主张万物之终极根原为一体。"道"系此终极根源之名，道又可称为"无"。如同儒家天的概念，道持续不断地显现，同时化生万物。《道德经》有"道生一，一生二，二生三，三生万物"，可以作为万物源出于道，以及物类繁多，这两项事实的注脚。换言之，道不是静态的物相，而是具体的生生过程所串连成的统合体。

事实上，我们可以就万物的生生过程，来理解道所发挥的关于天之创生性的理论。此有四点可说：第一，道无为而无不为，万物却莫不因其不为之为所

---

① 《成中英文集》第四卷《本体诠释学》，湖北人民出版社 2006 年版，第 276—277 页。

创生。这是指道系生命之自然创化的最后标准。第二,道系万物之源,但不能跟万物一分为二。道内在万物并普及万物。吾人不可惑于种种差别之相因而不识差别之相的先决条件下的道;唯有如此方得绝对自由。第三,道家尤其是老子,多将阴阳互补之两极之间的辩证动静视为反复的过程。第四,老子认为道的动静应在于事物的柔顺、简易、卑下的本性之中。老子有言:"人之生也柔弱,其死也坚强。草木之生也柔顺,其死也枯槁。故坚强者死之徒步;柔弱者生之徒。"若与反复原理并视之,即可看出柔弱者乃生生之主力,远胜坚强者,因此必然会导致坚强者败亡的结果。[①]

(3)关于思维方式的命题——串连思考

据成中英介绍,李约瑟曾就中国传统的思维方式提出"串连思考"这一名称。串连思考的要旨,在于将种种不同的事物类型加以区分,调适为某种理论类型(理型);在说明个别事件时,将事件与这些理论类型发生关联。变易哲学,源自《易经》的符号系统,以及五行系统,这三者提供了一群对等平行的范畴,足以通贯所有的过程。这些范畴都是从终极一真元(太极、道)所分化出来,而且只有透过此终极的真元才能对这些范畴有透彻的理解。西汉董仲舒曾提出一套细密繁复的串连关系的体系,其中囊括色、声、方位、政权、历史阶段以及其他种种自然及人事现象。其体系是根据阴阳五行学说发展出的串连思考之一极端形式。(寅按,如"气"范畴之下有阴阳之气,四时之气,五行之气,自然现象之气,冷暖寒暑之气,血气,精神之气,呼吸吐纳之气(气息)。主张天人合一,天人同构,天人同质,天人互渗。主张人副天数。如:天是圆的,人头也是圆的。天有日月,人有耳目。天道十月而成,人十月而生。一年三百六十六日,人有三百六十六关节。天有十二月,人有十二大关节。天有五行,人有五脏。)此体系将个别事物及事件归属于范围较广且明细的思维范型之中,这就是典型的中国思考方式。[②]

串连思考不仅贯通自然界及人事界,而且还能贯通物理世界及心理世界。人内心之理,与天下之理、人世之理,莫不顺应吻合。这种"天人合一"的主张的根源,正是"一体原理";主体与客体由于此原理之故,得以不被截然划分,因而彼此视为具有不可分离的关系。主体(人)的地位,则至于有足以参天地之化育,参道之生生化育的能力。李约瑟曾说:"万物都是以宇宙大机体之一分子的姿态而存在。万物之间互相作用,并不是得之于机械的冲力或机械的因

---

① 《本体诠释学》,第278—279页。
② 同上,第282页。

果关系,而是出于某种神秘的共同感应。"①事物之所以会运动以及运动中发生的关联,并不是由于外力遵循机械力学或化学的定律加于其上所产生的结果,而是出于事物固有的本性,以及事物处于宇宙中的地位。事物因有的本性具有推动交互相关的动力或力量,仿佛事事物物莫不具有自身的生命力,同时还互相协调行动,而预先完成一太和。此预定的太和,以及事物互相协调的运动,并非得自外铄,而系终极实在的彰显。五行相生相克之理序即可作为例证。顺此内在的思考路数来衡量,万物皆自然而然发生,同时遵守并表现出极有规律性的理序。四季推移,日夜交替即为其例证。②

(4)辩证法则

成氏把"辩证法则"作为其"和谐化辩证法"的理论基础。中国的辩证思想,源于儒家与道家,系对人及实在形上学方面与方法学方面的看法。下文系从《道德经》中选出片断,作为根据生机观点塑造成的辩证法则的范例。(一)万物并作,吾以观其复。夫物芸芸,各复归其根。(二)曲则全,枉则直,洼则盈,敝则新,少则得,多则惑。(三)飘风不终朝,骤雨不终日。(四)师之所处,荆棘生焉。大军之后,必有凶年。(五)物壮则老,是谓之道,不道则已。(六)将欲翕之,必固张之;将欲弱之,必固强之,将欲废之,必固兴之;……柔弱胜刚强。天下之至柔,驰骋天下之至坚。(七)万物负阴而抱阳,冲气以为和。(八)躁胜寒,静胜热。(九)祸兮福之所倚,福兮祸之所伏。(十)人之生也柔弱,其死也坚强。草木之生也柔顺,其死也枯槁。故坚强者死之徒;柔弱者生之徒。是以兵强则灭,木强则折。强大处下,柔弱处上。成中英说:以上这些原理既具有预测功能,也能说明事象的特征,还可为人类行为所运用。此诸般性质同时也为机械论科学传统之因果法所概括;即与科学的因果法则功能完全一致。我们不妨把这些原理视为中国式因果法则的内涵大要。此种内涵显然铺陈了不少有机关系成立所需之动力法则,诸如:相辅法则、反复法则、逆反法则、负面动力法则等等。总而言之,中国哲学中,因果法则的概念与西方科学的因果法则模型,根本大异其趣,两者之间完全无法发掘出任何类似之处。中国的因果模型则系反原子论的,因此着眼于整体;反外在关系的,因之系诉诸内在关系;反机械论的,因之系生机论的。两者之间的根本差异并不难解释:这正是"生命形象"与"机器形象"之间的差异。生命系人类的具体经验,而机器系成于抽象的规画及对性能的草拟。③

---

① 录自李约瑟著《中国的科学与文明》第二册,第253页。
② 《本体诠释学》,第282—283页。
③ 同上,第255页。

(5)"一体统合原理"

成中英认为,从儒道之形上学中可以推导出以下三项原理,即"一体统合原理","内在的生命运动原理","生机平衡原理"。这三项原理之和,可以刻画出中国式因果律模型的特质,其中贯穿着"和谐化的辩证法"。

所谓"一体统合原理",系指世界万物由于绵延不断地自相同的根源化生,因而统合成为一整体。换一种说法:万物透过创生的过程得一统合。于是,在道或天之覆盖下的万物实为一体。万物都共同分有实在的本性。此外,万物之间莫不交互相关,因为万物皆同出一源,万物好比同一家族成员。我们将万物视为天地两极之力汇合成一体后所衍生之宇宙家系的属员。万物所共同分有的一体(太极、道),既维系万物之生存,并滋生化育万物。①

(6)"内在生命运动原理"

所谓"内在生命运动原理",系指世间万物莫不涵容某种内在生命引导它们,如此所产生的运动并不是得自外物或神的外铄,而是源于取之不尽、用之不竭的生命力源头,亦即道(太极)。因为此源头与各个别的事物之间系内在地相关,所以运动所需之能量从源头中衍生的过程,系内在的过程。有如机体中所进行者,而不似机器中运动所需之能量得之于外。同理,因为万物间莫不交互相关而形成各种过程间的变化网络,于是,运动力的传送就被视为生命活动的表现。同时,生命力的根源取之不尽,用之不竭;这是指万物及其间的变化,莫不来自源头。一旦此源头首肇其绪,则其后之变化与变动的历程将会永无止境,这项运动的原理,也可称为"生命本有之孳长原理"。②

(7)"生机平衡原理"

所谓"生机平衡原理",系指世间万物及变化过程,都在导向平衡与和谐的历程中得以发生关联。这并不表明一旦某种平衡或和谐既已达成,变化与变动就会中止。就某种意义而言,由于"一体统合原理"之故,世间恒有和谐与平衡存在,这点依然有效。从一事物固然于万物的全局中各有其定位,但世间之运动、变化、变动仍然会发生,其目的在于兹生同种,并在于更进一步发展。由于生命不断新生,向更高超层次之平衡与和谐的奋进也就绵延不绝。平衡与和谐必须透过动态与现实的意义去理解,这一点十分重要。阴阳两极各具相反与相辅的本性,此即足以说明导向事物之平衡与和谐的过程及所成就的平衡与和谐。③

联系成中英先生的"和谐化辩证法"的重要命题——"一体通合生机平衡

---

① 《本体诠释论》,第279页。
②③ 同上,第280页。

论"提出几点概括性的结论。

成氏提出"和谐化辩证法"的目的,就是要人们能够把这个辩证法在实际行动中获得宇宙、自然、社会和个人之间的平衡与和谐,因为只有在平衡与和谐的总的环境中,宇宙万物才能健康的发展。于是,成氏提出"生机平衡论"这一命题,就在使人们获得和掌握平衡、和谐的主客观条件、机制,特别是哲学(形上学)的原理。所以,成氏花了相当大的篇幅论析中国传统哲学(形上学)中儒道两家对整个宇宙、整个人类社会所应持的接近真理的观点和思维方法。

为了这一目的,成氏强调宇宙万物统一的根源(一体统合原理),并论析了万物生生不息的生命存在哲学(内在的生命运动原理、生机平衡原理)以及串联思考(全面内在动态的辩证思维范型)。世界观、生机论和思维范型,这三者是内在地联系在一起的,是互相沟通、互相支持、互相融汇、互相诠释的。本质是形上学哲学,同时包含着方法学。

"一体统合原理"即"整合原理",在范畴上由"太极"和"道"来通辖。"内在生命原理"即"内在性原理",在范畴上由阴阳冲气五行相生相克来掌握。"生机平衡原理"即"生机性原理",在范畴上,上由和谐辩证法来表示。三者互相配合,实可视为"和谐辩证法"的贯通宇宙万物和人类思维的生机主义哲学基础,可简称之为"一体统合生机平衡论"。肉体和精神皆健康的人体,可视为"一体统合生机平衡论"的范型。

(七)以生生尽性为实现和谐的条件论

成中英认为,要实现"和谐化辩证法",要以实现中国古代儒家哲学的"生生不息"观和"尽性"观念为条件。他认为,"生生不息"观念是儒家哲学的最基本的观念。谈人生的道德价值,不能离开对世界的认识和对人本身的认识。如想了解人的行为价值,一定要先了解何谓宇宙,何为生命。生命就是宇宙现象的流行,整个宇宙是大生命,具有创造性,充满和谐。宇宙是和谐的过程,是生命的过程,也是创造的过程。生命本身是和谐的,是不断的创造。这种生命的过程及生命本身的创造就是生活。所以生活就是生命本身的创造,还是创造本身的创造。生活本身创造和谐,是无限的,是价值的保留及充满。整个宇宙是有意义、有价值的宇宙。人类生命的意义是由宇宙而来,人类的思想和宇宙精神是相连的,这是"生生之谓性"的精义。① 平衡与和谐有利于创造,有利于生命,有利于人的发展,"和谐化辩证法"的提出与理论体系的建构,以"生生不息"观念为基础,是必然的。

---

① 成中英:《从中西互释中挺立》,中国人民大学出版社 2005 年版,第 233 页。

对于成氏,"尽性"也是"和谐化辩证法"提出的理论基础和条件。成氏从"尽己之性"、"尽人之性"和"尽物之性"三方面来论述何谓"尽性"。他说:"人是宇宙渺小的生命,但也充满整个宇宙,因为宇宙的生命要在人的生命中表现出来。人要求自己的善在生命实现中完成,能满足这要求,这就是'仁',也就是'尽性'。《中庸》提到人类的本质就是'知命、尽性'以实现宇宙的价值,足见'尽性'是《中庸》的基本观念。至于'诚'即是'善',是人与宇宙共通的精神。实现人性,可称之为'诚至'或'至诚'。'诚'是将自己的善表现出来,人要实现自我,但不应只求一己的满足。因为人是自然中的个体,是有限的,不实现自我,则个人只是有限的生命的个体而已。人应将自己的潜在能力表现出来,了解自己,实现自己的善,使生命充实、丰富。此即为所谓'尽己之性',也就是'诚'。"①

"所谓'尽人之性',是使人实现自己的过程当中去实现他人,个人不能代表什么,必须牵涉他人,才有个人存在的意义。人的存在必然涉及社会的存在,两者有密切的关系。如想了解人必须了解自己和人的关系;要实现自己,必须同时实现他人。能实现他人,才能实现自己,也就是将人的价值比为社会的价值,这就是'尽人之性'。"②

"而所谓'尽物之性',即是'开物成务'。人的社会生活在自然世界中一定是要有所安排的,所以我们对物质本身及环境本身有所了解,能使人的生活与自然的生活产生和谐与秩序。中国的形上学思想,是认为人与社会的生命是相通的,人的和谐与自然的和谐也是相通的。所谓'尽物之性'或'开物成务'即是了解自然,使其实现人的价值,成为人类生活的一部分。这是科学的应用,也是科学的目的。"③

"'尽物之性'、'尽人之性'和'尽己之性'是互相贯通的,这都是以实现'至善'为最后目的,使人类得以满足,人类与宇宙的生活能够和谐而有秩序。"④写到这里,想起了20世纪50—70年代的旧事多多:一个是"反右"运动,不知扼杀了多少人才,正好违反'尽人之性';一个是"全民大炼钢铁",不知浪费多少财力物力(还有人力),正好违反'尽物之性';三是只讲共性,不承认个性,中国人每个人只是"一个螺丝钉",人都不是人了,如何"尽己之性"?

尽性论与"天人合德"论是可以互相诠释、互相补充的。我国关于"天人合

---

① 成中英:《从中西互释中挺立》,中国人民大学出版社2005年版,第233—234页。
② 同上,第234页。
③ 同上。
④ 同上。

德"的思想,自先秦至汉已有充分的发展。对于这一论题,成氏联系"和谐化辩证法"也有发挥。他说:"自然宇宙与人的个体相关,它们之间并无冲突,是一体至仁,能完全统一,能产生和谐。天人间的和谐是自然的。人对宇宙的和谐的实现,可以透过科学、艺术、道德及宗教来完成,所以人与天的和谐是造成人类福利的基本条件。我们应特别强调这点,因为许多错误观念(按:如说:'与天斗其乐无穷')的形成是由于认为自然与人是对立的。如果这种天人相对立的观念是对的,人显然会遭受自然的迫害,或人将为自然所完全控制。对于这点,儒家的看法是人与自然是和谐的,也就是强调人本身的目的。我们如能把握住此目的,而将其实现为人的价值,就能把握住'天人合德'的基本观点。"①成氏指出,《孟子》和《中庸》下面两段文字,都是说明圣人、真人的品格和能力,《孟子》说:"大而化之谓之圣。"《中庸》说:"惟天下至诚,惟能尽己之性,能尽己之性,则能尽人之性,能尽人之性,则能尽物之性,能尽物之性,则能赞天地之化育,与天地参矣。"笔者认为,成氏不论讲"生生",讲三个"尽性",或是讲"天人合德",其中都贯彻着对宇宙本体的认识,对人的需要、能力和价值的认识,对人与人、人与自然的关系的认识问题。要建立的观念是,人要在对以上诸对象和关系的认识的基础上,发挥人的主观能动性,从而满足人的物质生活与精神生活的需要。特别是要重视各种关系的相对的平衡与和谐,否则是达不到人类的目的。平衡与和谐既是宇宙的本性,也是人的手段,更是人的目的,还是宇宙万物最好的发展前程和归宿。

(八)以和谐为动力论

成氏认为哲学上所说的道或气要化生万物必须经过和谐的作用而不是经过冲突的作用。换句话说,和谐是道或气创化万物的动力,冲突不能成为这种动力。按照成氏的理解,道或终极的气,促生了阴与阳的相互作用,进而化生万物。成氏说:"阴与阳的共同作用是二对立的分化力量之和谐统一所致,虽然二者的本性一向相反对立,此二力仍彼此互补相持。何以阴阳对立所透出的和谐的概念要比冲突的概念为多?理由毋须远求。阴阳之对立恒植根于道的统合中,也恒涵融于道的统合构架中——对立所显示的是差异的统合,而不是两者间的紧张与互斥。所以,阴阳之对立可以说是和谐、吸引以及相激的原因,而不是冲突与斗争的原因。"成氏接着说:"不仅阴阳二相反之力的存在是以二者间的根本和谐为前提,道的创造过程中所有的元素与力量的和谐也正是造成万物的新生组织与存在的整合及形成与演化的理由。换句话说,和谐

---

① 《从中西互释中挺立》,第234页。

正是万物向高级阶段整合的运作样式,这个运作的过程实堪称为'和谐化的辩证'(Dialeclics of Harmonization)。这可与'冲突的辩证'(Dialecitics of Conflict)成一明显的对比。'冲突的辩证'中各个交战力量的元素必须在一较高级的综合阶段克服,以免相对立的力量或元素之间的交战与斗争导致瓦解或灭绝。"①成氏又说:"以此见解为基础,遂恒以为万物的发展过程乃一和谐而非一冲突。以此见解为基础,可将道的创造说成是经由和谐化的辩证,普遍必然地展现出万物中生命气机的精神。于是程颢有云:'万物之生意最可观,此元者善之长也,斯所谓仁也。'(《近思录》第一章)周敦颐、张载、邵雍于其研究《易经》的著作中都有功于'和谐化之辩证的理论'拓展。"②成氏又说:"作为万物生长之程序的'和谐化的辩证',在道家哲学中,也受到同等的重视。《道德经》有云:'万物负阴而抱阳'。不过道家学者也同样重视'复'或'反',作为'和谐化的辩证'之一元素。反复的原理也的确称为'道之动'。……除了反复观念,庄子更将'自化'的观念引进和谐化的辩证。这看来是老子自然无为之原理的自然延伸。这些观念的实质,结果使得和谐化的过程成为道的一个自我实现的过程——在进化的创造中以及万物的阐释中,没有丝毫斗争与冲突的痕迹。"③

(九)宇宙数象和谐论

此命题或可称为"洛书"阴阳全面与全息论。成中英对"洛书"的象数作了新的解释。认为"洛书"的三行、三列以及对角二列都是15,正是表示宇宙阴阳结构的全面性与全息性的大和谐。他从自然中的数的关系说起。说自然对象的结构和自然物与自然物之间的关系,都与其中的"数"相关。《左传·僖公五年》有言:"……物生而后有象,象而后有滋,滋而后有数。"(滋,是繁殖)象、数、义、理,是《易经》常用的四个概念。成中英曾指出,象、数、义、理也可以说是《易经》思想的辩证发展的四个阶段,正如新生儿的发展是经由受精、胚胎、成形、逐渐长成的变化过程一样。易的经验的形象化与象征化,这是象。易的形象和象征符号的关系化以及在时空位置上的排列化以及应用化与实用化,这是数。易的关系和排列,亦即易象在数的关系中呈显意义及凝为概念,这便是义。易的意义和概念发挥为命题及判断,并形成系统,这又代表理的出现,也就是易象、易数、易义的整体化和思辨化。象是先与的。要表达变化及关系需要数。象、数可以用来表现义和理。易象和易数本身有密切的连续关系。

---

① 《本体诠释学》,第233页。
② 同上,第234页。
③ 同上。

成中英说:"要表达变化及关系,需要数;要预测变化及关系,自然更需要数。也就是要把一个道理或真理显示出来,数就是事象中的内在关系或内在变化关系。变化后的关系自然可以用新的数来表达。在此意义下,数为实际测知或表达新的变化关系所需要"[1]。成氏论及奇数、偶数与事物的动静关系时说:"奇数代表单物,有运动而刚健的倾向;偶数代表偶物,有静息而柔和的倾向。这都是由对现象的经验决定的。如果再把动与刚看成是阳与健的突出明朗,把静与柔看成是阴与顺的表征,则奇偶可与阴阳整合是极其自然的事。"[2]"7、8 或 6、9 合为 15。15 乃成天地之数。这是阴阳观念结合在一起的表示,有此表示,吾人可以了解到何以'洛书'以 15 为其整合数。'洛书'即代表天地之数,也就是代表天地之结合。"[3]成氏在论及象数与数象内涵的异同关系时说:"吾人可以看到易数和易象有密切连锁关系。但吾人仍可区分象数与数象两类数与象的关系。讲象数的易学家往往未能将两者分开,因而造成混淆。以象为数,即用数来决定或表现象,即是数象。……在易中的'太极'或'太一'的观念以及两仪、四象、八卦等观念中,都是以数为象,也就是数中有象。即使'河图'、'洛书'之数,也可以说是更整体、更抽象地代表了一种象或象的关系。我们可以举'洛书'为例来说,'洛书'是 3×3 的方阵。如果问何以是 3×3?可以说这是代表了天地人三才的整体。3×3 即表示天地人三者各种可能渗透交流的相互关系。但 3×3 乃是 9 个数,9 个数要表现天地人的各种关系,自然要将 9 个数的关系加以调整,于是乃有全面平衡的'洛书'如下:

4	9	2	=15
3	5	7	=15
8	1	6	=15

'洛书'的每一行数字相加都是 15。但 15 代表何种意义呢?每行相加都是 15 又代表何意义呢?如果我们把 15 看成是 5+10,15 代表的就是生数(1至 5 为生数)、十成数(6 至 10 为成数)的总和,也就是生长的过程。如果我们把 15 看成是 7+8 的总和,则 7 与 8 正是易筮稳定的阴阳数。如上所述,则 15 就代表阴阳稳定的结合了。最后,三行、三列,以及对角二列都是 15,正是表示了一种阴阳全面与全息的大和谐。我所说的全息乃就 15 的构成方式而言。15 的构成方式有 8 种,则每种都是生数与成数的组合之和。《系辞》言:'河出

---

① 《易学本体论》,第 61 页。
② 同上,第 64 页。
③ 同上,第 65 页。

图、洛出书,圣人则之.'此则是以数为先,象为后,数中有象,象中有数,完全恒等。总而言之,'洛书'的数象征了八卦象以及理想的象的关系。"①成氏接着又论及"河图"与天地相和谐的内涵的联系。他说:"准此,以天地之数55为图象的'河图'的数,也可以解释为对天地生成过程及配合关系的一种表示。此一'河图'数象也就成为卜筮的模拟对象。故《系辞》有曰:'凡天地之数,五十有五,此所以成变化而行鬼神也。'(《系辞上》)'大衍之数就是除去生数的天地之数的余数,亦即为宇宙的代表。当然我们也可以说,为了表达天地自然的象的和谐平衡关系,中国也就产生了数中有的象的'河图'、'洛书'数学。"②

有了以上的摘抄,我们可以看出,"河图"、"洛书"创造者认为宇宙万象从总体上说是"平衡和谐"的。"洛书"图中的九个数,代表万象中"个别"或"特殊",而"个别"、"特殊"虽然各不相同,但异中有同,相对中有相成、相合、互补的关系和结构,因而从总体上说是平衡的、和谐的。不平衡、不和谐是少数的、偶然的、变态的、有害的。人类的主观能动性,就在于使少数服从多数和整体的利益,在偶然中找必然,变"变态"为"常态",变"有害"为"有益",即变不平衡、不和谐为平衡与和谐。在生活中如此,在艺术中如此,在国际关系中如此。此论与古希腊毕达哥拉斯学派的整个宇宙是多样美的统一论遥相响应。为"和谐化辩证法"提供了数象的宇宙论的基础。

(十)和合思维方式论

"和谐化辩证法"的贯彻,要求有特定的思维方式与其配合。据笔者对成氏多篇有关思维方式问题论文的研究思考,发现他对"和合思维方式"有几种提法:一是多项对偶态一元思维方式;二是以通变合和为典范的思维方式;三是多对两端平衡和谐的思维方式。发现三种思维方式大同小异。大同都是重视对应的和谐统一。这种思维方式,实际上可称之为"太极阴阳和谐思维方式"。联系成氏的"和谐化辩证法"的整个理论体系,笔者提醒关心中国当代哲学发展、关心中国构建和谐社会的哲学基础的同行,在重视成中英"和谐化辩证法"的重大意义和价值时,要重视成氏在我们论及的宏文中所提出并作了论证的"新的思维方式"。在这里,笔者甘愿受到"重复"的指责,再次摘抄成氏论析这种"新的思维方式"的文字。成氏说:"这种新思维方式是在整体中追求个别,在个别中追求整体;在同化中追求差别,在差别中追求共性;在多元中追求一体,在一体中追求多元;在平衡中追求卓越,在卓越中追求扩大;在合作协力中追求自我优化,在竞争冲突中力求沟通共赢;在历史经验中追求理性结构,

---

① 《易学本体论》,第66页。
② 《本体诠释学》,第65页。

在理性规律中实现个体;在主体中追求客体,在客体中实现主体。"①成氏对上述"新的思维方式"又作了如下的解释和补充:"在这种思维方式中必须掌握一个开放的事物整体观。凡事都属于一个可以延伸的整体空间,不只是其显示的存在可以有多种多样的历史因果关系,其未来的发展也可以有多种多样的可能性。这种思维方式也要求掌握整体观念的分化性与差别性,以及分化性的多元性的对偶性与互补性,在对偶性与互补性的掌握中再求整体的一致与关联,使生活的素质提升,使生命的潜能发挥,在使自由地创造个体价值实现的同时,也自由地创造整体的或集体的权益。……如果说认知一个开放的创造的本体宇宙观是全球化的根本条件,那么认知一个开放创造的自我心性就是本土化的根本条件。两者又互为根源又互为基础,方能形成一个具有张力与协力的互动系统的整体。在这种互动的体系中,主客不仅是知性的交融,也是性情的适应,更是行为与行动上的整体的协调与配合,明显地隐含着一个整体的标准与自我在整体中的定位。"②对于成中英,这是要同时"建立一个新的思维认知方式,一个新的宇宙观,一个新的自我性心哲学和一个新的行为判断标准。新的思维认知方式意涵着天人互通、互动与互融;新的宇宙观意涵着本体宇宙论的体验与观察;新的自我心性哲学意涵着主体的自我提升、转化与主客观的相互超越与创造;新的行为判断标准意涵着知行的整体与动态的合一。这三者又是互相激荡、互相制衡的。三者都必须在差异中求整合,在整合中以求创造。"③"其最终目的在实现生命的整体和谐与持续创化。"④思维方式最后归结为"和谐化辩证法"。

　　上面,笔者从成中英先生的大量论著中梳理了他关于"和谐化辩证法"的重要主张,名之为"十大命题",便于读者进一步思考。这十个命题互相之间,是既有区分又有交叉重叠的,甚至在某些段落还可能有些重复。对这一点,相信读者能够体谅。

八、和谐化辩证法与冲突辩证法的异同

　　在近当代世界哲学发展中,能与古今"和谐化辩证法"相对抗和一比高低的,要算近代西方由黑格尔到马克思所传袭的"冲突辩证法"(或称"永恒进步

---

① 《成中英文集》第四卷《本体诠释学》,湖北人民出版社 2006 年版,第 353 页。
② 同上,第 353—354 页。
③ 同上,第 354。
④ 同上。

辩证法",其极致为"斗争辩证法")了。按成中英先生的说法,"在人类历史上,这是必须比较长短的。"①

成中英认为,就生成背景而言,二者无法也无需比较其功过,但就理论结构或思想目的来看,两者虽然不同(甚至对立),却也是互补的。看来,这样说,成中英就已经是在施展较高层次的和谐化辩证法了。成氏认为不必要全面评析黑格尔和马克思的辩证法思想,他只是要在体系的主导方面比较理论高低与社会价值。

成氏指出,黑格尔、马克思的辩证法的重要命题大致如下:(1)世界(主观上看)是一不可再断分的整体而呈现在我们面前的(正);(2)世界凭借"既有"及其反面之间的冲突与对立,来实现自身(反);(3)世界经过冲突因素之间的更高综合,达到一种更高层次的存在(合);(4)世界按照这种过程不断地向上进,愈来愈逼近理想中的完美。成氏提出了四点概括后,又作了如下的说明:这里虽然用的纯粹是黑格尔的字眼,但我们随时都可以把这几个命题嵌入马克思的唯物论构架上去。重要的是,不论是马克思主义还是黑格尔主义,都具有辩证法的以下三个主要性质。②

成氏对黑格尔、马克思辩证法的性质又作了以下几点分析。

(1)这种辩证法,肯定实在或历史上有一个本体上真实的客观冲突;这种冲突或表现在事态与其反面之间,或表现在一个阶级与另一个阶级的对立之中。这种冲突与相反,意味着敌对、憎恨与不合作,其间没有互补与互依。而成氏认为"互补与互依是成就一个整体所必需的条件。换言之,由辩证法而来的进步有其限度,整体的实现就有其限度"。因此,在黑、马的辩证法里,冲突的存在使斗争成为必需,唯有尽力斗争,才能消灭其内在的逻辑矛盾。③

(2)对于黑、马的辩证法,欲解决冲突状态之逻辑矛盾,只有设法将冲突的两面在一更高的层次上综合起来。对这种意义的综合,黑格尔寓于其"提升"的观念中,而马克思则寓于其社会革命的观念中。在"合"的过程里,先前的正与反两面都会起本质的改变,最后产生出一截然不同的崭新的东西。④

(3)对于黑、马的辩证法,实在的辩证运动乃是一个不断前进的演化,朝着更高、更好的存在形式迈进。黑、马的辩证法都把这种前进极度理想化或乌托那化了。如果以这套辩证法来看待和谐与冲突的问题,那么必须把冲突视为

① 《抉择》,第184页。
② 同上。
③ 同上,第185页。
④ 同上。

实在中具有客观意义的关键要素;或视其为促进历史迈向一新阶段的关键角色。在这里,"和谐化辩证法"与"冲突辩证法"有一个明显的差别:"和谐化辩证法"认为,只有当一个人开始了解世界的真相之后,他才能主动地避免或化解冲突;而"冲突辩证法"则认为,不必也不能避免或化解冲突,冲突是世界真相中不可或缺的元素,因此个人不可能通过对世界的了解来避免它或化解它;换句话说,"冲突辩证法"基本上不视变化的过程可能是和谐的,而视之为不和谐的。因此,"冲突辩证法"把冲突和斗争视为辩证过程的核心,这就从根本上排除了以和谐为辩证目的之可能性。"冲突辩证法"把斗争视为达到更高层次综合的工具,视一次新的综合都根植于冲突。比较起来,"和谐化辩证法",因为视和谐为实在的基本性质,认为事物发展变化的开始、变化整个过程、变化的归宿都包含和谐的因素,因而没有黑格尔、马克思辩证法里那种耀眼的进步观。①

成中英指出,在 1949 年以前,中国一直强烈地受到西方"冲突辩证法"的影响,甚至有人说儒家思想简直无法应付现代世界的挑战。成氏认为,此种说法似乎说得太早了一点。成氏认为,1974 年,中国大陆对儒家思想所展开的批判运动,就代表着儒家"和谐化辩证法"与"冲突辩证法"的短兵相接。"文革"初期"一分为二"与"合二为一"之争,也是这种接触的表现。

成氏指出,最重要的问题是:究竟是应该把和谐视为追求的目标,把人世间的差异视为收获,还是视冲突为必要的工具,视冲突一元化为进化的动力,视进化为永不息止的斗争呢?这在中国目前还是悬而未决的问题,也是最重要的问题。这是中国在所有的文化、政治、经济活动中都会遭遇到的问题。②

在笔者看来,从数十年来中国社会发展的经验教训来看,答案是自明的。新世纪之初,中国"构建社会主义和谐社会"政策的提出与实践就已作出了相当明确的回答,只不过有些理论家仍然对"冲突辩证法"执迷不悟罢了。

简短的结论

(1)"和谐化辩证法"是有中国特色的、被发展了的"太极哲学"思想体系的一个重要部分。

(2)成中英先生依据中华民族古代的重要经典《易经》和老子《道德经》以及各代儒家的"中和"思想,按照他对宇宙万物的实际全面观察和思考所得,结合他对"本体诠释学"构建的过程,对"和谐化辩证法"的各个方面作了全面的

---

① 《抉择》,第 187 页。
② 同上,第 188 页。

论证,建立一个较为完整的理论体系。

(3)如果说"冲突辩证法"主要是以近代当阶级斗争的经验为基础建立起来的,那么,"和谐化辩证法",则是吸收中国传统哲学已经获得的重和谐的优秀传统,依照对整个宇宙万物的观察研究,依照自然、社会历史、人本身全面长期正常健康发展的需要而建立起来的。

(4)"和谐化辩证法"并不否定自然本身、社会历史本身、人的肉体与精神的统一体本身的在变化发展过程中出现的差异、对立和冲突因素,但它认为包括人类社会、人本身在内的宇宙万物本身整体上是和谐的,冲突、对立只是局部、暂时的现象,经过自然本身的"自化"和人类本身的聪明才智和主观努力,按照"和谐化辩证法"进行社会实践,完全可以得到化解,使宇宙万物走向和谐发展的康庄大道。

(5)苏联社会主义的解体,我国上世纪"文革"的全面失败、"四人帮"的垮台,一再证明"斗争哲学"对中国社会发展的危害。

(6)当代人类社会的发展方向是和平、合作、共同协调发展,"和谐辩证法"正是促进这种和平发展的有力思想观念和理论。

(7)"和谐化辩证法"是中国当代构建和谐社会的重要指导思想,是中华民族振兴的理论基础。"和谐辩证法"应当成为中华民族的一种信仰并身体力行的指针。

(8)看过去,是为了现在和将来。对过去60年的社会建设中的种种成与败、经验与教训都可以而且应当从"和谐辩证法"的层面上加以思考和总结。冲突与和谐是一对范畴和事实,要检讨一翻,看哪些冲突是必然的,哪些冲突是人为的、可以避免的;哪些本应是和谐发展的却被人为的冲突和斗争所代替了。理论主张不是理论家书房的玩物,也不是政治家哗众取宠而并不实行的口号。正确理论应当成为全民的行为准则。达到这一点是难的,但应当去追求。以上这些也可以说是本书撰写的目的。套用孟子的一句话的结构:余岂喜欢啰嗦哉,余不得已也!

(9)成中英先生所提倡和详细深入论证的"和谐化辩证法",在中国和世界哲学的发展上,在对世界文化发展的导向上,在对中国社会主义和谐社会的建构的理论基础上,在对世界和平与人类进步的追求目标和理论根据上,都具有理论和实践的重大价值,是具有划时代的意义的,这种意义将逐渐为世界学术界所认同和发挥。世界哲学的重建和发展有一个重要的原则,这就是各取所长,优势互补。

(10)中国的以《易经》和老子《道德经》为源头的传统主流哲学,其优点就是太极阴阳和谐辩证法,它重视宇宙万物多对阴阳的差异和谐互补互生,在当今世界哲学的交流、汇通和融合中,可以化解二元对立,对过分强调矛盾冲突的偏差,注入一股平衡和谐的清流。中国政府早已提出构建和谐社会的伟大方针,"和谐化辩证法"正可作为实现这一伟大方针的哲学基础。伴随着社会的和谐发展,中华民族文化振兴大业也已提到日程上来。"和谐化辩法"所包含的基本理论,所运用的重要范畴概念,所重视的太极思维方式,所形成的多种命题,都可以作诸如政治、经济、文化、教育、科学、道德、艺术的研究和实践活动可靠的依据和利器。有理由相信,成中英先生倡导和全面论证的"和谐化辩证法"在当代和未来社会发展中将越来越发挥不可估量的作用。

第十章
《易经》哲学太极创化思想要义

    《易经》是讲变易的书。《系辞》说"生生之谓易"。这是孔子给易下的定义。这一定义明确说明易就是变化。孔颖达说:"易者变化之总号,改换之殊称。"《系辞》还说:"天地之大德曰生"。生即仁,天地无心而生养万物,故其大德曰生不曰仁。圣人有心而仁民爱物,故其大德曰仁不曰生。如此看来,《易经》的"易"即包括创生、变化、转化、创造。简言之即"创化"。成氏对于《易经》研究,总体说主要是研究它的"创化"作用和"创化"价值。《系辞》说:"易有太极,是生两仪,两仪生四象,四象生八卦,八卦定吉凶,吉凶生大业。""太极"贯通于《易经》的整个符号象征系统中,也贯通于整个宇宙万物的存在与生成、发展、变化的过程中。因而《易经》的"创化"是以"太极"为根源、为过程与终极价值的。《易经》的创化是"太极的创化"。成中英先生对《易经》哲学的研究,无处不贯穿着"太极创化"精神。本章专论成中英对《易经》哲学思想体系的研究成果,特别是其中的"太极创化"思想理论。

一、《易经》研究与当代哲学的发展

    成中英对《易经》在中国哲学发展中的地位与作用有其明确的、高度的评价:认为中国传统哲学起源于由《易经》的原始部分生发出来的《易传》,由《易传》中的《系辞》首先树立起"太极哲学"思想。[①] 换句话说,成氏认为"中国哲学的原始出发点是《易经》哲学"。[②] 成氏明确地把《易经》看成是一本哲学的书,而且是一本形而上学和本体论的哲学的书。认为《易经》的思维活动"已经包含了体用相需、主客互通、人天合德、知行合一的思维模式的雏形",因而肯

---

① 见深圳大学国学研究所所编的《中国文化与中国哲学》一书,三联书店 1990 年版,第 62 页。
② 见《抉择·引子》。

定《易经》是"中国哲学思维的源头活水"。① 成氏早在上世纪 70 年代在美国夏威夷大学哲学系首开讲授《易经》的研究生讨论课的先例,把《易经》研究提升为哲学研究与比较哲学研究,同时关注与评价当代西方哲学家如怀特海与海德格尔等人的思想并将其与《易经》哲学互相诠释,同时亦开创了成氏自己对本体诠释学的方法论与对本体思想的思索。② 成氏甚至认为深入研究《易经》有助于把中国哲学世界化。他认为《易经》哲学提供了一个广博、开放、相反相成的多元一体的变化系统,任何差异与冲突都能在这样一个系统中获得定位。说,这是因为《易经》乃是一个基于综合的创造的"观"的思想系统,是与宇宙真实的整体化的过程与过程化的整体密切相应的。其中,现代人类所面临的知识与价值、自由与必然、知与行、天与人、个人与群体等,不论对哪一对对立或对偶,都能给予相当程度的展现与相生相成的发展。③ 由此可见,要理解成中英的哲学思想体系,不能不撇开他对《易经》哲学的研究。

成中英对《易经》哲学进行数十年的深入研究,得出了一个对中国当代哲学的发展具有重大意义的结论,这个结论就是:《易经》哲学是中国哲学的原始出发点。④ 成氏认为,每一个民族的思维方式、语言、文化生活经验,以及对人际关系的体验,都有自己的特性;而且每一个民族都有责任对"世界哲学"作出贡献,因而必须发展自己民族的哲学的优秀传统。他打比方说:"每一种传统哲学都像一棵树,它根植于自己的历史意识之中,有自己的内在活力。如果各民族的传统哲学不从内在生命的发展着眼,那么就无法吸收外部的营养,就无法保存自身,当然也就不可能对世界哲学有所贡献。"⑤他还说:"中国哲学和文化,如果真正吸引西方哲学的长处,就必须立足于中国哲学生命的源头。"⑥成氏认为立足于《易经》这个中国哲学的生命源头具有以下三种含义:一是要打破目前中国哲学的有缺陷的架构;二是形成新的理论架构并开拓"世界哲学";三是正确评析和吸收西方哲学的优点。

关于第一点,成氏说:必须"打破目前哲学的架构,回到根本。这是因为现有的(中国)哲学束缚了哲学的发展,因此,必须打破这些框架,去寻找背后所隐藏的生命力量。从中国传统哲学来看,无论是先秦、两汉、隋唐,还是宋元明清,每一种新的哲学出现,总是仿佛向原始出发点复归。因此,今天的中国哲

---

① 《抉择·引子》。
② 参看《易学本体论》,第 2 页。
③ 《成中英自选集》,第 280—281 页。
④ 见《抉择·引子》。
⑤ 同上。
⑥ 同上。

学工作者必须对原始的出发点进行思考。我们认为,中国哲学的原始出发点是《易经》哲学……。故而要把握中国哲学的特色,就不能不对《易经》哲学重新进行认真的研究。"①笔者以为,成氏这一"打破目前哲学的架构"论非常值得重视,而且要付诸实践,否则中国当代哲学就谈不上发展。"目前的哲学架构"的缺点之一,就是把西方某一哲学体系按照"本本主义"的观点当成自己的哲学体系框架,实际上意识不到必须要真正构建有中华民族特色的、适应中国当代社会文化发展的独立自主的哲学体系。而且,"目前中国哲学架构",一方面忽视了西方哲学多种哲学流派的优点,也无视并脱离了中国古代哲学的优秀传统,例如完全抛弃了《易经》的宇宙万物"各正性命"、"保合太和"、"天人合一"的观念,也抛弃了老子《道德经》"万物负阴而抱阳,冲气以为和"这一最为正确的命题,也就是完全抛弃了"和谐辩证法"。这种"哲学构架"对中华民族的哲学和整个文化的发展是极为不利的。

关于第二点,成氏指出,"只有回到原始出发点,在更广的平面上和更深的基础上展望未来,才能开拓出新的世界哲学,形成新的理论架构,否则就如同面对一个万花筒而无所适从。"②笔者认为,"回到原始出发点"就是要回到《易经》哲学的本体宇宙论,回到多级的太极阴阳辩证法,以"太和"作为理论和实践的终极目标。至于形成新的理论架构,按照成氏的说法,"就是要建立一个各个部分相互联系、互相影响的体系,即理想的能呈现整体秩序的整体哲学"。③ 这是有中华民族特色的中国当代哲学。

关于第三点,是要正确对待西方各国各流派哲学思想的优缺点,如成氏所说,"首先,应当充分地去了解它;其次,应当认真地去评估它,做到心中有数"。不要主观地把一种哲学捧到天上,把其他哲学弃之于地。应当大胆地、全面地去吸取西方哲学的精华。唯有这样,才能使西方哲学成为中国哲学发展的养料和条件,而不是仅仅将它作为一种咨询的事实材料而已。而在这中间,了解当代西方哲学的最新发展,更是摆在大陆多数研究中国哲学和文化的学者面前的首要任务。④

笔者认为成氏以上三论是对大陆哲学工作者的最诚挚的忠告。这就要求我们一手伸向中国哲学的优秀传统,一手伸向西方哲学有价值的方面,力求达到中西哲学的"优势互补"。笔者还认为,成氏正在构建和论证的"本体诠释

---

① 见《抉择·引子》。
② 同上。
③ 同上。
④ 同上。

学"可能就是带有他所说的"世界哲学"体系的性质,也可能就是大陆学者所常说的"有中国特色的哲学体系"。笔者从成中英的大量著作中挖掘其对《易经》哲学研究的成果,也正是为了有助于中国当代哲学回到中国哲学发展的原始出发点,并继续向前发展,使之成为中国社会及其文化健康发展的理论基础。

二、《易经》文本的结构

有必要先参考有关研究成果对《易经》文本的原始概况作些说明。

现存《易经》一书,分"经"、"传"两个部分:"经"即"周易本经";"传"即"易传",其中包括十个部分,故又称"十翼"。"易传"是对"周易本经"的解释。经传虽属于同一个体系的书,但却产生于不同的时代,它们之间既有密切关系,又各具思想和时代的特点。

"周易本经",主要由六十四卦的卦象、卦名、卦辞、爻题、爻辞这些部分组成。"周易本经"产生于周代,又称《周易》。但有的研究者认为"周"还有"周全"之意。卦象及卦辞、爻辞,并非出于一时一人之手,它们本是筮辞的记录,并经过长期演变而成。筮辞是由人们经过长期卜筮活动的积累、编纂、整理而成。其编纂者,大概是殷周之际的史官或卜官。《易经》由于是经过多次编纂修订而成,因而不仅卦象和卦辞、爻辞合起来看已经比较具有系统性,而且互相之间也有一定的联系,不少段落都形成了一个中心内容,也有一定的思想性和艺术性;其中还潜藏着某种哲学思想。编纂者原来的目的是为了以后作卜筮的参考,因此在行文的形式上具有自身的特点。《易经》的编辑是以"卦"为单位。全书共六十四卦。这六十四卦是由《乾》☰、《坤》☷、《离》☲、《坎》☵、《巽》☴、《震》☳、《艮》☶、《兑》☱ 这八卦演绎而来,即由两卦六爻组成为完整的一卦。经文分上下两篇。每卦由卦象(或叫卦画)、卦名、卦辞、爻题、爻辞组成。卦象指卦的线形图象,由阳爻"⚊"和阴爻"⚋"两种爻象,按每卦六爻排列组合而成。卦中六爻的排列次序,从下到上,用"初"、"二"、"三"、"五"、"上"标明每爻的位次。用"九"、"六"标明爻的性质。"九"为阳爻,"六"为阴爻。标明爻位的一个字与标明爻性的一个字相结合,作为每一爻的题识,称为爻题。如"初九"、"初六"、"九二"、"六二"、"九三"、"六三"、"九四"、"六四"、"九五"、"六五"、"上九"、"上六"。卦辞、爻辞即经文;加上《乾卦》的"用九"和坤卦的"用六",共 450 条。卦辞和爻辞,通称筮辞,是全书的主要部分。它们分为记事、取象、说事、断占四类。总的来看,卦的内涵有三重意义:一是卦象,二是卦意,三是卦、爻辞。它们通过语言文字,说明卦象、卦意。在象、意、言三者关系中,意是主要的,象与言是表意的手段。《易经》的理论思维,都是由卦这种形式来表现的；它的思维方式是以具体的事物表达抽象的概念。《易经》在预卜吉凶的形式中，在客观上反映了上古社会的种种情况，表达了片断的但却相当有价值的认识，含有哲学思想观念。《易经》的思维方式的特征，可界定为以象表意。《易经》最重要的乾坤两卦，即取象于天地、男女、阴阳，表现一切相对应而又相统一、相合而又有分的内涵。乾卦全是阳爻，坤卦全是阴爻。乾坤两卦就是阴阳的总和而蕴涵整个六十四卦。由六十四卦构成的《易经》体系，就是由阴阳爻不同的组合而成。万事万物，都源于阴阳的种种交合，都由阴阳而生，从而包含阴阳于自身。宋代张载说："阴阳天地，象之成也；刚柔地道，法之效也；仁义人道，性之立也。三才而两之，莫不有乾坤之道。"①其实，宇宙万物万事，最初和最后，都可归结为乾坤阴阳之道。所以张载又说："造化所成，无一物相肖者，以是知万物虽多，其实一物；无无阴阳者，以是知天地变化，二端而已。"②《易经》在中国思想史、哲学史、宗教史、文学史、科技史、医学史等方面，都产生过将来还会产生巨大的影响。《易经》自西汉以来，一直被列为群经之首，并为历代学者所推崇。

三、《易传》的性质与思想

对《易经》最早作注释的是《易传》。后来人们逐渐把《经》、《传》两部分视为一部书，称作《周易》。（按：成中英先生把《周易本经》和《易传》合起来仍通称《易经》。这可能是标明成氏对《易传》哲学思想的重视。）《易传》不是出于一人之手，也不是同一时代的人撰写而成，可能是从春秋到战国后期，经多人陆续撰写、补充、编辑而成，最可能是孔子门生及二传弟子对《易经》进行解释、说明、补充和发挥的一部研究《易经》形成过程和发扬哲学思想的总集③。其中

---

① 《张载集》：《正蒙·大易篇第十四》，中华书局 1978 年版，第 49 页。

② 《张载集》：《正蒙·太和篇第一》，中华书局 1978 年版，第 10 页。

③ 《易传》的作者主要是孔子门生或二传弟子。1973 年马王堆帛书《易传》出土，其中《要》篇说："夫子老而好《易》，居则在席，行则在囊，有古之遗言焉，予非安其用，而乐其辞。后世之士，疑丘者或以《易》乎！"这明显地为《史记》、《汉书》中关于"孔子晚而喜《易》"乃至"韦编三绝"的说法找到了史料根据。关于孔子作《易传》的种种证伪之辞，因此受到了严重挑战。当代学者周山在《周易文化论》一书中根据史料推定，"《易传》的几篇文字，是在孔子讲解《周易》的基础上，由其门弟子记录整理而成。因为孔子本人读《易》也已经是晚年的事情，所以《易传》的成书时间，也晚于《论语》。……《易传》的定型不会很晚，更不像李镜池先生所讲的那样，有些篇章迟至汉朝宣、元之间才告出世。""《易传》的著作年代应在孔子之后、惠施之前或与惠施同时。"（周山：《周易文化论》，上海社会科学出版社，1994 年出版，第 140—141 页）"从形式到内容，我们都可以将《易传》尤其《系辞》、《文言》两篇文字，看作是与《论语》相同性质的作品，虽非孔子所作，亦是孔学一脉的产物；它的产生，与孔子相去不会很远。"（同上，第 142 页）

可能吸收了先秦道家和名家的思想①。春秋时期,是新旧思想交替时期。一方面,传统的天命神学在逐渐动摇,但还没有彻底崩毁;另一方面,新的哲学观点在逐渐产生,但还没有形成与天命神学相对立的哲学思想体系。在这种思想形势下,易学的发展有两条不同的道路:一条是继续起着宗教巫术的作用;另一条是摆脱宗教巫术的束缚,而向哲学发展。"后一条道路代表了当时进步上升的社会势力和比较正确的认识途径,反映了当时的理性觉醒和思想解放的时代潮流。到了战国时期(大约在中期),随着当今科学的发展,天命神学逐渐崩溃,在思想文化上开始进入了综合的阶段,出现了诸子蜂起、百家争鸣的局面。在这种各个学派纷争、建立哲学体系的总的发展趋势推动下,《易传》作者的综合、总结了前人研究的成果,摆脱了宗教巫术的束缚,向哲学研究的方向发展,形成了《易传》的思想体系。这一思想体系代表了春秋战国时期人们认识发展的新阶段。他们在解释《易经》时,尽管利用了《易经》的特殊结构形式,但却表达了他们的哲学观点。因此,《易经》虽然是一部占巫书,而《易传》却是一部哲学著作,它在中国哲学史上占着一席之地;产生了巨大的影响,是先秦时期非常重要的思想史料。"②

《易传》包括《彖》上下、《象》上下、《系辞》上下、《文言》、《说卦》、《序卦》、《杂卦》共十篇,总称《易传》。《彖》解释六十四卦的卦名、卦义及卦辞。《象》主要解释爻象和爻辞。《系辞》是《易经》的通论,论述《易经》的基本观点,梳理《易经》可能包含的基本命题,并阐发基本观点和基本命题怎样应用于自然和社会,追求筮法、八卦的起源等等。《文言》是解释《乾》、《坤》两卦的卦辞及爻辞。《说卦》是说明八卦所象征的事物和体现的原理及其变化。《序卦》解说六十四卦的排列次序。《杂卦》论析六十四卦的卦义。在整个《易传》中,《系辞》上下两篇占着非常重要的地位,它提到了不少哲学命题、范畴概念;尤其是提出"形而上者谓之道,形而下者谓之器"、"一阴一阳之谓道"这样的哲学命题,在中国哲学史中最早表述了宇宙万物对立统一的规律。解释《乾卦》、《彖传》,对"乾道变化,各正性命,保合太和"的思想,为中国哲学和谐辩证法开了先河。

笔者在此要提醒读者注意的是,成中英对《易经》哲学的研究有以下几点不可忽视:(1)他把《周易本经》和《易传》作了综合统一的研究,通称《易经》。(2)他着重研究《易经》的哲学思想体系。(3)他着重发挥《易经》哲学的可作为

---

① "《易传》的思想基础是以孔子为代表的儒学,但也兼蓄道、名等百家思想,因而《易传》作者的学术归属应为儒家,而非道家或名家等学派。如果我们仅仅抓住其中几句话而不看其主流,便轻易地宣称其为道家著作或名家著作,就必然会造成智者见智谓之智,仁者见仁谓之仁的局面,争论也必然如同'瞎子摸象'而无休止。"(周山《周易文化论》第 152 页)

② 参看方克立、李兰芝:《中国哲学名著选读》,第 123—124 页。

中国当代哲学原始出发点的优点,而不去对作为中国古代群经之首的《易经》的时代局限性进行"吹毛求疵"。(4)他对《易经》显明的和潜在智慧思想火花按照他创立的"本体诠释学"的立场、观点和方法,作了全面、深入的诠释和发挥,使《易经》某些不被历代和当代学者注意的地方显露出来。成氏的《易经》哲学思想研究,对于建构有中国特色的哲学思想体系极有价值。

四、作为整体宇宙观的《易经》

对于成中英,宇宙万物是一个多样动态统一的和谐整体。这是他对世界万象的观念中和对《易经》的长期研究中获得的结论。成中英在研究《易经》哲学时,对其产生的时代背景作了全面深入的分析。成氏指出,"生活经验和文化经验呈现出一个生活世界、一个文化世界和一个价值世界。生活世界是人们所直接经验的,而文化世界是人们所创造出来的,价值世界则是人们所盼望、所理想的一个完美典型。一个民族的生活的经验世界,既包含实际愿望、社会组织方面和艺术、哲学、文化方面的集体与个人的活动。其他关于社会伦理价值和个人理想价值的典型,也都是生活世界的一部分,这些便形成了中国哲学的源头活水。"①成氏认为,《易经》的产生和形成就与这"源头活水"直接关联。

成氏又指出,作为中国哲学的源头活水的生活经验,可追溯到夏商周三代之前的《易经》思想的萌芽原点时期。《易经》是古代中国人的生活经验、文化经验、价值经验的结晶。② 因此,成氏认为构建中国当代哲学必须以《易经》的哲学为原始出发点。

经过全面的思考,笔者认为,成氏的哲学思想体系在本体论和宇宙论这两方面的基础,主要是受到《易经》的启发,辅之以老子《道德经》的生机论和辩证思想发展而来。了解了《易经》的"太极本体论"和"太极创化论",加上对西方近代哲学诠释学理论的了解,就可以从总体上认识成氏哲学思想体系的基本框架。

关于中国古人早期的整体宇宙观。成氏指出,《易经》是古代中国人观察天文地理,并结合人情的需要而创造出来的一套把天地人视为一体的整体宇宙观。这个宇宙观是一个在空间上能够展开,在时间上能够延伸的动态的宇宙图像。它包括一种空间展开序列和时间发生序列。所以,它既是一种宇宙

---

① 《抉择》,第 334 页。
② 同上。

发生论,也是一种宇宙本体论。① 成氏说:"中国哲学从《易经》开始,就把宇宙与本体合为一体。宇宙即本体,本体即宇宙。宇宙的动,就是本体的动,本体的动,也就是宇宙的动。这两者之间相互阐明,是中国哲学的特点。宇宙不独立于本体,本体也不独立于宇宙。这个本体化的宇宙和宇宙化的本体,还包括了人的生活世界。天地人是合一的,人永远贯穿在天地之间,成为参与天地的一个活动力量和创造力量。人是协助天地交互影响的媒介。这种天、地、人合一的本体宇宙图像,从一开始就表现在《易经》的卦象及其原初的卦辞里。换言之,《易经》是中国哲学的生活宇宙经验的缩影。"②

成氏认为《易经》通过卦象、卦辞、数、抽象义理,显示了一种思维方式。这种思维方式是具体中有抽象,抽象中含义理;人体中含宇宙本体,宇宙本体中有人的情意。动与静互含,多样对立中有统一整体,二元中有一体。成氏把《易经》的整个思维方式概括为一个总的程式:"对立⟺变化⟺统一。"③成氏认为《易经》思维方式有以下五个基本步骤:"整体化→定位化→内部沟通化→应变化→创新化→再整体化……"④说"这个对立、变化、统一的过程,是在一中显示出二,在二中显示出一。一是个动态和谐的整体,一不因为有二而丧失,二也并不因为有一而丧失;同一之后既不因为新的一而丧失本体的二,也不因为差异化而放弃原本的同一,更不因为新的整体而放弃原来的差异。差异不丧失同一,同一不丧失差异。这是一个一体二元的动态和谐化的过程:从一到二,从二到四到八……以至无穷。这是宇宙实现的明显过程。但是,不管本体如何分化,都相应着一个对立的隐与显的同一。宇宙的整体秩序,就是在隐与显的相互转化过程中建立和发展出来的;显隐二重性的相应和统一,就是宇宙分化与同化的统一。"⑤

联系"本体诠释学",成氏指出:"宇宙图象与思维方式的合二为一,就是本体与方法的合而为一。这一点,可以通过《易经》哲学中客观的象、理、数,以及主观的意、爻、辞来把握。"⑥

《易》简。宏观地看宇宙,成氏认为基本宇宙关系有以下八种对偶性关系:动—静、刚—柔、实—虚、显(明)—隐(暗)、同—异、合—分、下—上、外—内。阴阳的对立统一贯穿于所有对偶关系的全部。静、柔、虚、隐、异、分、下、内为

---

① 《抉择》,第334页。
② 同上。
③ 同上,第335页。
④ 同上,第336页。
⑤ 同上。
⑥ 同上。

阴,动、刚、实、显、同、合、上、外为阳。扩而大之,即有一无、常一变等,也加入基本宇宙关系中去。再扩而大之,基本的宇宙关系还可包括水、火、木、金、土五行。古人从经验感知这五种物材用处最多最大。《左传》云:"天生五材,民并用之。"人一旦称五材为五行,说明"五材"不但是五种材质,而且指五种材质的"用处"。"五行"中的"行",从哲学意义上说有"运动"的涵义。进一步看,五行不仅是五种质料在运行,而且还是五种运行着的性能。这样,在五行的生克之间的关系就具有宇宙关系的性质,即具有本体论和宇宙论的性质。而五行之间的相生(水生木,木生火,火生土,土生金,金生水)、相克(土克水,水克火,火克金,金克木,木克土)关系中,就又被阴与阳的对立统一关系所贯穿。这样五行之间的生克关系就成对地加入基本的宇宙关系的群体中。

所以,成中英说,在十种基本宇宙关系上再推演归纳,就发展成"五行哲学和万物哲学"。① 成氏说:"五行哲学也是一种由《易经》哲学启示的对宇宙经验的探讨与综合。阴阳思想传统中的河图、洛书系统及天干地支系统,也都是由基本的《易经》哲学所启示出来的,或者说,是《易经》哲学的基本符号的不同组合和应用。"②

五、从本体诠释学看《易经》

成中英数十年来经过对中西方哲学的研究,发现中国传统哲学和西方各种重要流派的哲学也存在着某些可以互补的思想。他认真辨别其中各种哲学思想的异同,尽量挖掘和吸收其中的价值。他发现西方传统哲学和中国传统哲学中都有"本体诠释学"在起重要作用;他反过来又用"本体诠释学"来进一步研究西方哲学和中国哲学。

在成氏对于《易经》哲学思想的研究中,"本体诠释学"是一种最重要的方法。关于《连山》,成氏分析说:"以艮卦为基础的《连山》(艮卦☶),易可说代表宇宙本体的部分显露和呈现。宇宙本体部分的呈现,亦即天地中人的宇宙意识的部分实现。'艮'隐含了人可以伴山而居的安稳感。人们甚至以开山引水作为活动主体,借以实现自我。但关于天地和人在宇宙本体中的基本定位,还是隐藏着的,是摆在虚位上的。人们看重的只是对安定环境的适应。"③

关于《归藏》,成氏分析说:"《归藏》的代表坤卦(☷),表示整体隐藏。整体

① 《抉择》,第336页。
② 同上。
③ 同上,第339页。

隐藏是人在自我的时间、空间、天地配合中采取一种自然的配合,不加主观参与的本体思想。这种思想把宇宙看成是回到一个不显的整体的目标。它有一种静止的、容忍的、无为的、不分的倾向。这种整体隐藏的思想启示出以后的道家,这在理论上是可能的。"①

关于《周易》,成氏分析说:"《周易》的首卦乾卦(☰)表示宇宙本体的整体呈现。整体呈现是把人所有的机能,把宇宙的机能,在一体二元的动态和谐中,完全地呈现出来。即:人参与天地,天地参与人,从而达成一个新的整体。这正是一个'本体诠释学'所可解释的宇宙本体和宇宙架构。'本体诠释学'是对《周易》的一种重建,因而也是对中国哲学的一种重建。这样,《周易》所开创的《易经》哲学,在中国哲学发展中,既是整体实现,也是个体实现的一个完整的宇宙体系。当然,这个体系还是基于原来宇宙整体的重建。但是,它强调的是动、刚、实、显、同、合、有、常等的充分呈现,并把这些经验作为正面的人所追求的理想。以乾卦为基点、为理想、为价值存在的一个标准,这即是《周易》。"②

成氏把对《周易》的哲学文本视为宇宙本体和宇宙创生的典范,视为一种"本体诠释学"的初型。在这方面,笔者要作以下几个方面的分析和具体说明:

(1)在《周易》形成的时期,人们的思维与活动能力已经得到了相当充分的发展,他们自强不息,已经能够较全面地认知宇宙的整个本体。他们已经能够把自己身心整体和整个大自然合而为一。人与自然已基本达到互动的境地。

(2)成氏之所以把他的"本体诠释学"建立在《周易》(包括《周易本经》和《易传》)这一原始点上,正是因为这一原始点具有完整的本体性。这个原始点既是宇宙本体论,又是宇宙创化论,是二者的统一整体。《周易》以宇宙本体为基础,已经较全面、较深入地掌握了基本的宇宙关系,已经有一套包含十大宇宙关系(八大关系加上有无、常变关系)的范畴概念,这个范畴概念网由易、太极、道贯通在一起。

(3)有了以上两方面的基础,就制定了含"易道"的《周易》范畴网"的总范畴(元范畴)。于是形成了"一体二元"的哲学思想体系。"一体"指"太极一元本体","二元"指表示十大关系的范畴的"对偶性"——阴阳。"二元"实为"多对对偶"。因而宇宙本体实为"多样统一"或"万殊一本"。

(4)从认识论与本体论和宇宙论的关系上看,三者是统一的。思维方式来自于宇宙本体和宇宙的创化规律。《周易》的思维方式被定义为整体多对对偶

① 《抉择》,第339页。
② 同上,第340页。

分合思维,就是可以理解的了。因而《周易》的思维方式名之为"太极思维"。

(5)以上论述,内含"太极阴阳辩证法",包括"和谐化的辩证法"。这一辩证法由老子《道德经》所说"万物负阴而抱阳,冲气以为和",《周易》的"一阴一阳之谓道"、"保合太和"论为基础。成氏开创的"本体诠释学",因而是被诠释的本体与对本体的诠释在《周易》这一原始点的坚实基础之上的完美的结合。

六、《易经》符号系统中的象征实在论

据成氏的论析,《易经》的文本都是通过观察、符号化、占卜和解释这四种手段和过程而建构起来的。本节着重简介《易经》符号系统的构建及其象征实在论思想。

问题是《易经》符号系统是怎样产生的。成氏说,《易经》符号学的产生,是一些智慧聪颖的人通过观察而达到对事物的理解,试图用符号描述现存事物的变化和变易的规律。符号系统的制定,既要依据事物的确定性,也要估计到事物的不确定性。根据确定事物认识不确定的事物,依据可见的事物认识不可见的事物。这一认识是在对大量事物所作的观察的基础上取得的。同时,也是对事物变化根据的深刻揭示。成氏认为制定符号系统的根据,包括甚至主要是依据"太极思维"。把已形成的"太极"观念看成是世界万物创造性的根源。《易经》符号是与太极观念的萌芽同时形成的。成氏似乎是设身处地地作了如下的设想:"我们把这个世界看做为创造性本源(即太极)的表征。""当我们把目光转向两仪,显而易见,对于我们来说,阴与阳之间的差别,就如黑暗与光明、静止与运动、柔软与坚硬一样鲜明。这三种基本区别表明了某一范围的存在状态之间或两种力量之间的基本区别以及已被大量认识到的出现于每一事物的始终如一的变化和转换过程。我们也知晓了作为同一实在的对立面的阴与阳如何发挥作用,即它们如何影响和变换,如何冲突有异而又和谐一致,如何分离和聚合,如何对立而同一,如何给予和吸取。两仪就是这样来解决和表明越来越高的层次上的事物间的区分。尽管《易经》符号系统停留在六十四重卦这一层,但此类区分可以无限地延伸。"[1]

那么,《易经》符号系统的价值如何呢? 对这个问题,成氏有如下的回答。(1)"《易经》符号系统所表征的世界是潜存无限的。"[2](2)"这一系统表明了任何一层级的事物是如何与同一层级的其他事物或不同层级的事物联系在一起

---

① 《成中英自选集》,第 145 页。

② 同上。

的,包括创造力的本源在内。从中可以看出有两种联系:立体的和平面的。立体关系依循于某一层级的任一不同位置的前在历程;而平面关系源自于同一层级事物位置的相对性。"①(3)"显然,任一事物在层级间和层级中的关系框架内有一独特的位置。"②(4)"给出了这一框架,人们就能够知晓由断线▬▬和▬连线表示的阴阳爻符号刻画了事物的基本模式和性质,即阴阳、动静、刚柔及其他能够经验到的情况。因此,在每一层级上,这两个基本符号的结合都可以决定该层级的形态、数量和结构。"③(5)"这样,在八卦层级上,我们有 8 个三爻卦;在重卦层级上,有 64 个六爻卦。每一爻形,依据其从底层演变的历程,代表了一种内部秩序的结构,同时,说某一爻形处于正当位置,这归因于它在一个平面系列中的相关结构。"④(6)"这个系列既可以被看做是从一个结构向另一个结构的发展过程,也可以被看做是'太极'的创造性推动力的演进过程。"⑤(7)"这样,对于以六爻给出的任何一卦,我们都可以直观地查明它的内部结构,并且断定它在这一界域和所有结构中的相关位置。特别是,我们能够把任一卦看作为乾卦(☰)和坤卦(☷)相互作用和融合的结果。"⑥(8)"按照《易经》的创造性生成和转化宇宙论,世界上所有的事物都产生于太极的创造性差别的结果。毋庸置疑,《易经》的阴—阳符号学说,能够反映这种创造性生成和转化的宇宙论。可以看出,它(按:以阴阳为骨架的符号系统)并非臆造出来以表征宇宙的变化,而是通过观察自然地产生,以表征自然和人类社会的变化。人类对于事物的认识基本上源于直接经验,因此,这些符号反映了人们如何直观地推测事物的状态及其变化、转化的模式。"⑦(9)"任何一项八卦,都映射着某一自然事态或现象,……任何一项重卦,都映射着某一人类社会的境况或人的遭遇。我们可以说,八卦和重卦这一整体系统不仅仅建构了形式和结构的演进式差别,或者转化和发展的演进式过程,而且根据这些形式和过程,建构了意义和解释的高级系统。"⑧

据成氏的分析,成氏把《易经》符号学说基本解释的原则归纳为以下几点:

第一,以行动的结果为基础,进行人为的评价:例如,哪种处境会助长吉祥

---

① 《成中英自选集》,第 145 页。

② 同上。

③ 同上,第 146 页。

④ 同上。

⑤ 同上。

⑥ 同上。

⑦ 同上,第 147 页。

⑧ 同上。

或灾祸的行动？哪种行动更有益？哪种行动是有害？第二,把自然符号人性化必须以生活环境的经验为基础。这就是《彖传》和《象传》得以产生的原因。第三,整体和部分相和谐的原则。为了达到对某一特定处境的全面理解,一个人不得不探查与其相关的最小部分和最大整体。这是一种依照《易经》变化和转换宇宙论的自然需要。因为所有事物、处境或位置在时空上都是相联系的。这就是为什么建议君子既观察象也观察变。象和变可能是宏观的,也可能是微观的。富有远见卓识的人对相关于某一特定处境的微观和宏观的情形,都会予以极大的关注,以便能够:"与天地相似,故不违;知周乎万物而道济天下,故不过;旁行而不流,乐天知命,故不忧;安土敦乎仁,故能爱。"(《易经·系辞上》第4章)有远见的人需要扩展和协调对事物的认识,以便获知事物的整体映象。最好的可能世界都是最和谐的世界。关于现实动力符号学的《易经》所揭示的,不仅是一个语言的问题,而且是一个现实的问题。①

关于《易经》象征实在论成氏作出如下几点结论:

(1)对于《易经》来说,尽管创造性之源,因为有了最终源即太极,因而是连续不断的,但太极是在对某一具有体系层级的世界的区分中发展出来的,同时,也呈现于任一层级的任一事物当中。②

(2)此外,对于《易经》来说,道的永恒创造力被赋予在事物的固有的和连续不断变化的过程而被看待的。……变化的偶然性真理是通过个体事物及其存在的不同层级来阐明事物之理的。③

(3)《易经》宇宙论确定了一种对任一事件进行有限分析的认识论,而单子论观念则确定了一种对偶然真理进行无限分析的认识论。④

(4)《易经》的思考方式集中在创造性变化的宇宙论模式上,将区分和整合作为理解事物的一种方式。因此,《易经》的核心思想是详尽的观察。这不仅解释了《易经》宇宙论的产生,而且解释了在宇宙论系统中符号化是如何得以应用的:通过进一步观察和解释,指令性和表征性的系统得以完善。偶然命题真理仅仅是偶然性现实。偶然性现实仅仅是由我们观察所揭示的,并且我们的解释是依照保留全面和谐的意义的宇宙论(这再次建立在或源自于详细的观察基础上)得出来的。⑤

(5)"《易经》中的和谐化原则是世界存在以详细观察为基础的对宇宙演化

---

① 《成中英自选集》,第159—160页。

② 同上,第161页。

③ 同上。

④ 同上,第162页。

⑤ 同上。

论演进的解释的基础。作为世界转换的本质,和谐是内在实存的,并且由赋予创造力的人外在地加以阐明。因此,对于《易经》来说,确定最好可能世界的和谐作用在于最好可能世界使变化宇宙论过程的'善'的现实变化。"①

(6)《易经》集中体现的是一种创造性,在其中事物按照秩序与和谐被创造出来,人依照其职责,通过他的行动和解释,坚持和发展这种秩序与和谐。"依照整体和谐化精神,创造性和知识只有在某一相互作用、相互贯穿和相互融合的界域才能发挥作用。"②

以上的论析说明,《易经》的符号及其之间的关系,是古代圣贤对客观的宇宙万物认真观察、深入全面思考的产物,其中包含着极有价值的理论,包含着正确的思维方法,包含着"和谐化辩证法"。

七、"易"的五义和五个世界中的本体论思想

成氏在研究《易经》的本体论时,首先从本体论的层面上分析了《周易》所说变化的五个方面或五种性质,即不易、变易、简易、交易及和易。这五种易即"易"的五项涵义,合起来是《易经》哲学"变化"的整体。这个整体简称或合称为"易"。

在论析易的五项涵义时,成氏首先指出:"易"是人们对"易的经验"和"易的本体"的体验和理性理解的产物。成氏认为:我们经验的是易的现象,但我们体验与思考的却是易的本体。《易经》一书表达的不只是易的经验,更是易的本体。所谓本体并非孑然一物,而是不离现象的现象之源,也是不离现象的现象之基。③ 现象之"基"是指宇宙万物的客观的动态整体的存在,是实有,是实在。现象之"源"是指宇宙万物的一切现象的创生、变化、发展的内在动力。简言之,这内在的动力即是阴阳两个相异的对立因素的相成相生、相制相克。"太极"既表示现象之"源",亦表示现象之"基"。而且"太极"含"道"。

汉代郑玄曾把"易"的含义总结为三项,即变易、不易和"易简"(简易)。成氏认为此三义"未能穷尽或涵盖《易经》一书已涉及的易的本体论的核心意蕴。"④因此,成氏写专论——《论易之五义与易的本体世界》,"剖析了郑康成的易的三义的本体性关联,再提出与透视易的两个新的含义(按:即交易、和

---

① 《成中英自选集》,第162—163页。
② 同上,第164页。
③ 《易学本体论》,第4页。
④ 同上。

易），以见其合。"①按照笔者的体会，成氏加上"交易"补充了郑康成"三义"论对宇宙万物变易中的"互成互生互制关系"的忽略；加上"和易"，则补充了郑氏"三义"论至少在文字上对宇宙万物变易中的"保合太和"思想的忽略。

成氏的论文对"易"一名而多义作了详尽的解释并发挥其丰富而统一的内涵。成氏先简括地分别说明："易"的第一义"不易性"为生生源发义；第二义"变易性"为变异多元义；第三义"简易性"为秩序自然义；第四义"交易性"为交易互补义；第五义"和易性"为和谐相成义。②

(一)关于"不易性"

成氏对"不易性"作了与众不同的诠释。他指出，不易性指易的生生源发义。成氏说："所谓易的不易性指的是变化是不会停止的。此即'生生不已之谓易'。生生不已是易的内涵，还是恒常的道理。易的不易显明了理与气的统一性，但又并非主观地把恒常加于变化之上，而是从气的变化中自然地实现了理的恒常性。理气的内在统一性，让我们认识到易的不易性，也就是不易的变化性，可名之为'不易之易'。不易之易的意思是说，在理的恒常性中我们体验到的是其气的变化性，也可以看成理的必然生于气，而不仅不离于气而已。这一点殊为重要，因为这一点表现了本体与宇宙的发生有必然的内在关系。因此，我称之为本体宇宙论。……易的本体自然创发为世界，虽非逻辑的必然，却是价值上的必然。因为易的本体被认为天地之至善而天地的至善也可以就宇宙的生生不息与生物的和谐性来加以说明。"③成氏说："太极为天地万物之元与源，同样，我们可视不易之易为太极，正是《系辞》说的'易有太极'的含义。但此一恒动的创生的太极，却仍然是易的不易的恒常，是为无极。易同时具有太极性与无极性，正说明易的不易是不可穷尽的，不可执着，无迹可寻的，也是不可言尽的。在此含义下，易也可名之为道。"④

(二)关于"变易性"

易的第二义是易的变易性，或曰易的变异多元义。成氏指出，变易性指的是在易的持续变化的过程中多样事物的产生与发展。因之，变易性就是变异性。变易或变化就是改变原有的同一性而趣向差异性。此一差异化的过程，正说明时间之为时间。在时间中不能不在事物的差异化中以见变化、万物化生与生物多样性，都是时间差异化的结果。也可以说，只有在时间的差异化中

---

① 《易学本体论》，第5页。
② 同上。
③ 同上。
④ 同上，第6页。

才能见到变化或变异之为差异。如果说不易之易显示的是变化的动力与动量,那么变化的变异正是不易之易的一个实现自身的形式或方式。《系辞》说:"太极生两仪。"两仪彼此有差别,又不同于太极自身。以此两仪生四象,四象生八卦,都是差异化的结果。但差异化既可以带向复杂,也可以带向简单。因为简单化也是差异化的一种方式。从进化的眼光看,物种变化到十分复杂的程度时也能向简单回归。生命的现象也是如此。故而从生到死的自然发展,是由简而繁再由繁而简的变异过程。当然,变易的变异性也不妨碍易的同一性。一物之为一物,是时刻都处于变异之中,但仍不碍其为该物。这是因为变异是相对前后而言,也相对于一物的同一性或相对的本质性而言。故系辞言"方以类聚,物以群分",也就包含了相异性与同一性的同时存在。同异并存,有个体,才有群体,才有多类殊方的物种与品种。更有进者,才有因变异激发的创新与进化。我们也可以说变易的变异性正是易的推陈出新、除旧创新的激活因子。在此理解中,事物的同一性与差异性是在时间中逐渐发展起来的,并行成一个特殊与一般的层次系统。由此以见天地万物的秩序井然的结构性。所谓变化不但展现了变动不居的时间流转,更呈现了品物流行的空间位向。①

(三)关于"简易性"

顾名思义简易自然是简单容易的表达与流行。成氏认为,这一定义未能揭示其哲学深义。对简易,《系辞》有以下的说法:"乾知大始,坤作成物。乾以易知,坤以简能。易则易知,简则易从。易知则有亲,易从则有功;有亲则可久,有功则可大;可久则贤人之德,可大则贤人之业。易简天下之理得矣;天下之理得,而成位乎其中矣。"(《系辞上传》第一章)易指平易;知指知晓;简指简约。大意是说乾的太初创始纯发于自然,没有遇到什么艰难险阻;坤的生成万物顺从于乾阳,不须繁劳。因此,乾以平易为人所知;坤以简约见其功能。《韩注》:"天地之道,不为而善始,不劳而善成。故曰易、简。"尚氏释"易"、"简"曰:"乾之德刚健纯粹,施仁育万物而已,故曰'易';坤之德收啬闭藏,顺阳成事而已;故曰'简'。"(《尚氏学》)"易则易知,简则易从",推阐乾坤"易简"的道理,最后归于人事,说明若能效法此道,即可造就"贤人"的"德业"。朱熹《周易本义》说:"人之所为,如乾之易,则其心明白,而人易知;如坤之简,则其事要约,而人易从。易知,则与之同心者多,故有亲;易从,则与之协力者众,故有功。有亲则一于内,故可久;有功,则兼于外,故可大。"②此段大意:乾的作为体现于万

---

① 《易学本体论》,第9页。
② 参看黄寿祺、张善文撰《周易译注》,第529-530页。

物的太初创始,坤的作为体现于承乾而生成万物。乾的作为以平易为人所知,坤的作为以简约见其功能。平易就容易使人明了,简约就容易使人顺从;容易明了则心志通同,有人亲近,容易顺从则齐心协力可建功绩;有人亲近处世就能长久,可建功绩,立身就能宏大;处世长见,是贤人的美德,立身宏大,是贤人的事业。所以,明白乾坤的平易和简约,天下的道理就都懂得了;懂得了天下的道理,就能遵循天地规律而居处适中合宜的地位。①

成氏对"简易性"的解释还作了以下重要的补充:

简易能够"推出有亲有功、可久可大的贤人之德与贤人之业来。可见易简之理并非主观上或方法上的简单明了而已,而是具有万物秩序化与变化规律化的意思,因之也就具有宇宙本体论的含义。易的变化多端,所谓'为道也屡迁,变动不居,周游六虚,上下无常'。但变化出来的物象宇宙又有其条理结构,变化之道也有其合理性的律则,故称之为道。这就是简易的深层含义。"②

成氏还把简易与"一阴一阳之谓道"的规律联系起来分析。他指出:"所谓事物结构与发展的简易性还有一层意思:变化或变异的最简易的方式是一阴一阳的交替与整合。故《系辞》说:'一阴一阳之谓道。'由此易简之理即刻进一步产生万物,而万事万物各得其位于天地之中。从乾的创新行动到我们可以看到理秩序化的作用('夫乾确然示人矣')。我们也可以从坤的保全行动中看到规律化的作用('夫坤隤然示人简矣')。易简两词也就表明了乾坤创造万物的功能,继善成性,静动相交,大生而生,都可说是乾坤发挥易简的功能所至。故《系辞》总结曰:'易简之善配至德。'基于易简的作用,我们才能易简地思考问题,寻求答案、诠释现象、发现定理与规律。由于此,早期的占卜预测才成为可能('极数知来'、'遂知来物'、'神以知来'、'穷神知化'),现代的科学理论也才成为可能。盖科学理论与科学定律的极为重要的逻辑就是简易性或易简性。郑玄对易简或简易之理认识较深,以为简有其易知易从的法则。但他却未能进而掌握易简原理的本体性及其所表现的合规则性。当然更无法理解因易简而有理论科学知识的可能性。"③

成氏还指出"变易与简易相结合"对于创化的重要性。他说:"必须指出,变易与简易的结合是突破僵局开新境的重要机制。变而不简或简而不变,都无法提高变易和变异的层次或扩大变异的范围以解决问题……简易以求变,变以求简易是创化与创新的根本力量,这见之于自然,也见之于人的智慧眼

---

① 参看黄寿祺、张善文撰《周易译注》,第 528 页。
② 《易学本体论》,第 9—10 页。
③ 同上,第 10 页。

光。此即《系辞》说的'穷则变,变则通,通可久'的道理所在。"①

（四）关于"交易性"

易的第四义是易的交易性,或曰"易的交易互补义"。成氏联系"不易之易"论析"交易性"。他说:"不易之易的持续展开,基于其变异性,呈现出一个丰富多彩、品物流行的世界。此一世界是动态的变化的、多元的、有机的、全息的。事物之间并非单线的进展而是交相感应、彼此影响的。更重要的是:为了发挥事物的潜能,以求更好的存在状态,而必然产生相互交易与交换。所谓交易是有无相通以形成事物的完整性与再发展性,同时也形成新的发展可能并创造新的事物。《系辞》提出'一阴一阳之谓道',又说乾坤的一翕一辟谓之变,都隐含着乾坤交相作用的意思。交易的形式可以是多种多样:从以物易物的货品交换,各得其所,到天地氤氲,万物化醇,男女构精,万物化生,都莫非天地阴阳之气的交易融合。从生物的个体化的历史看,复杂有机体的形成,从婚姻家庭到族群国家,也莫不是由于交易原理的作用所致。如今人类进入全球化的生活共同体,其发展的可能及其所依持者,就是交易的需要。交易表现的最基本的方式是市场经济,但由市场经济的货物交换、货币交换、金融交易,到政治权力的调和平衡,交易形成了一种阴阳互补、刚柔相济的感应作用,其基本原理是一致的。从本体论的眼光来检验,交易是众多事物发展自身以致发展全体的宇宙力量,是不易之易平面或纵面秩序组合的原理,故其重要性,就在于它是事物秩序化组合以实现其价值的根本途径。"②

（五）关于"和易性"

"和易性"被成氏界定为"易的和谐相成义"。成氏认为,"不易之易的终极目的是天地的和谐生态",因此"真正知易者,不能不正视易的和谐化的价值。"③成氏指出,"'和易性'是同时隐含于宇宙存在与人的存在之中的:所谓和易性即是变化、变异、简约(返博于简)、交接互换所趋向的一个生命和谐的美好价值宇宙。"④成氏又指出"和易性"必须通过人的行动的积极追求来实现。他说:"和谐是要由创造实现的,而是要持续创造来实现与维持的。"和谐"永远是动态的。""故易的第五义可说是易的核心意义,提供了易的哲学发展的价值。"⑤

---

① 《易学本体论》,第10页。
② 同上,第11页。
③ 同上。
④ 同上,第12页。
⑤ 同上。

　　以上是成氏对易的五义的论析。成氏认为这五义不论分别来说或者综合来说都具有"本体论的意义"。在笔者看来,成氏所说的宇宙万物的"本体"可定义为"由原始的和谐趋向更高的和谐变化发展的实在"。成氏认为《易经》、《乾》卦的《象传》所讲"乾道变化,各正性命,保合太和",正是"本体宇宙论的层次"。因为"乾道是创造万物之道,在其创造各类生物都秉承了其本身的特质与其所以成就的条件,自然形成原始的和谐,也可说是易之内在的和谐化的力量所致。"①个别的存在物在性能上虽然有其自身的局限性,但却源自包含一切存有的和谐大有。"各正性命"就是大有的创生不已。太和之世界具有生生不已的根源,并非只是人类主观理想中的价值而已。因而太和也是太极与无极的统一,具有易的本体性能。因而和能生物,有而致和,就是易的本质上的和易义。

　　在易的五义的基础上,成氏对《周易》哲学的本体宇宙论体系作了以下的总结:"易意义的本体宇宙论是以纯粹的创造性为本体,即是以之为创发之本与创发之体,创发的出多姿多彩的品物流行的生命宇宙。人生于其中,故必得以此宇宙的本体为人的生命的本体,方能创造出真善美的人文价值。"②成氏认为,在"易的本体宇宙论"的基础上,哲学家可以发展出本体伦理学、本体知识论、本体美学、本体管理学和本体诠释学。"本体论理学,是本体宇宙论的自然延伸,也是传统所说的天人合一的创化过程。""本体诠释学在易之五义的启发下,显然更能有效地把根源与历史的经验结合在一起,面对自然的发展变化,基于一个开放的语言理解,用理性的逻辑条理,整合为一整体的意义网络与其表述,彰显真理与真实。"③这样,成氏把他对《周易》的深入全面的研究,与其对哲学的全面深入的研究和构建自然而然地结合成为一个完整的体系。

　　必须要理解,成氏对易的五义结构体系是有一个有机的整体,这个整体的有机性主要表现如下:"易之五义首先表述了易的本体系统的本源的特质,是为其所说的第一义(按:即"不易性")。其次说明易的本体创发为变化多端的宇宙世界万事万物,显明为事物之变易与交易过程(按:即变易性与交易性)。变易与交易形成的宇宙世界与人的历史世界就是宇宙本体的体系的展开(按:即易的本体层次)。展开实质的形式与包含经验的方式在其内在的逻辑,趋向简易可行,是为易的简易性。从简易的角度看,义理的形成,莫不符合简易之理。……最后,易的本体的宇宙的实现生命创造的和谐为其目的,故具有内在

---

① 《易学本体论》,第12页。
② 同上,第12—13页。
③ 同上。

的价值。"①

成氏在对易的五义论述的基础上,还结合易的五义,提出五个世界的界说,这五个世界指本体世界、形象世界、符号世界、心灵世界、行为(活动)世界。并把五个易与五个世界统一在一起,目的在于把宇宙的本体说明得更加明确易解。

成氏指出,"本体世界包括是包含着本源、实体与活动的真实,而非一个静止的状态。"说《易传》中的"易有太极"、"生生不已之为易"、"一阴一阳之谓道"、"天地之大德曰生"、"乾坤其易之蕴耶"诸命题,都与本体有关,都是属于本体的内涵。"本体的重心是在生生不息,故包含了生生之原、生之过程、生之作用与生之实体等意涵。是以本体世界就其连续性讲是包含一切现象与活动的整体;现象是本体的现象,变化是本体的变化,过程是本体的过程,生命是本体的生命等等,也是此等事物发生及持续之所系。"②

本体世界必然表现为形象的世界。"形象的世界是一个有机的整体,一个变化之整体,一个有象征性的整体,故分之为万物,合之为本体。"③

符号世界指人类创造的能够表示人对宇宙万物的本体与变化规律的语言文本和河图、洛书、太极图、线形组成的八卦以及五行生克图等。成氏说:"(人类自定的)符号系统的发展,显然表示为人的认识从形象提升到抽象,从简单提升到复杂,从部分提升到整体或系统。简言之,人类能够发明语言,推进知识,认识整体的真,都可说是心灵能够以象征化的方式组合经验,发展概念、观念与理论体系。"④

心灵世界包括知、情、意、欲诸多方面。"心灵也有本体性,与天地的本体相通。""心灵世界是价值的创造与判断的世界。"⑤

行为(活动)世界,即指天地万物变化流行的世界,更指人的行为世界。

成氏指出,五个世界是相互含摄的世界。五个世界是现实的系统,易之五义则只是彰显本体的特质。成氏说:"易的五项特质可说是分别地呈现在这五个本现象的生活实体世界之中。也就是说,每一个易的世界有其不易的根源,有其多元差异化的变易,有其不同类别的交易,也有其理性的简易原理,最后也有理想的价值目标与内涵,此即和易所标示的至善。若从易之五义观之,五个易的世界是完全统一与合一的。五义之易又是本是一体,故五个世界也是

① 《易学本体论》,第17页。
② 同上,第24页。
③ 同上,第25页。
④ 同上,第26页。
⑤ 同上,第28页。

本是一体。若从易的世界分化的观点观之,五易的合一也终究是五个世界和谐的分化,体现出易之本体的多元一体、一体多元的本体性。"①

八、《易经》的思维方式

《易经》的思维方式,总体上可称之为"太极思维",是一种重本体的、重整体的、重辩证的、重合与分统一的,既重直观又重理性分析的思维方式。下面分几个题目,梳理成氏对《易经》思维方式的研究所得。

(一)《易经》的宇宙本体论意会思维方式

成氏承认《易经》的思维方式已经"勾勒出了中国哲学思维的基本模式"②,同时又承认"勾勒出《易经》的思维方式本身就是一件困难的事情"③,还承认"《易经》的思维方式的许多方面有待于被整合进圣人或者受过良好教育的君子所体验到的那个本体论单位中"④。从这三句话中,我们可以体会到两点:一是《易经》的思维方式是有"许多方面"的;二是《易经》的思维方式来自《易经》的本体论,既是为了揭示其本体论,也是依据其本体论认识、分析、综合宇宙万物的本性、结构、关系、规律及其对人类的价值。这样说来,要理解《易经》的思维方式,就必须了解《易经》的本体论。

成氏提到,太极、阴阳、理气等本体论的范畴,同时言及《易经》的本体论是"无言本体论"⑤。成氏接着指明《易》的"无言本体论"在《易经·系辞上》的以下词语中有所体现:"《易经》与天地准,故能弥纶天地之道。仰以观于天文,俯以察于地理,是故知幽明之故。原始反终,故知死生之说。精气为物,游魂为变,是故知鬼神之情状。与天地相似,故不违。知周乎万物,而道济天下,故不过。旁行不流,乐天知命,故不忧。安土敦乎仁,故能爱。范围天地之化而不过,曲成万物而不遗,通乎昼夜之道而知,故神无方而易无体。"(大意:《周易》的创作与天地相准拟,所以能普遍包涵天地间的道理。用《周易》的观点仰观天上日月星辰的文采,俯察地面山川原野的理致就能知晓幽隐无形和显明有形的事理;推原事物的初始,反求事物的终结,就能知晓死生的规律;考察精气凝聚成物形,气魄游散造成变化,就能知晓"鬼神"(按:指天地间万事万物聚散

---

① 《易学本体论》,第 33—34 页。
② 同上,第 162—163 页。
③ 同上。
④ 同上。
⑤ 同上,第 168 页。

存亡的过程)的情实状态。明白了《周易》的义理,可以和天地的道理相近似,所以行为不违背天地自然的规律;知识周遍于万物而道德足以匡济天下。所以动止不会有偏差;权力广泛推行而不流于淫滥,乐其天然,知其命数,所以无所忧愁;安处其环境以敦厚施行仁义,所以能泛爱天下。可见,《易道》广大足以拟范周备天地的化育而不偏失,足以曲尽细密地助成万物而不使遗漏,足以会通于昼夜幽明的道理而无所不知。所以说事物神奇奥妙不拘泥于一方面,而《周易》的变化不定于一体。)——我们且看成氏如何从这一大段文字中揭示出《易经》的本体论的。

成氏说:"关于这一段话,我们要指出两点:本段话告诉我们如何逐渐获得本体论的变化之实之知识。我们通过观察、沉思、仔细研究、感情移入、模仿,甚至用取乐来逐渐获得这方面的知识。简言之,通过对生活和对周围环境密切接触,以及通过在和现实生活的相互作用中,发展我们生活的潜力(品德),便可以逐渐地获得前述有关知识。""这就是所谓对现实之直接体现,而使我们对现实产生了知识。"①这样说来,"本体论"并不是难以理解的,"本体论"只不过首先是指人通过观察而对天地万物的"本体"了解"实体"之实际,"本体"之知识。

成氏说:"其次,《易经》提到的知识,不是以逻辑的方式系统阐述出来的命题知识。那是一种直接产生的感觉和存在状态的知识,一种表现在一个人的行为或生活方式中的知识。它以无忧无虑、充满快乐和善心、拥有行动自由和实现自我满足为特点。它构成了我们在影响其他变化和转化的个人努力与行为之基础,使这种知识成为可能,以及构成此种知识基础的,是不可言喻之本体,或者说是我们对其理解不是借助于语言的清楚表达而实现的本体。"②——成氏一方面承认存在"不可言喻的本体论",但他同时认为,这"不可言喻的本体论"、"可以通过一组清楚的符号使用而被象征性地指称。(按:'阴阳鱼太极图'可能就是一种'不可言喻的本体论'。)一组清楚的符号并非正好等同于关于世界的一个由明确陈述或言语所构成的体系。不可言喻之本体论,对大多数的由明确性陈述所构成的系统之解释是开放的,这些解释依赖于特定的环境及背景知识。不可言喻之本体论,要求解释者不可囿于关于被解释者经验之背景。这样,一个符号体系是关于世界的无穷陈述的一个实际分类。……《易经》的六线形符号体系,是中国哲学中不可言喻之本体论的一个符号表现。这一符号体系在中国古代通过人们的直接体验,以及本质的直接

① 《易学本体论》,第169页。
② 同上。

体现,而得到发展。《易经》中附加的看法和注释,体现了人们通过沉思六线形符号体系的方式,试图从意会知识中产生出显知识的尝试。……《易经》哲学的显知识和变的方便之意识知识之间,存在着一种符号指称和感觉统一间的相关性关系。"①

成氏以上所论,照笔者的体会,他说出了《易经》思维方式的一个方面,即《易经》的"不可言喻的非语言的符号思维"方式。如"阴阳鱼太极图"、"河图"、"洛书"、六线形八卦、五行生克图等,都属于"非语言的符号思维"。这是一种只可意会不可充分言传的"意会思维"。

(二)《易经》的辩证思维方式

1987年11月,在山东大学举办的"国际周易研讨会"上,成氏在他的报告中明确地提出了《易经》的思维模式问题。他认为,对《易经》的研究,首要提出的一个重大问题,就是"《易经》思维模式的特质到底是什么?"他对《易经》的思维模式具体提出了两个问题并 作了简要的回答。这两个问题是:"《易经》的思维到底代表了哪些活动? 如何了解这些活动并如何规划出来加以掌握?"他的回答是:"简单地说,《易经》具有辩证思想的特质,它包括四方面的运动:一而多与多而一;静而动与动而静;外而内与内而外;知而行与行而知。《易经》思维在宇宙创生的层次上包含着一而多与多而一的运动,此即指从整体的一走向多种事物,将多种事物统合为整体的一的过程。《易经》思维也包含静而动与动而静的运动,此即指从静止的结构来掌握变化运动的过程;同时又从变化运动来掌握静止的结构的过程。……《易经》思维的外而内与内而外的运动是指在人的意识发展层次上,从外物的观照和认识进而到内部思考及意义的确认,以及人的理想价值的认定。此即语言的确立、意义的确定和价值的判断。同时我们也可以从内部的意义思考,展现为外部的现象认识,并予以新的诠释。在人的意识层次上,我们还必须认识到从知到行,参与到事物之中而成其变化。此即知变、应变和通变。再由通变来观变,以致参与变化而主动变的整体过程。这就是知而行、行而知的过程。"②

以上的四种思维运动是与人类对宇宙的本体的掌握直接联系的。这里牵涉到《易经》与本体、宇宙和思维的关系。成氏说:"《易经》思维本身的发展反映其掌握了宇宙的本体,并在此过程中产生了《易经》的思维方式。掌握宇宙本身,是以对外在世界现象及其关系的认识为基础的。在这一认识过程中,便形成了思维的特性。因而,我们可以说,《易经》有三种不同的起点意义,即:本

---

① 《易学本体论》,第171页。
② 同上,第209—210页。

体论、宇宙论和人的思维。从本体论角度来看,宇宙本体一方面展现为宇宙论,另一方面又展现为人的思维方式。从宇宙论来看,《易经》有一个历史的起源、经验的起源和宇宙论的起源。外观事物及特殊宇宙现象,使人产生了本体思想,并产生了思维方式。使宇宙论导向本体论和方法论。从思维着眼,我们又可了解到,人的主体对方法论的认识,导致了外缘宇宙的建立与对整体本体论的知解息息相观、环环相扣。"①"基此了解,《易经》可有三个始点,即:本体、宇宙、思维。但从已经完成的《易经》这本文献来看,三者的合一才是《易经》哲学的开始。三者合一所产生的结果,可同时是本体论、宇宙论和方法论。总结以上的了解,《易经》的思维方式,包含了四种运动:一而多和多而一、静而动和动而静、外而内和内而外、知而行和行而知。同时,在这四种运动中又包含三个面向,即:本体论、宇宙论和方法论。如果把这"四方三向"结合为一体,就成为一种通达神明的境界和仁智合体、开物成务的人类智慧。"②用通行的说法,成氏认为《易经》的辩证思维方式贯穿在客观辩证法与主观辩证法的统一中,具体地说,贯穿在一与多、静与动、外与内、知与行的辩证法的整体中。处处都渗透着太极阴阳和谐辩证法,贯穿着生生不已的思想。

(三)"观"作为《易经》的思维方式

成中英对《易经》的"观"范畴的研究极为透彻、全面、深入而有价值。从词语上看,他只是从本体论和方法论方面分析"观",而实际上他也把"观"的内涵视为《易经》独树一帜的思维方式,或者说把"观"视为《易经》思维方式的重要表现。如果我们记起成氏所说《易经》哲学的许多重要范畴的内涵是互相诠释的,那么,我们就可以理直气壮地把成氏对"观"的分析视为他对《易经》的一种思维方式的分析。

分析"观"这一范畴,首先要接触到八卦如何产生的问题。对于这一问题,成氏特别重视《系辞》的以下回答:伏羲观象于天,察法于地,考虑远近的事,于是发明了八卦。③ 其中的"观"和"察"是近义辞或同义辞。细分起来,是先"观"后"察"。成氏对"观"的分析,包括对"察"的分析,即包括"观"的过程中和"观"之后的检查、思考、研究、分析、综合与判断。成氏对《系辞》起源的论述,重视的是其中可能包含的"逻辑上的道理,在哲学上的意义"。④ 他说:"首先,仰观天、俯察地以及考虑远近的事物,的确是以象征的方法描述天地之间所有

① 《易学本体论》,第209—210页。
② 同上,第210—211页。
③ 同上,第38页。
④ 同上,第78页。

事物的一个普遍体系,这种体系是象征的、反思的甚至是对天地的解释,包括天地的自然结构和转化的全过程,因为(在那个时代)还没有其他可靠的方式能够讨论事物的普遍共性,亦即事物(产生、存在或变化)的基本过程或结构。(按,观察、描述观察观所得思考,都是思维或包含思维的。象征的方法,也是一种思维形式。何况,所思维和象征的是天地万物的共同的结构、性质和变化发展过程。)但是,为了建立八卦体系,显然就不得不以更深刻的方式去理解自然界的本来面目。这样《易经》就以一种有意义的、建议性的象征体系——诸如八卦——对自然界作动态的描述。"①总之,成氏的论析中有强调《易经》的观察、象征体系中包含对自然人生的本来面目的全面、深入的思维。

成氏特别从中抽出来一个"观"字,认为弄清了"观"字《易经》哲学思维的重要内涵和价值,对《易经》的思维方式,包括对"太极"和"道"范畴的内涵,就有更全面深入的理解。

先看《系辞》对"观"的论述。

成氏指出,《系辞》以如下的基本范式讨论了"观"的内涵和作用:

(1)"圣人设卦观象,系辞焉而明吉凶。"(《系辞》上第二章)(按:圣人创立八卦,一是来自于对宇宙万象的观察,反过来也有助于进行对宇宙万象的观察思考。二是在卦爻后用语言文字作些注释,举些事例,是为了说明各种事象的内在意义和吉凶。)

(2)"是故君子居则观其象而玩其辞,动则观其变而玩其占。"(同上)(按:是说,君子平时居家处事要时常看看《易经》的象征符号而探究玩味其文辞;有所行动则观察玩味其占筮的内容,体会其深刻意涵。)

(3)"(圣人)仰以观于天文,俯以察于地理,是故知幽明之故。"(《系辞》上第三章)(按:"幽明"指有形无形之象。例如地震之前,地下深处早已有活动而人看不见,可谓"幽";地震发生时和发生以后,人们已看到地震的形象,可谓"明"。社会生活的变化,也有类似情形。)

(4)"圣人有以见天下之赜,而拟诸形容,象其物宜,是故谓之象。圣人有以见天下之动,而观其会通,以行其典礼,系辞焉以断其吉凶,是故谓之义。"(《系辞》上第六章)(按:圣人发现体会到了天下深奥难以理解的现象和道理,就拟取具体的形象来加以形容,用作象征以求切合于特定事物的内在意义。所以称作象。圣人发现天下万物运动不息,就观察它们的会合变通,以利于按照其规律行事,而且在六十四卦、三百八十四爻下撰系文辞,用以判断事物变化发展的吉凶,所以称作爻。)

---

① 《易学本体论》,第78页。

（5）"天地之道，贞观者也。日月之道，贞明者也。天下之动，贞夫一者也。"（《系辞下》第一章）（按：天地之道，要求人观察自然的规律；日月之道，要求人心明亮清晰；天下之动，要求重视宇宙万物的动态统一性。）

（6）"古者包牺氏之王天下，仰则观象于天，俯则察法于地，观鸟兽之文与地之宜，近取诸身，远取诸物，于是始作八卦，以通神明之德，以类万物之情。"（《系辞下》第二章）（按："近取诸身"指体会、理解人自身的形象结构、天性，如人分男女，身体是肉体（外）与精神（内）的不可分割的统一，长有双手、双脚、两目、两耳、两鼻孔，人的生命在于运动，人是自然的一种，同时又是万物 之灵，等等。"远取诸物"可以指万物的多样性，万物有对，和谐有利于发展等。"神明"原意可能是指宇宙万物内部潜存的本质、规律以及创生的价值。古人对宇宙的内在生命尚未有明确深入的理解，因此心存"神明感"。认为八卦符号系是人类对宇宙万物观察、思考、综合的结果。并指明八卦的创立有利于了解宇宙内在的奥秘，有利于感受万物的形象和情态。）

（7）"知者观其象辞，则思过半矣。"（《系辞下》第八章）（按：象辞，指卦辞。认为明智的人只要观察研析卦辞，就可以把全卦的大义大体领悟。具体讲的只是每一卦的象征意义和道理，实则可能对包括八卦象征体系乃至整个《易经》的哲学，都可以基本理解。）

《系辞》以上七条语录有一个共同点，即都论及人对宇宙万物的观察和思考，都离不开"观"字。成氏对以上七条作了如下的解析："从上面这些论述，可以明显地看出，'观'是理解世界上事物的形式和活动的一种重要行为。就像八卦体系所描述的那样，以一种整体的结构为勾勒世界上事物的图景提供了一种基础。我们可以说，八卦来自于圣人'观'的活动。但是，我们也可以指出，一旦圣人设计了八卦，他就能够更多地观察事物及其运动。这样，'观'的过程总是一个开放的过程：从事物的实际活动中识别出形式，把形式应用于事物，以便更好地理解事物。显然，为了得出世界的形式以应用于事物，就必须非常仔细地观察；为了得到正确的形式，也必须非常仔细、非常准确地反思这些观察。实际上我们看到，这些形式必须自然而然地来自于仔细而准确的观察，这种观察可以抓住变化的整体、关系和可能性，（以及）减少、扩展以及进行多种转化。正是在这个意义上，我们既把八卦当做对'观'的辩证的、动态的过程表达，也把八卦当做一种证明事物的形式和运动的连续的、开放的过程。"[①]

接着，成氏论析了"象"与"观"的关系。说"象"是"观"的对象。成氏指出，"象"有双层意义：一是显现和展示；二是发现和发明。"观"一方面"观象"，一

---

① 《易学本体论》，第79页。

方面,通过"观"而得以"立象"(造象)。《易经》的"立象",以"观象"为基础和前提,"立象"是为了"显现"宇宙的本象和本质以及变化(即"尽意")。成氏引用《系辞上》第十章以下的话,说明"立象"与"尽意"和利于行的关系:"圣人立象以尽意,设卦以尽情伪,系辞焉以尽其言,而通以尽利,鼓之舞之以尽神。"①而"观象"、"尽意"、"尽言"、"尽神"并利于行。由于由"观"的活动发现了"象","观"就具有了重要活动和文明活动的意义,它是"灵感、动机的无穷源泉"。②正是"观"及其广泛深刻的运用,圣人才能够提高自己的修养,在这个意义上,才使得圣人成为圣人。成氏所以说,"任何培养'观'(的能力)并能创造性地使用'观'的人,都以自己的方式成为圣人。一个人运用'观',不仅能在现实中看到'象',而且能够鉴往知来。他也能够察微知几,阐幽发暗;他所需要的,就是能够在事物之中做出辨别并赋予事物恰当的名称,用语言进行正确的描述,用判断做出恰当的评价。"(成氏原注:《系辞下》第五章被称为"当名辩物,正言断辞"。)③

成氏下结论说:"《易经》中的'观'描述和界定了观察、理解世界万物和万物世界的一种方法论(从理性观点出发)和过程。"④

成氏对作为"方法论"和"思维方式"的"观"全面深刻内涵作了如下多方面的分析:

(1)倾向于从整体上观察和俯瞰事物,力图观察和俯瞰事物的整体,观察或者俯瞰作为一个整体的事物。这是整体的或者综合的观察。

(2)根据事物运动及变化、发展的主导倾向或潜能,以一种动态的方式来观察和俯瞰事物。这是一种动态的和过程的观察。

(3)把事物置于或者定位于一种相关的或者有意义的关系中观察和俯瞰事物。这是一种与位置有关的或者有机的观察。

(4)由于"时间"是事物最深刻的动力并给事物设立了全面的范围和情境,根据事物与时间的特殊关系来观察事物。"时间"也是创造性转化和强制性改变的源泉,理解一件事情就是理解该事情当时所处的位置。这是一种暂时的、转化的观察。

(5)在事物之间或者事物自身的冲突与和谐的互动中观察事物。这种互动造成旧事物的灭亡和新事物的产生。这是一种互动的观察。

① 《易学本体论》,第80页。
② 同上。
③ 同上。
④ 同上。

(6)在与人关于价值创造、文明活动以及其他有益的实践活动的特殊互动中观察事物。这是一种评价和有创造力的观察。

(7)观察事物的活动、人的活动以及这二者的关系,是为了了解世界的本体宇宙论所作的会通。这是一种本体宇宙论的观察。

(8)把事物置于不同的层次和维度的网状系统中进行观察。……根据在主观性之中发现的创造性与在客观性之中发现的创造性之间的和谐一致来理解事物。这是一种本体诠释学的观察。①

笔者以为,成氏以上所论八种观察方法,实际上是十种。其中第八种可分为三种:一是网状立体观察法;二是本体诠释学的观察法;三是和谐化辩证法的观察法。老子在《道德经》中说"万物负阴而抱阳,冲气以为和"。此理论在本质上既是"本体宇宙论",也是"和谐化的辩证法"。就这种意义上看,可以区分出多层次的立体网状观察法、本体诠释学的观察法及和谐辩证法的观察法。

成氏列举了以上十种观察法之后,按照笔者的梳理,对"观"范畴又作以下十多条解析:

(1)"观"是一个内涵无限丰富的概念,不能把它等同于任何单一的观察活动。因为这种观察是在许多层次上对事物或关系的许多维度的观察。因此,没有任何特殊的观点能够被称之为"观"。

(2)"观"与"观点"是两个不同的概念。因为任何特殊的观点都受到自我限制和约束,因此,只能被称之为"观点"。而"观"并不是任何单独的观点,它是所有的观点的结合,是从所有观点出发的观察,或者说是并非从任何特殊观点出发的观察。

(3)从理性上讲,如果把"观"定义为一种观察和理解世界万物以及万物世界的方法,那么"观"仍然是一种观点,但这是一种没有观点的观点。"观"也是一种自我修正、自我否定、自我超越的观点。(按:例如有一种大的"唯意志"论者,他向来只能批评别人,强迫别人作自我批评,向来不作自我批评。他不知修正自己的错误或片面性,不作自我否定,当然也谈不上自我超越。)——正是在这个意义上,成氏把"观"界定为本体诠释学的思维方式或本体诠释学。总之,成氏认为可以把"观"称之为"普遍的观察"。

(4)成氏认为,本体论的现象学类似于"观"的过程,因为它希望浏览和检查世界中所有的存在物,而没有把它们固定为任何先验的终极本质上。

(5)"观"是关于世界的一种开放的总的世界观。

(6)用一种本体诠释学理解的观点或者接近本体诠释学理解的观点去

---

① 《易学本体论》,第81页。

观察事物和存在,就是本体诠释学所要研究的内容。

(7)可以把"观"同时看做是一种观察的方法、观察的结果和对观察的总的看法。①

(8)从"观"的哲学意义来看,可以把"观"看成是表达和阐述对世界现实进行理解的本体诠释学的过程。《易经》的三画卦和六画卦体系就是"观"的成就。②

(9)可以把观看做是看、听、尝、闻以及情感等所有感受的自然统一体。③

(10)从"太极"看世界的重要性。成中英下一段文字似乎更深刻地分析了"观"的思维的正确性和价值。他向我们提出这样一个问题:是否能够在一种无观点的意义上"观"一种图式?(按:请注意"无观点意义"这个词组的内涵是什么。)答案是肯定的。但是这意味着,我们不得不追溯这图式的原初起源。这也意味着终极观点或者绝对观点来自于原初的源头。所有的卦画都是由变化而来自于这个原初的源头。这个源头就是"太极"。从这个观点出发,我们可以谈论从事物自身来观察事物。这是首要的方式,事物的存在就是以这种方式被揭示出来。"太极"就在于它揭示了"存在",揭示了世界上所有存在物之处。从"太极"的观点观察世界,就是超越了所有的观点,把正在形成之中的事物或者尚未产生的事物都当做事物。也可以在事物差异原因的背景中观察事物。从"太极"的观点观察事物,并不是排除事物中所有的差异,也不是认为事物中没有差异。在这个意义上,"太极"也是观察事物的一种动态方式。为了获得这种观察的动力,就不得不返回到源泉——太极。④

(11)我们不得不认为事物都来自于同一个源头,我们不得不通过沉思甚至静坐来观察事物。因此,可以把"观"公正地称之为"沉思的观察"。"沉思"就是通过创造性的思考和明确表达一种观点,把自己作为一个整合的实体而全身心地投入一种整合中去。⑤

(12)"观"是一种普遍的、沉思的、创造性的观察。我们甚至可以说,"观"是在普遍的、沉思的观察的基础上的创造性的观察。普遍、沉思、创造性这三者之间甚至形成了一个圆环。理解和沉思产生创造性,创造性又产生更多的理解和更多的沉思。理解和沉思这两者又成了更大的创造性的基础。⑥

---

① 《易学本体论》,第81—83页。

② 同上,第83页。

③ 同上,第85页。

④ 同上,第90页。

⑤ 同上。

⑥ 同上,第91页。

从以上的叙述中，我们大致看到了成氏从"本体诠释学"的观点所理解的《易经》"思维方式"的极高的价值。

九、《易经》哲学的基本思想与当代价值

对《易经》从哲学高度进行全面深入独特的研究，是成中英先生学术活动的一个重要部分。梳理和概括成氏对《易经》哲学进行长期研究所获得的命题、原理及其对历史、当代和将来哲学发展的价值就显得十分重要。本节主要摘编成氏的有关原文，有时由笔者综述大意或作一些必要的说明和论析。

(一)殊途同归论

从世界文化和世界哲学的发展来看，成氏认为，只有以易为一体多元、兼容并蓄、殊途而同归的观点和思想为基础和准则，才能实现世界文化和世界哲学的"充满易的和谐精神而又宇宙创造生气的国际社会新秩序这一理想"①。为达此目的，成氏认为，至少在以下两个基本问题上可以建立起我们可以予以确认的共识。

其一，《易经》是中华民族精神的原始。"中华民族是受《易经》熏陶和滋养的民族，其整个文化构成及文化创造过程充满了易的精神。这一精神的哲学理念就是'参天地之化育'而'立人极'，也就是敬天、厚地、爱人、成己，也就是穷理、尽性、致命。《易经》学术研究的国际化，必定可以将中国文化的深层内涵和意义贡献于今日和未来的世界。"②

其二，《易经》哲学及其整个思想体系显然与当代西方已经发展得相当成熟的科学理论和知识架构之间共同具有高度的合理性，正所谓殊途同归。至少现代的生化理论、基因理论、电脑运作和设计理论、整分数学理论、基本粒子理论、全息理论等这些学科领域，其基本理论模型与《易经》的基本符号结构和思维方式如合符节。"这就是《易经》所谓的一分为二、合二而为一，一不离二、二中涵一；寓无限于有限，以有限显无限；能分能合，能大能小；主客互摄、物我交感；舒之者弥漫六合，收之者退藏于密室。尽管当代科学已经有相当的完善和周密的专业分工，但任何专门的学科或科学分工，只要关涉或进入基本理论领域，它们几乎都可以归到易的最基本思想上来加以审视，从而使之呈现一个原始的构造。由此也说明，巨大无限的宇宙，虽然呈现多面、多元、多相的面

---

① 《成中英文集》第一卷《论中西哲学精神》，第150页。
② 同上。

貌,仍可以从整体上来加以把握,以一执多,由众返一。"①

(二)宇宙整体论

整个宇宙是一个最真实的、复杂的、具有生命力和发展着的动态的存在系统。宇宙也可以说是一个具有内在结构的管理体系。宇宙生生不已,不断更新,就像有一个内在的力量在推动使之变化。同时新陈代谢也代表着一种深层的内在平衡,包含着动态的和谐。《易经》哲学所具有的生命力和创造精神不但根植于对宇宙的了解,而且还来自对于人生、人性的了解。它不但掌握了宇宙的本质,而且把握了人类存在的本性及其特质。人从自然中来,又改造自然,使之适应人自己的生存需要。而人类在改造自然的活动中,又必须保护自然,从而保护人类的存在。现在人们开始了解到生态平衡的重要。人可以促进乃至实现宇宙的内在平衡,绝不应破坏宇宙的内在平衡。《易经》最根本的思想,就是认为宇宙是一个整体,是一个动态的、开放的、内外上下左右相联系、相互贯通的整体。所谓"动态的整体",就是指宇宙的事物不管如何缤纷繁多,都有密切的互动和相互影响;每个事物都在自己运动,而都有一定的背景和网络。别的事物影响着它,它也影响着别的事物。个体性和整体性是互相联系的。《易经》哲学的整体宇宙包含五个原则:第一,同一根源的原则,就是认为世界上的任何事物都来自于共同的本源。第二,相互保持的原则。第三,动态发展的原则。第四,深度和谐的原则,认为事物的发展是以和谐与平衡为目标。第五,循环回归的原则。②

(三)两极一体论

《易经》哲学的特点就是把整体看成是事物之间的一种关联,而事物之间的关联最根本的就是两极之间的对立和联系,从而形成一个整体。《易经》看到事物相互联系、相互影响,揭示了宇宙万物的实在性、互含性和创造性。事物由于各种原因而结为一体,从而发挥一种内在的潜力,产生一种创造力。这种创造力,从根本上说,就是一种生命的活力。万物相互依持,互为条件,相互作用,相互影响,互为背景。这正说明事物的实际存在以及事物本身具有创造力。人就是这样一种创造物。人是万物的精华,是宇宙中各种条件、因素相互结合的产物。而人在宇宙中演化出来之后,又能够进一步去发挥宇宙的创造力。肯定万物的实在及其创造性,正是《易经》哲学与佛教哲学具有根本区别。《易经》哲学的创造论的宇宙发生论,认为万物都是创造发生出来的,而两极一

---

① 《成中英文集》第一卷《论中西哲学精神》,第150页。
② 《成中英文集》第三卷《伦理与管理》,第132—134页。

体则作为宇宙的存在形式。就是说事物都是由两种力量相互作用创造出来的。两极力量不断分化,不断组合,再分化,再组合,事物就不断向前发展。这种阴阳结合的两极一体观念,就成为宇宙发展论的基本形式。两极一体的动态发展过程,就是《易经》哲学的基本思想。阴阳的配合是多方面的。阴阳本身是一个和谐的整体,这个整体是为"太极"。阴阳还具有不同的层次、不同的阶段。阴阳"两极一体"的宇宙系统,不同的平面上又有不同的两极一体,而各种平面合起来仍构成两极一体。因而《易经》的宇宙系统,是一个动态的、复杂的、多层级的系统。作为系统,它是一个整体性的结构,又是一个发展的过程。从空间来看,《易经》作为一个根源性的系统,其生命力和创造性,都是没有极限的,所谓"生生不息",说明天道的创造生命是无穷的、没有止境的。在这个动态系统中,其根源就是"太极"。这个根源不断发展下去,就成为宇宙之道、天地之道。在这里,"道"是指动态的意思,"太极"是指根源的意思。太极和道相合为一,就是《易经》的系统。这是一个整一的系统,也是一个变化的系统。它呈现在天地和万物的构成之中,并且以其内部的力量,不断地推动天地万物的发展。由于宇宙发展是一个动态的过程,这就构成了它的时间性。时间是生命创造发展的过程。时间本身包含着空间。《易经》的宇宙系统,就是一个时间包含空间的系统,也是从时间展开空间的系统。所以万物有来有去,有生有死,整个宇宙却是一个周流的体系,推陈出新的体系。两极一体的宇宙观,表现在实体宇宙的形象上,既是整体性的,又是多元性的,具有相当复杂而又相当丰富的关系。最基本的阴阳对应关系永远在不同的层次中表现出来。在这样的宇宙形象中,每样事物之间都有一种多元的相对、相应、对立、互补、互成的关系;同时也表现出冲突、紧张、相互抵消、相互平衡的作用。从整个生命宇宙的发展来看,对立、紧张、冲突都是达到更高层次和谐的过程和方式。总而言之,我们可以把事物之间的关系看成是一体分化成两极,两极经过对立冲突,再互补互化作为一体的关系。①

(四)五段辩证论

《易经》哲学两极一体宇宙观,体现出一种辩证的逻辑。从太极整体一分为二,对立相反,到互补互成,再产生新事物,应该说有五个层次,即:太极整体创化→阴阳分化→多元发展→冲激补充→推陈出新成为新的太极。整体化、两极化、多元化、互补化、再整体化,这五个过程都是内在的。这五个过程是互相联系的:你中有我,我中有你。在每一个具体过程中,整体化不能取消,两极

---

① 《成中英文集》第三卷《伦理与管理》,第134—135页。

化也不能取消,进一步的多元化,多元之间的实际矛盾与差异,以及多元之间引起的冲激,冲激之后的调和等等,都是不能取消的。冲突之后的和谐是我们要特别强调的。"和谐"是一个过程。宇宙作为一个整体,存在着阴阳的对立,由于多元化而产生的冲突,最后一定走向新的和谐,建立新的和谐的太极整体。整体包含着许多个体。不能把整体抽象化,没有个体也就没有整体。个体和整体是在事物的具体发展过程中发生的一种关系。整体一定引起个体,一定引起多元的个体化;而多元的个体一定会经过冲激与和谐化的过程。冲激产生和谐,和谐产生新的太极整体。新的整体创造新的价值、新的文化,然后又出现多元化的现象,这就是宇宙发展的过程,人类文化历史发展的过程。①

(五)"观"的认识论

《易经》哲学形成过程是一个长期观察、体验、认识宇宙的过程。这种认识的可能性是由于它所认识的对象是一个整体,它看到了这个整体。所谓"观"这样的认识形式,是由整体到细部,再由细部到整体,通过整体与部分之间的融合来了解一切事物。可观的东西一定是整体的,从整体掌握部分,从部分掌握整体。宏观和微观总是相互依存的。《易经》的"观"主要是宏观,即为整体观,所强调的是不断地在整体和部分之间造成一种平衡与相互了解。这种认识方法比较接近近代诠释学的观点。科学的"观"实质上是化约论的,而且是化约在物理学的层次上。《易经》的"观"的对象是形象宇宙,带有人的主观的心灵感应。亦即《易经》的"观"包含了主体对宇宙的主观感受。《易经》的这一特质说明它要发展的是"生态学"而不是"物理学"。生态学可以包含物理学,而物理学则不包含生态学。"观"的认识论可以包含科学认识论,而科学认识论则不能包含"观"的认识论。这种"观"的认识论,同《易经》的整体宇宙论、两极一体论以及创造性辩证法结合在一起,构成了《易经》哲学独特的思维方式,这一思维方式具有两个过程:一是分化的过程,从一分为二到二分为四,四分为八,八分为六十四,等等。二是融合的过程:从多融合为六十四,六十四合为八,八合为四,四合为二,最后合为一,即合为太极。分化的过程,是从客观的事物当中找出差异、从理论上看,是在进行分析;融合的过程,则是在不同的事物当中找出彼此的关系,进而形成一个整体,从理念上看,是在寻找统一。从分化到融合,又从融合到分化,正是事物发展的内在形式。分合是同时进行的。分在显中进行,合在隐中进行。分在隐中进行,合则在显中进行。知显不

---

① 《成中英文集》第三卷《伦理与管理》,第135—137页。

知隐,知分不知合,这不符号《易经》的整体动态思维方式。①

(六)主客感应价值论

人为万物之灵,能够趋利避害,能够进德修业,能主观把握自己的生命,而这些都是通过人与天地万物之间的感应而体现出来的。从根本上说,《易经》的价值论,实际上是一种主客互动、相互决定的感应价值论。这种价值论体现了和谐与不和谐的感应关系。这种感应价值论,具体体现在功利价值(趋利避害)、道德价值(进德修业)与本体价值(把握生命本体)这三个层面上。《易经》具有强烈的功利价值观,处处讲人的行为和心理的吉凶悔吝。人们所得为"吉",失去为"凶"。"悔"是人们没有获得利益时的心理感应。"吝"则是人们没有避免伤害时的心理感受。推而广之,整个《易经》中的价值判断,用语都是对人们利害关系的描述。人们的行为有能力从人的内在生命出发作出一种主体性的价值选择。人的自由意志的决定正是道德行为的基础。人是宇宙生命的延长和突出的体现,所以人就能基于内在的本性,参与并实现一种创造性的活动,尽己之性,尽物之性。《易经》对道德价值的重视,表现在强调生命的创造不已,即"生生之谓易"。这就是善,具有道德价值。如何达到善,关键在于人们能否掌握宇宙变化之机。"元亨利贞"就是四种宇宙变化之机,也是达到善的四种方式。"元者善之长也,亨者嘉之会也,利者义之和也,贞者事之干也。"人在实际生活中追求善就是要"体仁",就是依据元者之善来尽人之性。"嘉会"就是把宇宙万物的和谐运用到人事上,从而产生一种协调的礼乐社会。"利物"就是把万事万物之间的相互依存的关系运用到人类社会中,从而产生一个合情合理的社会组织。"贞固"就是体会天地长久之道,从而从事各种社会活动,让社会不断发展下去。由此看来,道德价值实际上是对宇宙本体价值的体验,并创造性地投入人的体现。从根源上看,这就是"天人合一"。从尽物之性到应人之性,最后达到尽己之性的最高道德目标。这个最高目标实际上也是最高的宇宙目标,与天地同生,与天地同化。所谓"本体价值",即是宇宙生命本体达到和谐的潜力,即生命本身的创造力。本体自身就具有价值。本体的价值,是人可以追求的目标,可以享受的状态,可以安顿的境界。价值具有本体性,它是生命存在的方式,理解的方式,发展的方式。真善美三者的统一,是从不同的角度体现了本体的存在:"真"体现了本体存在的一致性,"善"体现了本体存在的和谐性;"美"体现了本体存在中主体的完整性。也可把三者都看作是一种和谐:"真"是事物存在的和谐;"善"是部分与整体的和谐;

---

① 《成中英文集》第三卷《伦理与管理》,第 137—138 页。

"美"是主体与客体之间的和谐。真善美都是本体创造和谐的体现。本体价值、道德价值、功利价值三者是相互联系的。本体价值前提是一切价值的内在基础,是最高的价值。道德价值是作为主体的人在对宇宙生命本体取得认识之后所选择的行为方式。功利价值在其现实层面上,往往只是考虑行为的效果。功利价值里还是应有伦理制约和本体精神的。①

(七)预测决策论

《易经》哲学的价值,主要在于揭示了宇宙万物的本相,提供了一个整体和谐发展的宇宙观,从而帮助人们了解世界、把握未来。宇宙万象的变化包含了过去、现在和未来。人为了把握未来,就要预测未来,《易经》的占卜就是古人所采用的一种预测未来的方法。这种占卜的预测方法是从《易经》的宇宙观中自然而然发展出来的。从管理学的观点看,我们应该着重把握《易经》对于宇宙万象本质和规律的说明,即着重把握其本体论的架构和方法。其次,占卜作为《易经》的预测方法并不神秘,而有其内在的哲学理由和根据。从预测未来方面讲,在今天科学昌明的时代,我们一定要强调《易经》的哲学本身所包含的基于周遍观察和动态思维的科学性与逻辑性,从而正确把握占卜的预测功能,把它作为掌握世界变化的可能方法之一而适当地加以运用。现代的预测,例如经济景气的预测,气象预测,地震预测等,都是基于科学的定理而对事物或事件的发展的可能性所作出的推断。一般来说,对于自然现象预测的准确率较高,但也存在着类似物理学中的"测不准定律"。占卜是古人对社会人际关系现象的预测,存在着极高的不准确性。面对这种情况,并不可以否定占卜的意义。占卜对未来事物是在事物发展的过程中,是在没有确定知识的条件下,对自己的行为不断自我审定和自我修正,提供一个拟似的信息参考系统,一个事物可能变化发展的方向,并为人们基于社会现象的不准确性而采取主动的态度,积极参与事物的变化,而达到发展的目的。《易经》其实并不主张命令主义,它强调的是人的主动性、开拓性、创造性。占卜就是要人们掌握事物发展的机缘,再进一步去开拓创造,而不是被动地等待和接受命运的安排。占卜是预测,预测和决策直接联系。要发挥决策的精神。决策是主体在对外界事物认识的基础上所采取的理性、主动的决定和选择——方向的选择和价值的选择。《易经》的占卜具有宇宙论的背景。它假设并描述了万事万物在宇宙中存在和发展的情况。它从八卦到六十四卦,都是基于阴阳互动、刚柔相推、两极一体的模式来了解事物。宇宙万物的变化是一个复杂的过程,但就其阴阳互

---

① 《成中英文集》第三卷《伦理与管理》,第 137—140 页。

动、乾坤激荡这一基本点而言，又是十分简明的。《易经》好像是一幅"天象图"，借"天象图"来确定自己在大海中的位置。占卜作为实际的操作方法，就是在缺乏知识及紧要的情况下，从各种可能性中凸现出一种现实的可能性，从而使我们得到一种观照，帮助我们作出相应的决策。①

(八)阴阳五行太极分合创化论

《易经》的阴阳八卦系统是与五行系统密切联系的。两个系统存在着内在的联系。其中贯穿着"气"、"理"、"动态"、"平衡"这些概念范畴。两个系统都重视动态过程，但是，阴阳八卦系统重视的是"元气"的纵的层面、时间的动态过程：从一到二，从二到四，从四到八，直到无限。五行系统重视的是"元气"的横的切面、空间的定位、品物类聚、横贯铺呈、相互补充的客观动态过程。从"理"方面看，阴阳八卦系统侧重事物的整体，揭示出宇宙变化的宏观规律。五行系统则侧重于个别事物存在的微观规律。二者都体现了宇宙万物发生、发展、对立平衡的内在规律。从数字的内在联系看，五行与八卦代表了两种不同的思考。五是二(阴与阳)和三(阴阳所形成的交合)的综合，包含了平衡、对称和交互为用。八卦与五行的综合，表现出最大的平衡性和稳定性，却又包含了最丰富的生命力和创造力。阴阳与五行的交互作用中还包含了整体分化和分化整合的太极原理，也包含了有无相生与阴阳转化的原则，包含了"道即太极——太极即道"、"无极即太极——太极即无极"的形而上的理解。②

《易传》认为宇宙中存在着不可穷尽的创造根源，宇宙浑然一体，但又可分化为无限的具体的个别事物。太极这一概念，真实地反映了真实世界的动态统一。在发展及演化过程中，太极结合了统一与多元及其间的动态联结最重要的。太极也是所有事物之间恒久及持续的创造源头，除了是各种不同类型事物的动力来源，也提供了各种类型事物的一个整体的、目的性的统一。换言之，太极是万物的起点也是终点。不但是万物的发展根源，也是万物的内在联系。③

《易传》说："一阴—阳之谓道，继之者，善也；成之者，性也。"这段文字强调的是太极创生宇宙万物的两极本质。从实在论方面看，现象世界中的阴阳现象可以理解为实在世界中的万物；从本体论方面看，阴阳现象可以展现为对立的统一，互补的整体及相互转化，完成及回复的自然过程。同样的，由特质及特性组成的事物，也必须表现为阴阳的互动及整合。这不仅意味着事物是从

---

① 《成中英文集》第三卷《伦理与管理》，第 141—143 页。
② 同上，第 143—146 页。
③ 《成中英文集》第二卷《儒学与新儒学》，第 334 页。

阴阳的互动转化而来,而且所有事物的分化与统一,也都可以解释为阴阳不同层次上的衍生。除此之外,阴阳也是作为本体及宇宙统一性及互补性的本体宇宙论原则。我们因而可以把阴阳视为终极实在("太极")的两个不可分离但可以相互转换的动力,而(这二个基本动力)又进一步完成太极之中万物的创造转化。创造性转化的本体论及宇宙的相互辩证,保证了"道"的生生不息。张载对阴阳二极的统一性及"太极"的阴阳分化有很好的描述:"一故神,两故化。"①必须带出一个重要的命题:所有真实世界中的事物,都是作为价值,为了价值,朝向价值而产生的。这也表示现实即是真实,而真实即价值。价值之为价值,不只是因为它被创造为真实,而是因为它在万物之中能被关联、发展及强化的基本位置。价值同时与人类心灵有着一层特殊关系。价值不但表现于感觉,也表现于事物被感受的特质中。它是愉悦、认知,肯定或否定,探索和发展或重建的对象。所有事物,就其生于、成于创造过程而言,都可以被视为价值。因此,"继之者,善也;成之者,性也。"善是自然的呈现,因此是理解整体自然世界的基础,或是价值的理型。这种价值观念的实践,有赖于人类发现事物及其处境中真实价值,并进一步致力于价值的建构及重建。②(按:"太极"、"阴阳"、"道",这些概念,都与"价值"观念密不可分。这三个概念,都是创生、创造、平衡、和谐的产生、发展和动态存在有关。自然和人的存在与活动,对于人类都发生着价值关系。因此,讲"太极本体宇宙论",不能忽视价值。)

简短的结论

(1)总起来说,《易经》的思想体系是依据一阴一阳之道的整体性原理而建立起来的。宇宙是一个整体,是一个动态多元、平衡的整体。这个整体处处都体现了阴阳相反相成、对立统一的表象和性质。阴阳是世界的本质和内在意义;两者对立、互涵、渗透、交感、互补的关系所表达的宇宙本体和创化程序,是生成性的、发展性的。

(2)宇宙本体和创化程序具有时空互摄的动态结构。时间是宇宙的显露,空间则是宇宙的展示;或者也可以说,时间是宇宙的展开,空间是宇宙的显露。通过一分为二、合二为一的无穷往复、生生创化的过程,宇宙本体敞开了它的无尽奥妙。

(3)由此看来,宇宙间所有的事物、事件、过程,兼具有一体二元性。所谓

---

① 《成中英文集》第二卷《儒学与新儒学》,第334—335页。
② 同上,第335页。

一体性是指宇宙创化的潜力、生成的根源、整合的动力和基础;二元性则可以说是事物演化和发展过程中由于分化而具体构成的关系在结构形式上显露的特征,诸如隐显、刚柔、强弱、开合、大小、体用等等。

(4)《易经》哲学的基本观点是从体、用两方面立论。因此,二元对立的设定,并不是绝对对立的划分,对立的双方是互感、互涵、互摄、互补的,且可以相互转换。因此,《易经》的基本问题仍可从体用的基本方面来了解。所谓阴阳就是互为体用的表现和象征,是本体的展现和显露。阴阳当然有其内在的区别,但对这种区别,我们必须予以辩证的理解。就具体事物的具体方面而论,阴阳的区别和对立,显然具有确定性。不过,若从事物的周围环境或从其处于变化或转化的过程而言,则不能一概而论。我们不能执著于概念名相。正是由于阴阳范畴兼而有确定性和变易性。因而能够广泛而有效地运用于具体事物的领域。①

(5)也许成氏以下的说法,更可以作为《易经》哲学思想的要义:和谐乃是实在世界的基本状态,而冲突则不过是一种不自然的失序与失衡。这个世界是一个变化和发展的过程。世界上确有相异、相对、不合、敌视等现象,但整个宇宙、人类社会、个人生活的大方向基本上是趋于和谐与统一的。整部《易经》更表达了这种思想。

(6)《易经》的基本原则是:包括天、地、人及万物即整个实在界,既是一变化的过程,又是一有秩序的结构。生命的创化力量乃变化之根本;道的创生能力是无限的。变化过程中永远有阴阳两种相反相成的动能。道乃一,所有变化的动能皆出于道。道是一切对偶现象之源。在这个意义上,道称作"太极"。"太极"即一。事物是分化乃阴阳互动的表现,因此事物与道不异质。万物化生乃由道之性,凡是能跟随或发展道之性的东西,皆有善于其中。人有能力了解变化之动迹,以自己的行为来配合之动迹,乃能参与变化,知悉本身与世界的和谐。人世间的失调、不幸与缺陷,起源于人不能了解变化的真相,以及未能与世界和谐。《易经》视事物的创生与统合为和谐的基本要素之一。世间的事物有始有终,以和谐始,亦期终于和谐。成圣之道就是人与世界和谐之道。②

(7)把冲突、对立的双方皆视为在本体上是平等的;而且从长远的观点看,二者皆合于"道"。这样,我们便可全面地调整自我、调整对世界的关系。这种

---

① 参看《成中英文集》第一卷《论中西哲学精神》,第 447 页。
② 《抉择》,第 177、178、179 页。

调整便可称作和谐化的过程。[1]

(8)从发生与发展的过程看,观察物象实早于秉知而行,天然无以见人之创化为人的事实。占卜之用即在秉知而行,故必须预设一个现象察物以明体的思维活动。必须重视先发的思维活动,认为它已包含了体用相需主容互通、天人合德、知行合一的思维模式的雏型。因此要肯定《周易》的形成是中国哲学的源头活水。

(9)中国文化是一个易的文化,并早已形成了一个易文化的文化圈,涵盖了整个中国以及东北亚与东南亚。在此易文化圈中,《易经》一书结合思维、价值与行为为一体,导向了一个极具活力的生活文化方式;也扮演了调和、综合、整合与再生中合思想与文化的重要角色,甚至也可以说形成了一套天人合一的宗教信息。

(10)中国哲学与中国文化的历史发展的每一个阶段都受到《易经》思想深刻的影响。易经影响中国医学和医术数,医易的历史自然也就是易的历史的一部分。然易的哲学的历史来看,此一历史充满了生命智慧和宇宙智慧,易的象、数、义理的发展,更是具有哲学意义的课题。易的历史透露出人类思维整体化的机体化发展的途径,在今日科技整合的运动中占据极其重要的地位。对易的历史的研究,不但能够彰显中国文化和哲学的根源性和整体性,使我们对中国文化的各部门提出一个更深厚的认识,也能够发挥中国文化和哲学的开放性与前瞻性,为世界文化做出贡献。

---

① 《抉择》,第 173—184 页。

附　录
成中英哲学之路

一、生活道路与学术走向

成中先生是我国当代卓有成就的大哲学家。祖籍湖北省阳新县，1935 年 11 月 8 日（农历九月二十九日）生于南京。他出身于一个"书香世家"。其父亲成惕轩先生从小在祖父炳南公的鼓励下精读古书并治旧学，抗战期间在中央政府任职，后长期从事教育工作与国学研究。其母亲徐文淑女士，慈祥开朗，是一位善于接受新观念并具有一颗包容心的新女性。父亲对学问的执着追求和生活的俭朴，母亲对世事的宽容和仁爱胸怀，都使得成中英从小就养成了探索的智慧和力求上进的动力。他从选择文学到选择哲学，都得到父母在精神和物质两方面的支持。

成中英的童年、少年和青年时期是分别在南京、四川重庆和台湾三个地方度过的。父亲为自己的儿子取名"中英"，有期盼他成为中国之英才之意。从抗日战争起，成中英举家经湖北老家迁到四川重庆。中英的幼儿时代和小学时代初期，生活在四川重庆嘉陵江上游一个名为洪家榜的农村的庄院里。少年时代的乡村生活对他在三个方面发生了重要的影响：一是对大自然的直接接触，使他"喜欢刨根问底"；二是"总是想知道真实"；三是父母是他"上进的动力"。大自然的美景使他对大自然产生一种亲切感，使他后来一直坚信，大自然多采多姿并具有强大的生命活力；这有助于他后来坚信宇宙充满生机，万物生生不息。2007 年笔者在与成氏进行哲学对话时，问他哲学的中心命题是什么，他的回答就是"生生不息"。在四年级时，成氏全家自乡下搬至重庆郊外三江村，学校常常因日军飞机轰炸而辍课躲惊，功课耽搁很多，但所缺课业都能从家中父母那里获得补充，成绩不但不落后，反而名列前茅。1945 年，抗日战争胜利，成氏全家于 1946 年 8 月回到南京。成中英进了当时在南京的国立社教附中（后改名为南京第六中学）学习。当时的《中央日报》"儿童周刊"曾发表过成中英描写他自重庆坐船沿长江而下到南京的游记的文章。后因时局动荡不安,成氏全家接连南迁至浙江金华、广西梧州和重庆。成中英曾短期在梧州的苍梧初中、重庆求精中学学习。不久,成氏全家随当时的中央政府迁往台湾。

1950年,成中英考入台湾建国中学高中一年级。在中学时代,成中英对文学创作较感兴趣,同时努力学习英语。在高中时代,由于天性好奇,又有相对安定的环境,这使成氏的这种好奇心发展成为强烈的求知欲。他那时一方面对天文学有莫大的兴趣,一方面对文学的兴趣又与日俱增。他看得最多的文学作品是"五四"时代作家翻译的俄国、法国的小说,其中以雨果和屠格涅夫最使他动心。他曾写了新诗《小石》、《红叶》等作品,发表在台湾的《新生报》的副刊上。成中英那时还根据孔子"知者乐水,仁者乐山"的名言起了个"好山"的笔名。这似乎为成氏后来所主张的"和谐化的辩证法"埋下了伏笔。从高中二年级上学期起,成中英就开始每天写日记,主要是记下自己的心灵感受。成氏于1952年高中毕业前就以同等学力的资格以高分考上了台湾大学外语系。那时他很想尽快接触西方文学,但并未能忘怀天文学。

成氏正式接触哲学并进入哲学领域,是从大学时代开始的。启发他的哲学兴趣并引导他进入哲学堂奥的,是方东美先生。方先生讲授的"哲学概论",如成中英自言,"有如潜艇、飞船,把听者带到海底龙宫、云霄九天,去欣赏各种瑰宝珍藏,并领略银河繁星之美。"方先生从知识论讲到形上学,从文化哲学讲到人生哲学。"既把人生的境界结晶为理念系统,也把理念系统点化为人生的境界。"如成氏自己打的比方:对哲学的学习,"对于初入门的一年级学生来说,若无一些慧根种子,是确实无法跟上去的。"可能是基于成氏好奇的性格,也基于他对美好事物的向往,方师的"哲学概论"就成了成氏踏入哲学的门径。据成中英的回忆,方师对他的哲学启蒙有以下两大方面的影响:一是方师哲学博大精深,包含面很广,从方师那里,必能养成一种整体全面的思维习惯。所谓统之有宗,会之有故,兼容并包,赅备海涵。二是方师从生命价值的立场上,来评断古今中西哲学体系,无不一针见血,头头是道,开导了从学者强烈的价值情操。成氏对方先生的哲学思想体系推崇备至,说:就以上所说两方面而言,在过去哲学家中,还未见有"出其右者"。据成中英的评论,方东美先生的哲学是"本体的生命哲学、价值的完美主义和文化的多元发展主义"。一般来说,"他对西方哲学的态度是赞赏希腊,而悲悯近代;对中国哲学的态度,则在于发扬原始儒道,而批评宋明理学。"成中英在大学一年级上方师的"哲学概论"课以后,没有一个学期不听方师的课,并兼听陈康先生所讲的"洛克理解论"和"亚里士多德形而上学"等课程,还选修黎烈文先生的法文课和周学普先生的德文课。这期间,成氏又精读了柏格森的《创化论》(张东荪译)、尼采的《悲剧的诞生》、《查拉图立如是说》(英文本)三本书。在这三本书的启发下,加上他自己对自然和社会的观察体验,成氏认定,宇宙充满创造力,而个人的意志力发挥得好就有提升世界价值的可能。又因方师对儒家、道家的宇宙创化思想有所发挥,就使成氏对《易传》和《老子》的思想有了极深的感受。

据成氏自述,他自己是一个具有强烈求知欲望的人,这源于他在理智上的好奇心。同时,他也是一个重视情感和心灵感受的人。他常常自省:数学的严谨、精确给他一种超乎寻常的平静和安顿感;同时又有倾向于诗和文学的一面,诗和文学的创造给他一种奔放的激情,这对自己又有另一种肯定。两种不同的心情和追求,时时相互激荡。他自从感受到哲学的整合力和渗透力以后,思想感情上获得了一些调和,决定以哲学思想来涵盖文学和数学,从而在一个更广大的平面上肯定理性和情感两者的相互定位。总之,哲学不仅带给他一个综合,更使他将文学和史学带入美学和形上学的高度,因而在心志上已无法不以哲学为"自我实现"的指归了。成氏在大学时代遇上了学术的诤友刘述先、李银玻、朱诗繁等人。他和刘述先虽然在性向上有所不同,但在文学和哲学的感受上往往有相契合之处。尤其是他们两人对方东美先生的哲学思想都比较有深入的了解。1955年,成中英在台湾大学毕业后,在方东美老师以及哲学系其他老师的支持下,以外语系毕业生的身份考上哲学系研究生,并与刘述先、傅伟勋同时进入哲学研究所。1956年年底,成中英选择了出国求学之路,其目标是充实植根于心中的哲学生命。

二、赴美留学,深入西方哲学

1956年年底,成中英赴美留学,获得美国华盛顿大学奖学金。他决心全身心地实地深入西方哲学的心脏,为今后继承和发扬中国哲学的优秀传统并为创建具有中国特色的新哲学打下基础。成中英自认,他当时具有"后五四"的建设心态,即先追求西方学术和哲学,以后再反哺中国传统,并重建中国传统。成氏早已下定决心,"要重建中国哲学,并使其立足于世界,嘉惠于全人类"。从方法论的眼光来看,成氏走的路"是先立于哲学之生命,再以其生命来充实中国哲学传统的慧命。"这也就是成氏后来提出"中国哲学的重建"。这与先附丽于中国哲学传统、无视哲学思考本身问题的心态,在出发点上是很不一样的。换句话说,成氏决定留学时的方法取向,是"先出乎其外而后入乎其内。"

1957年初,成中英进入美国西雅图华盛顿大学就读。先读了一学季的英国文学,然后转入哲学系攻读硕士学位。课程以现代逻辑、科学哲学、分析哲学和知识论为主,开始真正接触当代的英美哲学。哲学系三位教授对他发生了直接的影响,一是斯玛廉(Arthur Smullyan)教授,二是麦尔登(I. A. Melden)教授,三是洛德(Melvin Rader)教授。斯玛廉教授与麦尔登教授,分别代表了当代美国哲学中的两大主流:逻辑的分析哲学和语言的分析哲学。成氏把学习的重点放在逻辑解析和现代逻辑上。洛德教授的美学课程也对成氏极有吸引力。在华盛顿大学第一年冬季,成中英还选修了访问教授哈特晓(Charles Hartshorne)主持的皮尔士和怀特海哲学的研究讨论课。成氏在华盛顿大学还选修了访问教授卡夫曼(Walten Kaufman)的尼采和黑格尔哲学课程。这些课程为他开拓了哲学的新领域。在离开华盛顿大学之前,成中英在暑季还选修了高等微积分和现代代数。反观中国哲学中的数的问题,数并未真正独立起来,而是受限于象或理,而成为象数与理数。两年之后,成中英考入哈佛大学,获得全额奖学金。

哈佛大学真正可称为"美国哲学"的摇篮及源泉。自19世纪中叶,到20世纪的现在,美国的哲学名家可说大都出自哈佛。成中英在哈佛五年之久,其中有一年几乎完全沉浸在近代数学之中;五年内的前两年,他选读了所有的博士班的课程;两年后通过博士班预试,作了两年助教。所选定的论文题目,获得通过后,即开始写论文。1963年5月完成了论文,7月通过博士论文口试,获得博士学位。在哈佛,对成中英哲学思想的开展发生了直接影响的教授是:奎因、唐纳尔德·威廉姆斯、罗德雷克·弗希、亨利·爱肯和戈斯利尔·斯切弗勒。

奎因(W. A. Q. Quine)教授在50年代即以《从一个逻辑的观点》一文而闻名于全美国。另两篇论文《有什么存在》和《经验主义之两个教条》直接并几乎全面影响了当时美国哲学界。奎因也是逻辑学家。他那时已出版了《数理逻辑》与《演绎逻辑》两书。奎因开设《演绎逻辑》和《语言哲学》两课门课程。当时,他就以《语言与对象》一书的原稿作授课资料。他还开了语言哲学、现代逻辑和组合论等课程。听奎因讲课,成中英在方法论、本体论方面收益最大。他从奎因哲学中获得分析哲学最严谨的逻辑分析方法。其中最重要的是严谨性的自觉或严谨性的标准。严谨性就是形式理性的表现。更重要的是,从奎因的逻辑引申出来的本体论的分析,对物理科学的机体论网络的思考,使成氏后来能够把握机体论思考的原理用于本体论上,再融合于中国思想之中,这就为中国思想找到了一个现代化的途径。另外,奎因从逻辑分析立场清晰地批判了逻辑实证主义的约化主义和二元论。奎因实际上已经突破了逻辑实证论的藩篱,而建立了一套机体网络的自然哲学。奎因曾是怀特海的学生。奎因把怀特海的机体网络论的观点,以及对意义和价值的思想,发展成为语言哲学和知识哲学,并在语言哲 学的发生和指涉的发生的"层级上升"方面,提出了完整的理论,并作了一套具有典范性的逻辑分析。这可说是奎因对现代分析学的最大贡献之一。奎因又提出了"翻译意义的不定论",其中也蕴含了"语言意义的不定论"。成中英在60年代与70年代之际写了一篇题为《论指涉性的条件》的论文,提出了自己具有辩证性的看法,指出:相对的翻译可造成翻译的不定性,但在既定的一个翻译当中,意义仍然有既定的确定标准。不能忽视相对系统的不定性与既定系统的确定性的差异。奎因后来又发表了《自然化的知识论》与《本体相对论》两文,都是对意义和指涉问题所作的进一步发挥。在此基础上奎因建立了自然主义的语言哲学,既融合了科学哲学,又解释了科学哲学。成中英是这样总结奎因对他的影响的:"他的哲学思想坚定了我的思考方法,以及深化了我对语言、数学及科学的理性认识;同时,也使我真正地了解了美国实用主义哲学在科学和现代逻辑思考中的地位及其影响所在。……我后来发展出来的'本体诠释学',也可说是基于对奎因思想的批评反省,融合中国哲学以及欧洲诠释学的传统,而发展出来的。在这一点上,我认为自己已经突破了也扩大了奎因的哲学体系。举例来说,奎因只谈到本体论的相对性,我却解释了相对性的本体根源。

唐纳尔德·威廉姆斯(Donald Williams)教授,年长于奎因,是40年代批评实在论者的仅存者。他开的"形上学"与"归纳逻辑"两门课,深为成中英所喜爱,后者对成氏尤其有决定性的影响。成氏后来决定的以"归纳逻辑及理论"作为论文的主题,因而与威廉姆斯教授建立了密切的师生关系。他坚信,归纳逻辑可以演绎化,因而提出了归纳法有效性的直接证明,这一点对成中英很有吸引力,因而成氏在以后的论文中也提出了同类的但却更完善的数理证明。威廉姆斯教授也精于时间与空间的哲学,对成氏所写"四度时空中超时间性"的讨论文章,提出三大页评语,又与成氏一再析论,使成氏对哲学批评的细致性有更深刻的体会。

另一位影响成中英的老师,是当时的系主任罗德雷克·弗希(Roderic Firth)教授,他是笛卡儿知识论的忠实的重建者。成中英进入哈佛后,即选修了弗希的知识论课程。弗希教授显然接受了路易斯的路线。由于弗希教授的影响,成中英深入路易斯的知识论及其价值哲学,并对其"可信度理论"加以研究,使之成为博士论文的一部分。1958年下半年,成中英获得了极为荣耀的Josiah Royce全额奖学金。

哈佛大学哲学的另外两位教授亨利·爱肯(Henry Aiken)和戈斯利尔·斯切弗勒(Israel Scheffler)教授,对成氏的学习也产生了相当的影响。爱肯教授主教伦理学、价值哲学、美学及实用主义。他对成氏的影响主要在于对休谟哲学的诠释。他站在休谟的立场上反驳康德。他与威廉姆斯教授合开"康德与休谟"的课程。他们两人分执两说，每课每人先讲述 20 分钟，另有 20 分钟各作答辩。威廉姆斯教授沉着，爱肯教授激动；威廉姆斯教授力主康德，爱肯教授力主休谟；两人均举理力争，为学生作出了很好的论辩示范。在爱肯教授的影响下，成氏细读休谟，觉得休谟哲学比康德哲学更接近于孔子哲学。因此，成氏后来觉得国内新儒家只以康德解释孔子，实未能尽孔子之学。成氏认为，孔子哲学必须通过多种西方哲学系统的诠释，方能见其全貌。爱肯教授对罪恶及痛苦之起源，也有独到的见解，促使成氏对此论题作深刻的反思。

斯切弗勒教授对教育哲学有极卓越的贡献。他当时在哈佛哲学教授的是科学哲学。他重视对科学定律的逻辑分析。他在《科学与主观性》一书中，对主观性的问题提出正面的讨论，他是反现象论的，因而急欲为科学寻找一个客观实在论的基础。成氏在这方面，和他很为接近。

成中英在哈佛大学的博士论文题目，几经周析，才决定为《归纳逻辑的理论的有效性问题》。成氏写毕业论文花了一年半的时间才得以完成。此文对归纳有效性问题作了完整的考察，建立了一个归纳推理统一性的观点，与奎因的知识论遥相呼应，成为成氏自己坚持机体论、方法论相融合统一的一个有力的观念证明。此博士论文于 1963 年 6 月顺利通过。此文的重要篇章，以后在美国数种哲学杂志上发表，最后于 1967 年在荷兰出版。成中英留学美国五年，可说是"满载而归"。成中英对于他在五年美国留学期间的学习成果有如下的总结和体会："在哈佛的五年中，我的哲学生命受到西方哲学最严格的陶冶和锻炼，不但使我深入西方哲学的核心，感到其心脏的脉动，而且也使我深深体会到哲学既不同于文史，也不同于科学，但却与这两者不离不杂，有其严肃的理性性格。无论在方法论上，还是在本体论上；无论在知识论上，或是在价值论上，我都学到了哲学思考的标准，使我以后对哲学生命的追求有一种规范可循。但这也使我走上一条更孤峻的道路。""我也感受到，要使中国哲学获得西方哲学家的理解、体会、欣赏（注意：要先理解，而后体会而欣赏），却不是一件容易的事。中西哲学有其结构上的不同，西学犹如结晶玉石，中学犹如行云流水，两者如何才能融成一片？中学尚可包含西学，犹如流水之浸玉石，但玉石却又如何吸取流水？哈佛哲学都是玉石型的，若不能把此等玉石碾碎重磨，又如何把中学灌入？而中学又何能真正孕化西学？这一碾磨融合的功夫，正是今后我的哲学生命和哲学生涯的重要课题，也是为我锲而不舍以求之者。"

三、在中西汇通融合中重建中国哲学

　　成中英哈佛大学攻读博士学位成功之后,虽然长期居留美国,但他的思想感情早已回国了,他一直关心中华民族的兴衰与中国社会的发展,他特别关心中国文化的建设。从 1964 年开始至今 40 余年中,他在中国当代哲学的发展上作出了国内哲学工作者们未能作出的重大贡献。据《成中英自选集》扉页前插页的一段简括的介绍,成氏 1964 年以后,先后任夏威夷大学哲学教授,台湾大学哲学系客座教授、主任,耶鲁大学哲学系副教授,北京大学哲学系客座教授,上海师大哲学系客座教授,东京国际 CHRISTIAN 大学哲学与教育学客座教授,莫斯科俄国科学院远东研究所荣誉博士及客座学者,柏林工业大学中国科学与技术哲学讲座教授,香港浸会大学研究员与哲学客座教授。成氏的主要著作有《中国哲学与中国文化》、《科学真理与人类价值》、《中国哲学的现代化与世界化》、《知识与价值:和谐、真理与正义之探索》、《中国现代化的哲学省思:传统与现代的融合》、《中国文化的现代化与全球化》、《儒家与新儒家哲学的新维度》、《世纪之交的抉择:论中西哲学的会通与融合》、《文化、伦理与管理》、《中西哲学的会面与对话》、《C 理论:〈易经管理哲学〉》、《论中西哲学的精神》、《知识与价值:成中英新儒学论著选》、《智慧之光:当代中国管理学的应用》、《超越时空:东方管理智之光》、《C 理论:中国管理哲学》、《本体与诠释》、《本体诠释学》、《合外内之道:儒家哲学论》等。笔者新近又得到成中英所著的以下著作:《易学本体论》、《成中英自选集》、《从中西互释中挺立》和《成中英文集》四卷(包括《论中西哲学精神》、《儒学与新儒学》、《伦理与管理》和《本体诠释学》)

　　上世纪 90 年代中期,笔者在撰写《太极哲学》时,曾对成氏所著《世纪之交的抉择:论中西哲学的会通与融合》一书阅读了多遍,从中吸收成氏有关太极哲学的许多思想观点,并用以充实拙著内容。

　　成氏在上面提到的著作中,对"哲学的定位和定性"以及哲学与社会人生的关系问题,作了较全面的论述。他论及了走哲学探索之路的两种人的区别与联系,并对哲学中的知识与价值、知与志的关系问题,作了全面深入的探索。成氏认为,世界上有两种人会走哲学的探索之路:"一种人是想追求宇宙的真实,想从知识上去掌握存在的真理;这种人探索哲学的动机是理性的、知性的。……另一种人是基于对人生和社会的感遇,亦即基于某种存在境遇而引发对哲学的兴趣。这种探索哲学的动机是实践的、生活的。《易・系辞》中所说:'作易者,其有忧患乎'的'忧患',可说是第二种探索哲学的因缘。"两种哲学,前者重知识,后者重价值。成氏指出:"哲学既然是一探索性的学问,那么,两者仍然隶属于一家族,都是追求终极真理的学问。……前者是以知识决定价值为取向。并以真理作为价值的标准;而后者则以价值决定价值为取向,并以价值作为真理的标准。"成氏显然主张:"知识与价值不可完全分裂离析"。换成另一对概念,就是认为知与志"相互为用,相互依存"。联系"阴阳太极图"来看,两种哲学是你中有我、我中有你,是可以而且应该形成一个不可分割的"太极"整体的。成氏对《易经》哲学的重视,他的"太极创化"哲学的形成,无疑与他对哲学性质和功能的基本看法有关。如成氏所说:"哲学之为哲学,永远不会定着在一个知识层面,也永远不会定着在一个价值层面。"提及进入哲学的缘由,成氏说:他进入哲学既有机缘性,也有普遍性,"哲学对我是感,以及感所引起之知与志,是要把这两者再导向一个感悟的统一思考活动。因此,哲学成为我的生命的展开,也足以影响了我的生命(人生);哲学既成为我超越世界的历史的无形之翅,也成了我陷入世界与历史有形之梏(成为职业的哲学教授而为哲学奉献);哲学带来我以限制(相对于一个人生现实),也带来我以解脱(相对于其他人生现实)。""我说的知和志彼此激荡,既造成了我的不安,也造成了我的创造冲动;不仅使我层层上升,冲破又冲破;而使我经历无数次冲突与无数烦恼,挣扎又挣扎。……(哲学)非为瞻瞻小知而不见人生之真,乃求因炎炎大知以实现实际人生的一切价值。从这个角度看,哲学是世界之救济。因而,我走向哲学,亦即对自我实现追求。"①

成中英在同一著作中发表了他对中国哲学的总的评价,并指出了世界哲学的发展方向。关于中国传统哲学,他说:"中国的哲学传统,无论儒家还是道家,均能以全体性及整体性为价值目标,故以价值之用为本。因为,它未能经过抽象分析以成独立之知故,其知识前提、知识结构及其内涵均不明显。又说:"中国哲学的许多问题都是因为对知的分析不精而引起的,正如西方哲学的许多问题都是对于志的掌握不切而引起的一样。……若能明白人类的知与志的内在统一性,以及原始统一性,那么,就必定能够突破后天限制,追求内在的知与志的交融互用的原始点,并能导向知与志相互批评,以达到相互补足、相互彰显的理想圆融的境地。"成氏认为,"这就是中西哲学发展的方向,亦为人类走向未来世界,以世界性融合历史性的必然趋势。这将是哲学理性内在必然发展。"②

---

① 参看《抉择》,第236、363、366页。
② 参看同上书,第366页。

四、对"本体诠释学"的开拓创造

成氏以上的思考架构也预示了他多年研究哲学的一个重要收获,就是对"本体诠释学"的开拓。成氏认识到,必须用知识来开拓价值,也必须用价值来开拓知识。认为:"知与志互照,方能体用不二、显微无间、定慧两全、主客交融、理气相生。如此,方能显示出宇宙万物整体性本体的统一性、丰富性和创造性。"这是"本体诠释学"的观点。他认为"本体诠释学"的观点,最早见于《易传》所说的"一阴一阳之谓道"。"一阴一阳",既是差异对立,又是相生相成的;志与知也可说是一阴一阳之道,因而是既差异对立,又相生相成的。这种对"本体诠释学"的了解,不仅导致了成氏对哲学本体的重新思考,也导致了他对不同哲学思考方法之间的辩证关系的了解。成氏认为,"本体诠释学"亦可称之为"本体辩证法",因为它包含了多种对立互成的范畴,以及包含时间发展性与空间包容性的统一前提。他认为,"本体诠释学"既可用来建立现代化的中国哲学,也可用来丰富现代化的西方哲学,使两者世界化,并交融为一体。①

在深入研究西方哲学和中国传统哲学的漫长过程中,成中英先生逐渐形成了他的独特的"本体诠释学"思想体系。据成氏自述,围绕着"本体诠释学"这一中心课题,他在长时期内,对本体诠释学的基础与发展问题,中国哲学的现代诠释或中国哲学诠释学的重建问题,中国文化与哲学的沟通与融合问题这三个方面作了全面而深入的探讨。

(1)关于本体诠释学的基础与发展问题

成氏认为,本体诠释学既是本体论,又是方法论,更是一种兼重分析和综合的重建或整合的方法。作为探索性的哲学建构的方法,本体诠释学体现了综合创造和创造综合双向的努力,具有重建和实现世界哲学的目标的潜能。

(2)关于中国哲学的现代诠释或中国哲学诠释学的重建问题

成氏指出,本体诠释学整体视界的确立,使我们可以清晰地看出中国哲学所包含的丰富的诠释学内涵,及其对既是方法又是理论的本体诠释学做新的探究的重要意义。这种探究必须正视及研讨中国传统哲学诠释学中的正名、顺言、注解、疏证、释义、立辞、解故、明理等活动,求其一贯之理,见其分端之用,阐微见隐,以显示其方法学和本体论的意义。这是自"本体诠释学观点"而从事重写中国哲学史、重建中国诠释学的工作。

(3)关于中西文化与哲学的沟通与融合问题

---

① 　参看《抉择》,第367页。

成氏提出并回答了这样一个问题:"怎样运用本体诠释学来充实并建构一套中西哲学相互融汇和结合的理论,进而依据正在全球化背景中形成实体世界观,开创和发展新的世界哲学体系?"他的回答是:"首先需要进行理性的创造及大量的经验的综合工作。从当代中国哲学发展的观点看,这也是一种另辟蹊径,利用中国的资源来发展新的哲学观的基础性的工作。"(以上三点,参看《成中英自选集·自序》)

成氏指出,这三方面的问题在本体诠释学的视野里,显然是相互交叉、相互映照的。只有在深入讨论某一具体问题时,才可以一一区分开来。(同上)

关于哲学的系统思考与新的创造问题,成氏提出如下的主要思想观点:

任何一位成就的哲学家,必须承担起以下两方面的思想工作:"既要对以往的哲学的发展作出系统性的整合,又要对自己所处的时代的根本性问题有足够的敏感性和洞察力,从而展开富有前瞻性的创造性思考。这两种工作的思维向度不同,但显然是有互补性的,相得益彰。"(《成中英自选集·序言》)

"一个哲学家的伟大,也许不仅在于是否善于解题,同时也在于他能否提出新问题。……当他批评性地解答、整合已有的问题时,不知不觉就为以往历史性的问题开辟了新的语境,而新的问题总是乘势而出现的,哲学家提出什么样的问题也总是在一种历史性的背景或处境中受到规定。当然,任何一个哲学家都不会满足于提出新问题,他还会做种种努力,对自己所提出的问题进行解说。这可说是从哲学对自然而然的创造性的冲动,同时也是一个高度自觉的努力。哲学史上的确不乏这样的例子:一个哲学家提出了非常深刻的问题,而对自己提出的问题所作的解答则渺乎无力。或者,历史上有的哲学家所提出的答案也许相当陈旧,但提出的问题却历久弥新的意义,至今犹唤起后来者进行新的探索与思考。"(同上)

基于以上的思考,成氏《自选集》中的大多数论文都体现了对本体与方法、文化与伦理、逻辑与知识的对立统一辩证法,贯穿了他的本体诠释学的思想;更加应当注意的是,其中还体现了成氏对全球化世界与 21 世纪的人类主体思想的探索。

对"本体"问题的关心,一直渗透在成氏新世纪以来的全部论著和有关哲学的活动中。成氏把"本体"范畴视为整合当代中西文化和哲学问题的根本。在他看来,"本体"问题不仅对于形而上学继续具有根本的重要性;同时在知识论、伦理学、宗教学、美学等方面,乃至在语言学和文艺学领域,"本体"问题都具有深度的重要意义。不管现在有些哲学家如何宣称"后哲学时代"或"后形上学时代"已经来临,都不能从哲学上取消"本体"问题,都不应忽视"本体"问题的重要意义。成氏也同时认为,还必须注意到,"本体"意义的丰富和充实,也来自方法上的推动及其经验上的新开拓。在本体论的所有问题中,成氏历来对宇宙本体论或本体宇宙论最为看重。他特别强调:"在本体宇宙论中,不仅宇宙与本体问题不能分开,本体与方法问题同样不能分开。哲学性的整合必须以精微的方法来表现。多层级的本体与多层级的方法是动态的对应并相互发明的。"(《成中英文集·序言》)

成氏对他所发展的"本体诠释学"的基本原则有以下简要概括的论述。

(1)本体诠释学主张方法与本体的结合。这一结合是深度的结合和多层次的结合。方法与本体结合的过程,虽然对宇宙万物本体的揭示和表现的方法多种多样,各种方法之间存在着差异,但所有的方法都是走向本体同一和同一的本体。这是因为所运用的方法的差异是从时间性概括出来的,而本体的同一则是从整体的本体中显露出来的。时间的发展也可看作一个整体,历史性和时间性也就是一个整体系统,显示本体的常与变、有与无的转化。在这种由点到线、由线到面、由部分到整体的过程中,整体性越来越显著。在整体性的呈现过程中,更多的方法被提出和被运用,方法既是建立在主客体之间的一种对立和差异,却也是建立在主客体之间的一种差异和同一。由于哲学潜在本体意识的提高,方法本身永远要不断地自我突破。在这个意义上,方法意识是显性的本体论,本体意识则是隐性的方法论;本体诠释学通过本体将方法规范化,又通过方法将本体条理化。①

(2)成氏指出,本体诠释学在不同层次(包括意义和意识的本体、原则、制度和运作四个层次)上,可以有不同的方法意识和本体意识。本体诠释学显示的是相对立的整体系统的建立,这是在时间过程中进行的。此外,本体诠释学有整体定位、制度创新的发展要求。新方法的提出,应导致本体论的建立,而本体论的建立,则相应于新的方法和方法论的建立。这就彰显了本体与方法的互动。

(3)本体运作化可以考虑以下几个程序,即:①诠释把外在"本体"现象化;②然后找寻其内在的结构和发展过程(结构化);③再把"本文"建构成一套语言(语言化);④经过逻辑分析(逻辑分析化);⑤寻其内在意义,转化为整体系统(理论化);⑥再从实用出发检验效果(效果化);⑦最后以求达到目标,回归到对"本文"现象的掌握(目标化)。这个过程,就是"本体诠释圆环"。

(4)值得注意的是,本体诠释学的看法根植于中国哲学的观念之中,尤其是根植于强调整体作用的《易经》的哲学之中。②

---

①　参看《抉择》第 82 页。

②　同上,第 83 页。

五、成氏哲学的总体系

  成中英先生愈来愈对自己的哲学思想体系的逐渐成熟充满信心。他表示，他作为一个受过中国传统哲学训练和现代逻辑教育，并认识到西方哲学存在有问题的哲学家，能够更深刻地理解中国哲学，能够批判地重建中国哲学。同时，也希望能凭借他所了解的西方哲学的主题以及他对中国哲学的理解和体验，来重新诠释西方哲学的主题。在他所认识到的中西两个哲学传统的共同作用和相互补充的基础上，成氏正致力对现实世界的实在性和人性以及它们内在的和外在关系做一个综合的贯通的理解。

  成氏自己在《自选集》的《反思与展望》一文的后半部分（即《我的哲学思想和哲学工作》一节），明确地把自己的哲学思想体系分为五个部分，即（1）本体宇宙论；（2）本体诠释学；（3）本体伦理学和本体美学；（4）C 理论（管理哲学）、商业伦理学和教育哲学；（5）易经哲学、儒学/新儒学、道家哲学以及中国佛教。（《成中英自选集》第 48－53 页）而在 2006 年由北京大学出版社出版的成氏所著的《易学本体论》中的目录后和正文前的《成中英教授哲学思想及其实践简说》，则对成氏的哲学思想体系作了"六个基本层次"的介绍。此简说全文如下：

  成氏哲学体系呈现六个基本层次：本体学、本体诠释学、本体伦理学、整体管理学（C 理论）、本体美学、中西比较与融合。

  （1）本体论是从时空（宇宙）经验、自然观察、自我体验、内外综合而来。其所建立的本体真实具备一切遍容性、变化创生性、多元差异性、自然机体性及和谐开放性。

  （2）本体诠释学以知识意识为始，直觉体验为辅，理性思考为法，在逻辑与语言的分析与综合的运用中，创建整体体系，借以整合众端，解除冲突，拓展视野，呈现真实，实现人的本体价值。

  （3）在本论与本体诠释学的基础上，用之于伦理，即为本论理学，其目的在实现多元生命与社会价值，认知历史上至少五种伦理（德性、责任、功利、权利、正义）的个别目标与相互补充的共同人性发展目标。

  （4）用之于管理即为整体管理学，从规范与组织的运作过程以实现现代生活追求沟通与效益的群体价值目标。

  （5）用之于美学即为本体美学，以体现生命自然与艺术创造的内涵的和谐性与理想性。

  （6）在此基础上，中国文化与西方文化及其他文化的差异及共同发展的潜力与方向,也就容易清晰,有效地把握了。

笔者于 2007 年 7 月在南京与成中英先生进行"哲学对话"的最后一天,曾向成氏提出这样一个问题:如果要撰一本名为《成中英哲学思想体系概论》的一书,此书可分哪几章? 成氏的回答是,可分以下 8 章:第一章 太极创化论(本体宇宙论);第二章 本体诠释学;第三章 和谐化辩证学;第四章 本体道德哲学;第五章 整体管理哲学;第六章 本体美学;第七章 中西哲学融合论;第八章 社会政治学。

笔者认为,这是成氏自己对自己哲学思想体系的最近的分类。

六、成氏近期的哲学思考

李翔海、邓克武编辑的四卷本《成中英文集》,于 2006 年由湖北人民出版社出版。共 2015 万字。此四卷本文集,应该是成氏在大陆出版的较全面的文集。第一卷为《论中西哲学精神》,第二卷为《儒学与新儒学》,第三卷为《伦理与管理》,第四卷为《本体诠释学》。

成中英在此四卷本文集的《自序》中说:此四卷文集各自分别地涵盖了他 30 年有关的论著,保存他近年思想多项发展的进程,同时呈现了他对中西哲学会通与重建中国儒家本体哲学与伦理哲学的关注,显示了他多年来对管理与伦理的结合、本体与诠释的结合的哲学思考的一贯旨趣。

成氏在此《自序》中又表示,他盼望以后有机会把他的《易经》哲学部分增补为他的《文集》的另一卷。

对于哲学的系统性问题,成氏在此《自序》中提出了以下的八点哲学思考:

(1)哲学思想的发展是多项因子的化合,形成了观点,凝聚成理论,而又反馈到现实与经验的世界之中,激荡起新的思潮,或引发新的思想种子。

(2) 一个哲学家在思考问题时,应同时接受问题的考验,在开拓眼光与境界时,应同时面对真实的挑战。哲学思维活动也就成为不断思考问题,回应问题,提出问题,界定立场与标准,建立框架,确认对象,说明意念,表述事实,论证理由,诠释意义,坚持价值,展示知见与传达信念的过程。这些活动显然有一定的经验与理论的广度与深度,也可说是人类真实世界的表述。但这些活动是否必然有意识地或无意识地形成一个体系,却又是哲学家值得思索的问题。

(3)(哲学家可能有)两类思考方式:一类是面对重大问题的建构知见性的体系为起点、为目标,实现更多的理论建构;一类是回应不同的问题,逐渐并自然地突现为一个话语体系,表达的更多的深度价值体验。这两类思考方式事实上粗略地刻画了西方与东方思维的异同。两者所同者,在不能脱离历史、经验与理论思维,来规划与规范个人生命与人类或宇宙全体生命。两者所异者,西方是用自觉的理性或多或少系统地、客观地规范问题、解决问题,可说是先理(知)而后行或先理(知)而不即行;在中国或印度,思维则表现为个人或整个心灵的实感与承担,在反求诸已中表露生命存在的条理与智慧,再启发为人生语言的新义与新境,自然导向理与气、性与心、知与行的结合,或以之为理解与知识的前提。

(4)中西哲学的个别思考,两者的平行思考,以及两者的融合思考,都应该是当代人类面临的追切的哲学问题。河川固然归大海,但河川却自为河川,河川的生命在滋润大地,在充实大海,但大海以其广深,与天地的氤氲和合,却丰富了合川,使其永远川流不息。

(5)立足于中西文明交相冲突而科技却日新又新的现代,在历史与世界交会碰撞的时代,却自然面对与承受了中国历史文化生命的自觉,期盼以现代理性精神,赋予与开拓中国文化的慧命,又渴望以中国文化的慧命之光,来启发西方人文世界的灵魂。因之,对数年的哲学思维的努力,也就可以从这个角度来审视与衡量。要辨别中西哲学精神的异同,反思中国儒家的思维价值知智见,提出分析地重建与综合地探索中国哲学内涵的整体本体宇宙论与整体伦理学,并进行对其在现代世界中的应用性的建构。从这些角度,自觉地也是义不容辞地推演了或展示了所倡导的中国哲学现代化、世界化与应用化。

(6)更进一步地认识到本体思维的极大重要性。发现本体思维不全同于西方传统所说的形上学思想。中文翻译中的"本体"的概念为西方的"形上学"的概念所掩盖,变为本质的存在或个体的存有的代名词。这是错误的倒置。"本体"不必排除内在性超越性,但却是主客的关系的根源与主客世界发展与建构的整体。有些本体的思维方能彰显中国哲学的根源与整体智慧;也才能进一步地弥补及解决西方现代性的主客二元分化的种种疑难。基于对本体与自本体的同时探索与体认,人类多元的文化与哲学体系,甚至宗教体系,也都能得到适宜的沟通与和谐化。于是走向基于本体思考的诠释学的发展。

(7)提出的本体概念,以为不但能超越海德格尔的局限,也为诠释学的沟通个人存有,建立人际的关系结构与投射一个共同的至善理想,显示了一条可循之道。此即"本体诠释学"意涵的宗旨与方向所在。"本体诠释学"在此一理解下,是结合了本体论以建立诠释学,也是结合了诠释学而发展本体论。因之"本体诠释学"既是本体论又是诠释学。

(8)所谓诠释在客观为智见,在本体为理解,显为文字语言即是诠释。诠释是结合主体与客体的知见与理解。此一诠释以本体为观照即是本体诠释。

对"本体诠释学"概念的提出与发展,应是对中西文化与哲学融合,走向大海的一个进程。如何使其能较深刻地诠释中国哲学的发展以及中国哲学未来的发展,将是一个重大的课题。同样,我们也可将之应用在西方哲学史的诠释与西方哲学的未来发展的研究上,为西方哲学也为中西哲学的融合与世界性的哲学思考,作出一定的贡献。(皆见四卷本《成中英文集·自序》)

七、成氏的哲学组织活动

为了在全球背景下发展、重建和提升中国哲学,成中英很早就注意到中国哲学面对并需要接收两方面的挑战:专业化批判的调查和全面的理解。成氏在 1973 年创建了《中国哲学季刊》(Journal of Chinese Philosophy)(四个季度各一期,英文)。至今他编辑的《中国哲学季刊》已达 39 年。此杂志使得世界各主要大学和学术机构的中国哲学研究的学术主题有了大的转变,并主导了海外中国哲学思潮的研究与发展,提升了中国哲学的世界地位,其影响不可低估。

从 1975 年开始,在最近的 37 余年里,成氏在他所创办的中国哲学国际研究会的名义下,每两年组织一次中国哲学国际研讨会。从那时开始,已经在美国、欧洲和亚洲各主要大学中持续举办了 17 次国际研讨会。1999 年,他在中国台北的国立政治大学举办了第十一届研讨会。第十二届研讨会也于 2001年在北京中国北京科学院的主办下举行。这是第二次在北京举办研讨会,第一次研讨会是于 1993 年在北京大学举行。2003 年的研讨会在瑞典的斯德哥尔摩大学举行。2005 年研讨会在澳洲雪梨的新南威尔斯大学举行;2007 年在武汉的武汉大学举行;2009 年在台北的辅仁大学举行;2011 年在巴黎的巴黎高等研究学院举行。成氏认为,他牺牲了他研究时间和精力做组织和行政管理工作,是有价值的。这些组织活动对把中国哲学的发展成世界哲学必然有所帮助。

为了更充分地发展中国哲学的专业研究,成氏于 1985 年建立了研究《易经》的国际学会。于 1995 年建立了国际本体诠释学学会。在 1989 年,成氏又提出了建立国际儒学联合会的主张,此会并于 1993 年在北京成立。

1985 年,成氏建立了远东高等教育研究所,研究中西方哲学、中西方管理体系和中西方医学体系。1995 年,这个机构进一步发展,被合并到国际东西方大学。现在这所大学可授予管理学和哲学的学位,而且它已成为唯一的一个在国际互联网上的研究生院。成氏此种举措,目的在于建设一座东西方文化交流的桥梁,加速中西方学术的融合,而不仅仅是为了实践自己的哲学观念。

在过去的十余年中，成氏每年都回中国大陆好几次，除了从事儒学和易学、本体诠释与方法学的演讲与研究外，也于其间办了几个研究生班，讲授他的C理论、本体诠释学、中国管理哲学、经济伦理学和商业伦理学。其中之一，在中山大学，形成了中国管理哲学硕士班和博士班。这两个研习班提供了举行座谈会的机会，促使成氏创造性地思考或重新思考一些理论与应用问题，目前已形成了一个公认的学科。前不久，在一些美国和中国的年轻朋友的建议下，成氏组织了一个有关中国哲学与本体诠释学的研讨会。成氏于2007年被聘为中国美术学院客座教授，从2008年起他已开始在该学院为硕士研究生和博士研究生讲授"本体美学"。

※　　※　　※

成中英先生的哲学体系已经有相当的规模，已经取得了重大的成就，同时也还在发展之中。中国大陆有权威的哲学工作者已经在电视访谈或著作中指出，从20世纪40年代末开始至"文革"结束这一长时期内，除了政治领袖以外，中国未曾出现过独立的哲学家。此断言以有足够的事实为基础。成中英先生可算是未曾受到"形而上学猖獗"、"唯心主义盛行"、"斗争哲学"占实际主导地位的学术空气污染的独立的大哲学家之一。他的哲学思想体系在中国大陆的出现是划时代的。这个哲学思想体系将会长期地对中国哲学和中国文化的发展起着深远的影响，也将会长期地被当代中国哲学界和未来中国哲学界作为重点研究的对象。

后 记

（一）

世界上任何事物的产生都有其因果关系。《成中英太极创化论》一书的撰写与出版，也有其偶然中的必然。中国"文革"后期，积累长期的经验，不才深深地感到必须说出以下的两句话：一句是"中华民族现在是最需要哲学的时候"；另一句是"太极哲学有助于中国社会的健康发展"。于是，就在原来对中国传统主流哲学思研究的基础上，开始大量阅读有关"太极观念"的史论著作，同时继续主动地对中国当代社会及种种文化现象进行全面深入的观察和思考，终于在新世纪开始之前完成了《太极哲学》一书的打印稿。

（二）

本书作者于 2000 年到法国巴黎国际艺术城进行半年的学艺访问时，也带上了拙著《太极哲学》一书两份打印稿的装订本。事有凑巧，笔者在巴黎国际艺术城举办"丙烯画展"时，碰到一位旅居比利时的画家。与该画家交谈时，谈到《太极哲学》这本书稿。听了这话，该画家说："比利时有个'国际太极学会'，学会的人我认识，可否把《太极哲学》的书稿给他们看看？"我说："当然可以。"这位画家回到比利时三四个月后，就有人从比利时打电话来，说他们是"国际太极学会"的人，名字是李长铎（男性），是中国人，并明确以"国际太极学会"的名义邀请我在适当时候到比利时"国际太极学会"去进学术访问。我欣然答应并在 2000 年 6 月携夫人前往。我们乘火车到布鲁塞尔后，开车来接我们的，正是李长铎先生。车开到某个地方，接到一位女士，也是中国人，名字叫胡阳，说是"国际太极学会"的秘书长。回国后，从另一些学术资料中又得知胡阳、李长铎同时分别是"比利时理学研究所"的正、副所长。闲话少说。在比利时受到了"国际太极学会"一帮人的热情接待并与一些中外学者就太极哲学的当代价值与发展等问题进行了漫谈。得知"国际太极学会"受到比利时皇后的资助，并受到联合国教科文组织的支持。这与由《周易》所阐发的"太极哲学"在近当代中国所受的冷遇,形成了鲜明的对比。了解到比利时"国际太极学会"有关专家认为 21 世纪是"太极观念""领导"世界的世纪。有人说中国是"太极"观念的故乡,当今"太极"观念要"经由巴黎、日本东京",再打回到"中国太极老家"云云。有些话,很难听,说说也无妨,如说"太极是个金碗,中国人却端着金碗讨饭"。此言似有批评中国当代社会不重视出自古代中国的"太极"观念之意。将拙著《太极哲学》打印本一册赠给比利时"国际太极学会"。当我们离开卢文郊区一个修道院("国际太极学会"的合作单位)回巴黎时,派车送我们的李长铎先生对我说:以前看到的有关"太极观念"专著或论文多为"史料",而您的《太极哲学》虽然引用了一些史料,却真正是哲学理论专著,必将有助于当代太极哲学研究的进展,云云。对比利时"国际太极学会"的这次访问,虽然主要是礼节性的,但却鼓舞了笔者回国继续深入研究太极哲学的信心。

(三)

2000 年 7 月回国后,除了与吾师王朝闻先生共同主编一套研究中国历代书画理论的评注丛书外,笔者把大多数时间和精力都用在了补充、修改《太极哲学》一稿上。在这前后,我已阅读过美国夏威夷大学哲学教授成中英先生的《世纪之交的抉择——论中西哲学的会通与融合》等其他几本著作。我感到"英雄之见略同",并认为成氏的太极哲学思想在许多方面比不才高出一筹,因而补写了《太极中节律动论》一章。此章较全面地介绍了成氏的太极哲学思想,而且还在其他章节,评介了成氏的有关思想观点。拙著《太极哲学》终于在 2003 年由上海学林出版社出版。此书的出版得到浙江省社会科学联合会的资助。2004 年,此书获浙江省第十二届哲学社会科学优秀成果专著类一等奖。几经周折,终于能把刚出版的《太极哲学》送到成中英先生的手中。

说来话长。《太极哲学》出版后,我就忙着把这本花了近 30 年的时间和心血的专著分送给对此冷门的学术专著有兴趣和有能力阅读的友人。想到了远在美国的成中英先生,我对他的哲学思想十分崇敬,并在拙著中多次引用他的观点。早想能够见到他,至少能让他看到我的这本书。想来想去,想到了一个渠道:同在杭州美术学院教学的我的老同学黄裳女士。她的妹妹也是我的老同学,她妹妹有一个女儿在美国生活多年,肯定能够用英语与人交往,何况她的美国丈夫在交往上可能有所帮助。于是我从黄裳那里找来的她的侄女黄露露美国的通讯处。我们与黄露露也见过面,她也是知道我们与其母亲和阿姨有亲密关系的。黄裳同学也说,露露肯定是会尽力帮助的。我们立即给黄露露寄去了两本《太极哲学》,信中交代,一本留给自己阅读,另一本设法转寄给夏威夷大学哲学系的成中英先生。不出所料,过了两个月后,黄露露来信了,说是在她丈夫的帮助下,已经找到成中英先生的确切地址,并且已经同成中英先生通了电话;还说,通了电话后,立即把《太极哲学》寄了去。而且说,成先生收到此书后,在电话中表示非常兴奋,说已经阅读其中某些章节,并说想不到能够因《易经》哲学的研究而遇到了难得的知己。以后几年间,我与成先生多次会面,畅谈各自的学"易"心得,并就中外哲学的发展问题进行了多次学术对话。

（四）

2007 年 3 月,成中英先生在北京高校讲学。有一天,我突然接到了成中英先生打来的电话。他在电话中的讲话,我至今清楚地记得以下三个意思:

第一个意思,他说:"我是成中英,我想到杭州来看看你。"

第二个意思,他说:"建议开一个小型学术研讨会,联系构建和谐社会问题,主要讨论你的《太极哲学》。"

第三个意思,他说:"在研讨会上可否提出成立一个课题组,专门研究构建和谐社会的哲学基础问题。"

在听成中英先生的电话时,笔者主要回答了他三句话。（1）我说:"来杭州看我,当然非常欢迎。"（2）"关于开研讨会并讨论拙著《太极哲学》问题",要向省里和学校的领导汇报请示一下,说是成先生提出此建议,也许有实现的可能。"（3）"至于成立课题组事,可能更难了。建议当然可以试试看。"接到电话后,即与几个朋友作了商量,并分别向浙江省社会科学联合会和中国美术学院有关领导原原本本地汇报了成中英先生电话中的内容。结果同意举办一次学术研讨会。名为《中国传统哲学与和谐哲学》的研究会,终于在 2007 年 4 月中旬在中国美术学院专家楼举行。研讨会开了半天,有近 40 人参加。与会者多为杭州各大学和学术机构的哲学专家、教授。这次研讨会,浙江报刊和中国美术学院院报皆有报道。

（五）

成中英先生按期从北京乘飞机前来参加研讨会,为这次研讨会作了题为《从太极哲学到和谐哲学》的报告。成先生来前还拟定了一个讨论提纲。这个提纲在这一时间极短的研讨会上未能发挥实际作用,但笔者认为此提纲对于全面深入研究"和谐化辩证法"极有价值,故特全文抄录在这里,以供对此论题有兴趣者参考。

浙江座谈：主题与课题

成中英教授

从太极哲学到和谐哲学

和谐哲学与中国人的世界及人生观

第一部分：和谐哲学的本体诠释

(1)和谐的全面经验与体验

(2)和谐的理想与现实意义

(3)和谐的基础问题：太极思考

(4)从太极哲学到和谐哲学

(5)周易：太极与太和

(6)尚书：洪范皇极

(7)论语：仁爱忠恕

(8)道家：道德经

(9)礼记：礼运大同

(10)大学：修齐治平

(11)中庸：诚致中和

(12)孟荀：仁政礼乐

(13)六阶段和谐论

(14)和谐与《C理论》

(15)和谐与和平论

第二部分：和谐哲学的应用与发展

(16)和谐与希腊人的观点

(17)和谐与现代西方哲学

(18)和谐与二元对立主义

(19)和谐辩证法与冲突辩证法

(20)和谐论与矛盾统一的整合

(21)和谐的多层次适用性

(22)和谐本体的经济功能

(23)和谐与可持续发展

(24)和谐与科学宇宙论

(25)和谐与人生科学及进化论

(26)和谐作为人类生命价值

(27)和谐作为全球社会价值

(28)和谐作为动态宇宙价值

成氏显然认为，和谐哲学的基础是"太极思维"和"太极观念"。要用"太极观念"认识、分析、评价宇宙万事万物。成氏认为,太极哲学包含和谐哲学,包含和谐化的辩证法,最终目的是追求和实现自然与自然的和谐、人自身的精神与肉体的和谐、各民族的和谐、国与国的和谐、整个世界的和平发展、整个宇宙的持久的动态的和谐发展。成氏显然认为,太和既是宇宙万物的原始的和谐,也是和谐的不同阶段和终极的目标。和谐是宇宙和人类创造力的动力和源泉。成氏也显然认为宇宙万物中既存在原始的、自然而然的和谐,也部分地存在矛盾、冲突、失衡。提倡和谐化辩证法目的是发展人类的主观能动性,尽可能地化解矛盾及冲突。和谐在整个宇宙、大自然、社会关系、艺术及人生的任何一个层面上都具有极其重要的价值。追求和实现全面的和谐,是太极哲学的最终目标。太极哲学必然把和谐哲学作为自己的基点、方法和归宿。太极哲学、和谐哲学思想虽然中国自古有之,成氏的功绩主要在于将其哲理挖深并将其系统化,将其运用到本体诠释学上,最终构筑一个崭新的、严密的、更加理性的哲学体系。上述提纲中涉及的周易、尚书、论语、礼记、大学、中庸、孟荀等条目,显然是为了全面继承和发展中国古代太极哲学与和谐哲学的优秀传统。令人遗憾的是,前面所说的浙江座谈并未认真研讨这些论题,更不要说组织专门研究构建和谐社会哲学基础的课题组了。

（六）

2007 年 4 月和 7 月间,在老校友、著名工笔花鸟画家刘菊清教授的热心安排下,笔者有幸与成中英先生先后在南京中山陵某宾馆和金陵饭店就由《易传》阐发的太极哲学作了数天的直接对谈,使笔者对成氏的哲学思想体系加深了理解。不久,因上海出版拙著《太极哲学》的出版社要参加一次全国出版图书的评选活动,要求笔者请两位专家对拙著《太极哲学》的学术价值作出评价。应我的建议,成中英先生和杭州师范大学的成立教授分别写了"推荐书"。成中英先生的推荐书对拙著《太极哲学》思想内容和价值既有总体的评价,又有五点分析。不避溢美之嫌,现将其要点抄录如下:

总的评价:"杨成寅教授所写的《太极哲学》一书,是一本极为优秀的学术著作,甚为主业学者所重视,并在一般学界产生了广泛影响。其优秀性值得褒奖,故我郑重推荐为上海市政府有关人文奖励的优秀著作获奖者。"

"总括杨成寅教授所写《太极哲学》一书的优点,可得大书而特书者有五:

1. 他充分体悟到太极一词在中国哲学中的重大意义,显示了他对周敦颐、张载、王夫之等易学哲学的深入认识(见其书第十四章),终于采用我提出的太极哲学之名来发挥太极宇宙论的意蕴。可见其学养之厚,用功之勤。该书作为杨教授的深刻哲学智慧的表达,受到哲学界的重视,自然是一件极为公正而令人振奋的事。

2. 杨教授的用太极哲学一词,完全能掌握太极之为变化的本体的含义,因为他看到太极为万物变化的根源与枢纽,结合了理气心性的实质内涵与精神,经过思考,用优美的文字写成,可说是继承了优秀的中国本体哲学的精华再发挥成为一本充满智见的思辨艺术的创作。

3. 杨教授充分归纳了也发展了太极哲学中的基本范畴(第五章)与基本命题(第十五章),可谓兼容并包,而又井然有序,形成有机的整体,显示了他的思想的精密,体大而用宏。他本来就对中国语法的研究下过功夫,且具有逻辑思维的修养。此书自然也反映了他的逻辑思维的素质,说理层次分明,叙事清晰,可读性强。

4. 杨教授对太极哲学的发挥结合了他对美学的关注,形成了太极美学的观念与看法,可以用来说明中国书画艺术,甚至也可引申彰显中国文论与诗词论。他探索了太极图对书画笔墨体用的涵义,又特别发挥了石涛画论中的美学思想,使我们对石涛的画以及其他中国画家有了新的认识。他进而把太极概念用在一般的艺术美学中,对中国优秀艺术作品的美感都有表彰作用。

5. 杨教授在阐述太极概念与太极思想时特别把太极思想所蕴含的和谐思想与和谐(化)辩证法作为专章来发挥与讨论。他能结合我基于比较研究《易传》的提法与朱熹、王夫之等理气学家的观点进一步发挥与组合,使人们理解追求和谐与发展和谐哲学本来是中华文化的精神所在。此一重要话题是有重大影响的,无疑也具有重大的现实意义。对和谐思想的传扬,功莫大焉。"

《推荐书》的结语:"总结以上所说,杨成寅教授的《太极哲学》一书,在我知道的同类著作中,应该受到特殊的表彰,并给予荣誉,以示当局文化部门的鼓励与奖励。"

虽然成中英先生对拙著《太极哲学》的评价难免有溢美之词,但总体上可能是符合实际的,从这种哪怕是溢美之词中,也可以体会到成氏本人所推崇和所坚持的哲学思想体系。

(七)

本来,2007 年在杭州那次研讨会之后,我与成先生原本商定通过互相间的"哲学对话"不但要达到进一步互相更加了解双方的宏观与微观的哲学思想,而且希望在对话中能够产生某种新的思路和思想,如果是这样,那就把对话内容详细记录、整理成书。那时在南京中山陵和郊区的金陵饭店连谈四天,可能有多少字都估算过了。但事与愿违，"哲学对话"的录像倒十分清晰，而对录音的清晰性却相当地被忽视了。于是，记录整理录音之事，只能放晚一步，"且听下回分解"了。

<h1 style="text-align:center">（八）</h1>

　　笔者在此情况下不由地产生了先根据成氏的大量论著梳理一下其整个哲学思想体系的意图。于是，就有《成中英太极创化论》这一书稿的诞生。

　　本书主要部分完稿后，以打字稿、光盘和发电子邮件三种形式传给成中英先生，希望成先生对拙论不符合实际之处给予修正，对多余的文字予以删节。可是成氏却在详读后寄回了《成中英序》一文，对拙稿予以充分的肯定。

　　与此同时，笔者将同一著作的打印稿寄给我在浙江省美学学会中共事多年的老友边平恕先生，请求他审阅、指瑕和补充（实辞）。边先生是一位卓有成就的文论家和马克思主义美学家，对其思维的精密，文字的准确朴实，哲学美学观点的鲜明，对中国传统文化的热爱与精研，笔者极为佩服。边先生完全接受了我的真心请求，用了数月的时间和全部精力，逐字逐句反复阅读全稿，按笔者的要求，提出许多重要的建议，并对拙稿进行多方面的修改润饰。真够朋友！

　　在此，对成中英先生赐给序文，对边平恕先生对拙作写作过程中的不辞劳苦的长期尽心关怀和指点，一并表示衷心的谢意！

杨成寅

2013 年夏于杭州南山太和斋

图书在版编目(CIP)数据

成中英太极创化论 / 杨成寅著. —杭州：浙江大
学出版社，2012.2 (2013.9 重印)
 ISBN 978-7-308-09201-2

 Ⅰ.①成… Ⅱ.①杨… Ⅲ.①太极—研究 Ⅳ.
①B2

中国版本图书馆 CIP 数据核字(2011)第 207697 号

成中英太极创化论

杨成寅 著

责任编辑	傅百荣	
封面设计	刘依群	
出版发行	浙江大学出版社	
	（杭州市天目山路 148 号　邮政编码 310007）	
	（网址：http://www.zjupress.com）	
排　　版	浙江时代出版服务有限公司	
印　　刷	临安市曙光印务有限公司	
开　　本	710mm×1000mm　1/16	
印　　张	17	
字　　数	308 千	
版 印 次	2013 年 9 月第 2 版　2013 年 9 月第 2 次印刷	
书　　号	ISBN 978-7-308-09201-2	
定　　价	40.00 元	

版权所有　翻印必究　印装差错　负责调换

浙江大学出版社发行部联系方式：(0571)88925591；http://zjdxcbs.tmall.com